U0569489

主　编◎吴尚义

副主编◎李军伟　张春颖　吴丽颖

国际物流前沿研究译介（第五辑）

GUOJI WULIU

QIANYAN YANJIU YIJIE (DI WU JI)

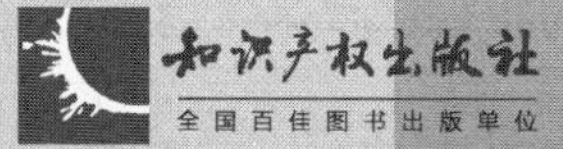

内容提要

本译文集收集了48篇译文，介绍了物流运营管理的内涵、管理体系，供应链管理思想、主要构成及其系统目标，重点介绍了采购管理、运输管理、仓储管理、配送管理、生产物流管理、物流质量管理等方面的最新国际物流研究成果，以促进我国物流业更好更快的发展，尽早与国际物流接轨。

责任编辑：国晓健　　　　**责任印制**：刘译文

图书在版编目（CIP）数据

国际物流前沿研究译介. 第5辑/吴尚义主编. —北京：知识产权出版社，2013.8

ISBN 978-7-5130-2216-3

Ⅰ.①国… Ⅱ.①吴… Ⅲ.①国际贸易—物流—文集 Ⅳ.①F252-53

中国版本图书馆CIP数据核字（2013）第185611号

国际物流前沿研究译介（第五辑）

吴尚义　主编

李军伟　张春颖　吴丽颖　副主编

出版发行：知识产权出版社

社　　址：北京市海淀区马甸南村1号	**邮　　编**：100088
网　　址：http://www.ipph.cn	**邮　　箱**：bjb@cnipr.com
发行电话：010-82000893 转 8101	**传　　真**：010-82005070/82000893
责编电话：010-82000860 转 8385	**责编邮箱**：guoxiaojian@cnipr.com
印　　刷：北京中献拓方科技发展有限公司	**经　　销**：新华书店及相关销售网点
开　　本：787mm×1092mm　1/16	**印　　张**：21.5
版　　次：2013年10月第1版	**印　　次**：2013年10月第1次印刷
字　　数：363千字	**定　　价**：55.00元

ISBN 978-7-5130-2216-3

出版权专有　侵权必究

如有印装质量问题，本社负责调换。

前　　言

随着世界经济的快速发展和现代科学技术的进步，物流产业已经成为一个充满生机并且蕴含着巨大发展潜力的新兴产业，正在全球范围内迅速发展。在国际上，物流发展水平也正在成为衡量一个国家综合国力，经济运行质量和社会组织管理效率的重要指标之一。改革开放30多年来，我国经济发生了质的飞跃。物流需求的总量规模与全社会商品交易总量、国内生产总值等宏观指标存在正相关关系。经济的持续快速增长，使得各种商品、服务、信息的流通数量急剧增长，为物流业的发展提供了广阔的空间。尤其是加入WTO后，我国的物流量有了大幅度增加，物流业得到了长足的发展。2009年初，国务院又通过了物流业调整振兴规划，使物流业正式跻身我国着重发展的十大产业之一，这极大地鼓舞了物流业的理论研究和实践。但由于我国物流业起步较晚，与西方国家相比，无论在理论研究，还是在实践方面都比较落后，物流的整体功能尚未得到充分的发挥。作为国民经济发展的一个薄弱环节，面对外国物流企业的冲击，我们必需加速物流市场的规范和发展，按照市场经济的规律，加速整合我国物流市场的资源，同时要认真学习国外先进的现代物流技术和观念，把握国际物流研究的新动向，寻找到中国物流业发展的切入点，以此来增强我国物流业的国际竞争力，使物流业真正成为我国国民经济发展的新的增长点。正是为了这一目的，北京物资学院外国语言与文化学院成立了《国际物流翻译研究平台建设》创新团队，搭建了国内首个以引进国外先进的物流成果，实现国内外物流领域畅通交流的平台。该团队由北京物资学院外国语言与文化学院外语教师和物流学院物流专家教授及研究者合作，强强联合，结合我校的物流特色，对国际物流领域的最新信息和研究成果（包括论文和专著）进行筛选翻译，然后出版译文集和译著，力争建成为国内第一个以最快的速度把国外最先进的物流理念和研究成果引入到国内的平台，以不断提升我校的声誉，促进我国物流业的发展。

本译文辑编辑的指导思想是立足现代物流管理发展的最新理论与实践成果，全面、系统地分析研究物流运营管理的理论、思想、方法和技术，试图从新的视角重新审视物流运营管理的本质，通过及时追踪国际物流运营管理的发展动向，揭示当代物流运营管理的发展规律、特点和管理模式。

本辑收集了40多篇译文，介绍了国际物流运营管理的内涵、管理体系、供应链管理思想，主要构成及其系统目标，重点介绍了物流管理、运输管理、仓储管理、配送管理、生产物流管理、物流质量管理等方面的最新研究成果。

本译文辑为平台的第五期成果，随后将陆续出版译文辑和译著，不断展示新的成果。

由于译者专业知识水平及编者学识水平所限，书中不妥之处和疏漏在所难免，敬请专家和读者批评指正。

编者

2013年6月于北京

目　录

今后物流应发挥的作用（一）
——基于面向2020年的物流综合调查

孙艳青　译

（北京物资学院外国语言与文化学院　北京　101149）

作为创立20周年纪念活动的一个环节，日本物流系统协会（JILS）进行了面向2020年的物流综合调查。本调查想象十年后的情况，并确定面向2020年今后物流应发挥的作用，制定出相对应的方针。以上内容汇集成名为《物流概念2020》的小册子，在6月6号举行的日本物流系统协会创立20周年纪念专题讨论会“今后物流应发挥的作用——面向2020年的物流综合调查”上加以介绍。

2020年的物流综合调查情况

《物流概念2020》是为了向产业界、社会提示将来物流应发挥的作用，以及采取的相应方针、政策而编著成集的。为了纪念JILS创立20周年而进行了物流综合调查，《物流概念2020》是物流综合调查成果的一部分。《物流概念》在过去的1994年、2001年、2006年曾经3次编写、修改。而此次是由2020年物流综合调查委员会（以成城大学社会学院教授杉山武彦为委员长）结合时代的变迁，在重新全面认识的基础上编写而成的。

《物流概念2020》中首先分析、评价了上次（2002年进行的物流综合调查）调查的结果，此外又调查了未来国内及海外市场的动向、今后的社会经济状况，并以此为基础，分析了宏观经济条件的变化对于物流的影响。同时，以JILS会员企业为对象进行了问卷调查，了解各企业面临的课题及对将来的把握情况。

据此，总结出2020年物流应发挥的作用，共5点：①物流的综合管理；②要跨越企业与国家的界限；③保障生活的安定与信赖感；④保障遗留给后代的良好环境；⑤提高人才的价值。另外，为保证实现物流应发挥的作用而制定了相应的方针、政策。

问卷调查结果的分析

首先总结、归纳了问卷调查的结果。此次调查以JILS会员企业（仅限于法人会员）为对象，调查日期是2012年1月17日~2月10日，收到了270个企业的答卷（回收率为35.5%）。现就其中的几个问题简单分析一下。

问题1："物流部门所承担的业务范围是什么?"针对此问题的调查结果显示，大部分企业的物流部门承担着国内物流的规划、管理以及委托方物流从业者的选定、管理工作，而承担供应物流、全球物流的物流部门的比例还较低。另外一方面，几乎所有企业都一致认为，物流部门应该从整体上加以统一。

问题2："现阶段需求供给管理的体制是怎样的?"针对此问题的调查结果显示，26%的企业回答是"需求供给管理主要由物流部门承担"，回答由营业、销售部门承担的占22%，认为是生产管理部门的占31%。

另外，有一个相关联的问题问到了物流组织的存在，即问题3；"是否有必要将物流部门所承担的工作范畴扩大到供应以及需求供给管理?"针对此问题，80%回答有必要，这一答案显示出了物流统和管理的需求。

针对问题4："企业间的信息共享、信息可视化的必要性如何?"和问题5："重新认识交易条件的必要性如何?"这两个问题，仅有少数回答"暂无必要"，大多数的回答为"有必要"、"非常有必要"。据此回答，可以看出这两个问题将是今后面临的重要课题。

问题6："物流部门实施全球物流策略的情况如何?"针对此问题，16%的企业回答"全部实施"，而"部分实施"、"未实施"的占68%。

针对问题7："向全球一体化管理转换的必要性如何?"67%回答有必要，看来物流的全球化将会成为今后发展的趋势。其中有不到三成的以国内物流为中心的企业回答"没有必要"。

问题8："是否想要提高物流品质以及送货上门服务等的专门技能?日系物流从业者是否想要开拓海外事业?"针对此问题，回答"想"、"有点想"的占75%，大家期待利用在日本独自发展的物流组织和商业模式的经验，推进物流从业者的海外拓展。

问题9："国内物流量是否有持续减少的倾向?"85%回答"有"、"有一点"，调查结果显示大部分企业预测今后国内物流量还会继续减少。

另一方面对于问题10："是否想要扩大以高龄者为服务对象的送货上门等高附加值的服务需求?"93%回答"想"、"有点想"，目前迫在眉睫的是，要实现扩大高附加值服务工作从量到质的转变。

问题11："受日本东部大地震的影响如何?"这是本次调查特有的问题，接近半数的回答是"本公司的物流基地受灾"。在此次地震当中，物流基地大面积受灾，这也让人们更加认识到作为生活基础的物流的重要性。

问题12："是否要继续致力于推进环境保护?"95%的企业做出了肯定回答，期待环境保护工作今后能够得到进一步推进。

但是针对问题13："是否认为应由消费者选出环境保护型企业?"65%的企业做出了肯定回答，而33%的企业做出了否定回答，可以看出企业对于消费者选择的敏感。

问题14是关于人才方面的问题："在管理岗位的职种当中面临的人才面的课题是怎样的?"针对此问题，众多企业都将此作为研究的课题。具体而言，比如物流部门各种教育计划的实施；以培养物流专家为目的的职务训练的配备；物流部门对于成果、能力的恰当的评价，等等。

问题15："在基层部门面临的人才面的课题是怎样的?"在物流企业给出的答案当中，薪金水平和福利保障、劳动条件的改善、与成果和能力相对应的工资体系的导入，这方面的内容占据了很大的比例。再有，确保物流从业者、物流中心负责人等基层管理者的数量和素质，加强培养，这也成为一个很大的课题。从回收的答案当中，令人强烈感受到人才问题的重要性。

今后物流应发挥的作用

今后物流的概念和作用将不仅限于物流管理，至今为止，以大量生产、大量消费为前提的产业结构以及以此为基础的社会结构在不断地变化，而物流也在随之不断地变化。物流的存在方式将不只是物的移动，而要将主要的目光投放到产业和生活面上，这是迫切需要变革的。另外要谋求可持续性的结构转换，此结构应立足于与环境的谐调发展以及对资源的有效利用。

我们将目光转向日本所处的境况，会发现新兴国家不断推进产业化，与此同时，日本的主力产业——制造业所处的环境也正在发生巨大的变化。另外，在网络等领域，新兴产业的创立，能源节省、替代能源、再利用等新型产业的诞生，这些都使物流向新的商业模式的转换成为必然。

面对以上变化，为了维持并发展日本的产业活动和国民生活，今后的物流应首先要彻底发挥其基本的综合管理企业内部的作用，再有就是要实现全球化，开阔整体视野，提高供应链的效率与持续发展性，为达到安全、放心的生活目标做出贡献。除此之外，还应扩大物流服务的领域，担当起社会可持续发展的生活方式的变革。

以下是开头列举出的5项内容。

1. 物流的综合管理

所谓物流就是为了满足需求，使供应、生产、销售、物流以及回收、废弃等的活动同期化的管理活动。为了实现此目的，有必要综合管理、运用企业内各部门的功能。因此，企业在整体上认识到物流的以上定位是非常重要的。为了提高实际效果，有必要把它作为整个企业的经营课题加以研究。

2. 物流要跨越企业与国家的界限

虽然物流是以企业为单位进行的、以达到企业内最适合化为目标的活动，但今后要树立跨越企业甚至国境的思想。企业间确实因存在着利害关系而难以协调合作，但如果只一味追求企业内部的最适合化，而又无秩序地开展活动，那必然会产生各种无效率行为。为避免没有胜者的消耗战，有必要在以实现跨越企业的最适合化为理念的基础上，强调企业间的协调合作，在某些应竞争的方面开展竞争。

另外，现代的供应链范围不断扩大，甚至跨越国境，因此需要全球的系统化、一体化。只适合于在国内通用的不合理的组织结构，应改为通用于海外的。与之相反，在日本高度发展的物流组织应向海外拓展，从而创造新的商业机会。这是我们现在需要的物流系统。

3. 物流应保障生活的安定与信赖感

迄今为止，物流作为支撑产业的功能这一面得到了重视，今后还要提高其作为生活基础的重要性。这一点是以东日本大地震为契机，人们再次强烈认识到的。因此，有效地驱动包含着 B 对 B、B 对 C、C 对 C 的复杂物流的管理技术显得尤为重要。同时物流应具有应对灾害风险的强韧性，物流不只要适应商业的要求，更要适应社会性的要求。物流要从企业向社会领域扩张，以达到更高的最适化为目标发展下去。

4. 物流应保障继承给后代的良好环境

让后代继承良好的环境，这是人类面临的重要课题，我们有必要构筑支撑循环型社会的物流系统。因此燃料、原材料、包装材料自不必说了，甚至连废弃物处理方式这方面也要拓宽视野，在设计产品、构筑物流系统时，应同时保有静脉物流所包含的视点，这是非常重要的。

5. 提高人才的价值

没有优秀的人才，就没有优秀的物流。提高物流人才的价值，直接关系到物流价值的提高。因此，要创造有助于提高人才能力的、使人才能够成长的魅力职场，以吸引人才在此工作。

以上就是关于“今后物流应发挥的作用”的说明。那么，为了实现物流的作用应采取怎样的措施呢？希望企业家们今后以《我所思考的课题与展望》为题，给以谏言。

［文章作者］增井忠幸，东京都市大学环境信息系教授（2020 年物流综合调查委员会副委员长），日本。

［文章出处］LOGISTICS SYSTEMS，（2012－6），P22－24.

［译者简介］孙艳青（1971，2），女，北京物资学院外国语言与文化学院副教授，硕士，研究方向：日语语言文学。E-mail：sunyanqing@ bwu. edu. cn.

今后物流应发挥的作用（二）
——基于面向2020年的物流综合调查

孙艳青　译

（北京物资学院外国语言与文化学院　北京　101149）

＊**摘要**：《今后物流应发挥的作用》为系列文章，此为系列之二。这一系列是基于面向2020年的物流综合调查而总结出的今后物流应展示出的形象、应发挥的作用。本文分为两部分，第一部分是“全球化过程中的物流统一管理”，资生堂物流部物流推进室长神谷学站在资生堂的立场上，介绍怎样实现全球化过程中的物流统一管理。第二部分是“物流中的供应链课题以及相关人才的培养”，本田技术研发工业物流部零件物流室主任吉泽勇一提出在今后的风险管理中掌握供应链的结构、把握物品动向是非常重要的，并强调企业要确保具有应对全球化进程能力的人才储备。

＊**关键词**：物流统一管理、供应链、人才储备

作为创立20周年纪念活动的一个环节，日本物流系统协会（JILS）进行了面向2020年的物流综合调查。本调查想象十年后的情况，并确定面向2020年今后物流应发挥的作用，制定出相对应的方针。以上内容汇集成名为《物流概念2020》的小册子，在6月6号举行的JILS创立20周年纪念专题讨论会“今后物流应发挥的作用——基于面向2020年的物流综合调查”上加以介绍。

全球化过程中的物流统一管理——资生堂 神谷学

站在资生堂的立场上，我来介绍一下怎样实现全球化过程中的物流统一

管理。

资生堂有一个 2008 年度到 2017 年度 10 年发展的规划图。现正处于自 2011 年度开始的三年计划的中期，在“全球化第二阶段‘步入成长轨道’”这一目标的指引下，计划提高海外市场的比重至五成。

本社全球化计划正在进行当中，我们将市场分为日本、中国、亚洲及其他四个区域，在实行整体战略的同时，部署各区域的部门战略。因此存在着这样的现状，即各区域有着各自的标准，而很难达到整体的统一。我想正在推进企业并购（M&A）和全球化的企业恐怕也都有类似的情况吧。

物流的统一管理是有必要的，那么应如何进行呢？经过思考，我的观点是：现时期应把物流作为衡量企业是否健康、健全发展的晴雨表。我们人类有体温计、血压计来检测身体状况，企业的评价指标也通常有“营业利润率”、“通常项目下的利润率”、“资产收益率（ROA）”、“净资产收益率（ROE）”，但能够更进一步评价企业健全性的指标就没有了。而说到此，我发觉物流正能够担当这个作用。因为通过物流可以看出为何企业活动变好或者变坏，以及物品和服务的动向（这是导致企业活动变好或变坏的原因）。

一般认为消费材料的制造商都是相同的，而物流具体从销售方式（销售额、退货等）、资产状况（库存、分配不均品等）、费用（折旧等）、物品的运送方式（物流诸条件等）等多方面加以把握、区分。但是经营者还是不由得将目光投放在新产品、大宗顾客（营业）方面。

各企业都需设定一个指导标准，而这个标准应是易于理解的、毋庸置疑的。这个标准①能够打破企业间的界限、障碍；②能够做到与其他企业相比较；③能够使改进效果得到合理评价。目前需要有这样一个通用的指导标准。

如果能明确地向别的企业介绍说“这就是我们公司的标准”，那该有多好，但可惜我们现在还没有这样的一个通用标准。不过我想可以以将在 JILS 上准备发表的“物流水平诊断检查表”为基础制作一个指导标准。

这包括在物流据点物流的实际状况、用做补充的库存管理技术、与营业部门的合作、与生产部门的合作、物流体制这样五项，共计 100 分，并据此诊断物流水平。对此的理想化规划是：充实供给、需求以外的评价项目；充实不同业界的数据，积累数值数据；进行年度、行业的比较；与 JILS 的物流成本实际状况调查连动；具有进一步充实的余地，今后能够更好地发挥作用。据闻此根据“物流水平诊断检查表”制作的指导标准将在今年内发表。本社今后会参考此标准，特别希望制造商也一定要参考。

资生堂在这三年计划当中制定了四大战略：亚洲突破战略、全球计划战略、顾客第一战略、新区域开拓战略。在我所属的物流部，为了实现以上四大战略，又制定了如下的部门战略：①全球供应链管理系统（SCM）的最适合化；②物流成本的降低；③营业支持的强化；④物流中企业社会责任（CSR）组织的强化。这四个战略成为今后发展的重大主题。

总之，物流在全世界应具有统一的模式。因此，在充实以上所说的指导标准的同时，对物流实行统一管理，提高竞争力，进而为增强日本的国力做出贡献。

物流中的供应链课题以及相关人才的培养
——本田（Honda）吉泽勇一

从近期发生的事件当中，我感受到某些事情在今后发展中将会成为非常重要的部分，我想就这方面谈一谈。去年发生了东日本大地震，泰国发生了洪水，这一年本社受到了自然灾害的剧大冲击。在此过程当中，我们实际感受到了制造业供应链结构的变化。这个变化就是，在把最终的装配工程放置到顶尖位置时，供应链结构至今为止都是从顶尖向两侧扩展的金字塔结构，而最近到中途还是向两侧扩展，但到末端的组成零件时就收紧为钻石型了。这被认为是震灾发生时组成零件这部分的影响跨越了行业，且波及全球范围的结果。这种观点多次被提起。恐怕众多企业在今后的风险管理中会进一步感受到掌握供应链的结构、把握物品动向的重要性。

在泰国，制作轿车成品车的本社的工厂被水淹没，这影响到一直由泰国供给的海外生产用零件。为维持全球水准，有必要实施替代补充项目。在泰国生产的成品车及零件的供给改由其他海外基地进行。特别是关于零件的部分，要尽快想出对策，避免海外生产出现停产的局面。这是目前工作的最大焦点。

不只是在自然灾害发生时需要这样的对策，发生政变以及汇率的急变等诸多问题时也同样需要。今后如若进一步加速开展全球性的供给，那么这样的案例还会再增加。今后本社要进一步推进的供应链课题，就是在强化风险管理体制的同时，进一步强化对于供给导线的适时性变化的应对能力。因此，应将直至组成零件末端的供给结构可视化，以国际水准加速构筑新规定的供给导线。

而确保具有应对全球化进程能力的人才储备，成为了企业工作的一大重点。

制造公司所需要的物流人才，是能够应对供应链的全球化、活跃在世界物流舞台上的人才。但是通过录用面试等了解到“因为在物流方面擅长而想加盟制造业”的人几乎没有。另一方面，常听闻物流公司也在优秀人才的录用与保障方面深感头痛，因此即使货主提出全球化的愿望，物流公司也常苦苦思索如何应对。

只是从大学教授们的口中听到有很多人在学习物流并想从事物流行业，但事实是市场的需求得不到满足。其理由可能是人们在物流这个职业上感觉不到吸引力吧。物流公司的形象给人的感觉就是负责国内运送的公司，随着国内人口的减少而发展前景暗淡、成长性不好。另外，可能运送作业给人的印象就是这是一份非常辛苦的工作。

但实际上，这是一个向全球不断拓展的成长型行业。另外，我们的业务不只限于作业的部分，整体的系统设计也是重要的业务之一。今后我们会努力使物流成为具有吸引力的职业。

我们本田于2010年制定了“下一个10年的发展方向”，并由营销部门以短信的形式发送给全体员工，这就是“快速、低价、低碳地运送优质的产品”。我认为这也是物流概念本身的含义和追求。为了达成这个目标，本田的全体员工将致力于作业的最快速化、合理化。我们本田了解物流2020年届时应发挥的作用，并以此为目标一步一步地努力，一步一步地靠近。

[文章作者] 神谷学，资生堂物流部物流推进室长；吉泽勇一，本田技术研发工业物流部零件物流室主任。

[文章出处] LOGISTICS SYSTEMS，(2012－6)，P25－26。

[译者简介] 孙艳青（1971，2），女，北京物资学院外国语言与文化学院副教授，硕士，研究方向：日语语言文学。E-mail：sunyanqing@ bwu. edu. cn.

改善逆向物流，重获失去的利润

王淑花　译

（北京物资学院外国语言与文化学院　北京　101149）

一、概　要

在严峻的经济形势下，几乎每个公司都在努力地增加销售量，降低成本，减少风险。一度被人们忽视的逆向物流能够帮助公司减少浪费，提高利润。逆向物流可定义为为价值恢复或处置合理而对零部件或产品回收的过程。它不是清点损坏的货品或者运输顾客退货那么简单。逆向物流包括退货政策管理（return policy administration）、产品召回条例（product recall protocols）、维修处理（repairs processing）、产品重新包装（product repackaging）、零部件管理（parts management）、产品再循环（recycling）、产品处理管理（product disposition management），清算价值最大化（maximizing liquidation values）等等。

但是逆向物流并没有得到应有的重视，很多企业管理者没有意识到，制造商在回收产品上的平均费用达到了全部收入的9%～15%，也没有意识到回收产品管理可能对顾客及其资源和基本收入的影响。事实上，改善逆向物流能够帮助企业增加5%的收益。如果忽视某些关键的逆向物流的功能，则不仅会造成百万计的利润损失，还会影响企业与顾客之间的关系以及造成其他不利于企业发展的外部影响。如果对逆向物流加以重视，则不仅能使企业获得潜在的利润，还能提高顾客满意度，将外部风险最小化。

二、对基本收益的影响

传统上，很多管理者将逆向物流成本与其他供应链活动成本进行比较，认为对后者的投入会产生更大的收益，因此他们通常会减少在回收产品处理上的投入。事实上，对于大多数企业来说，逆向物流成本占整个供应链成本的比例还不到4%。而且它还会有利于改善客户服务和供应关系，取得额外的收益。广义上讲，企业肯定可以从下列的逆向物流活动中获取收益。

退货收益：能够及时运送和处理退货的公司能从退货中节省和挣得更多的利润。通过对退回货品的再加工、重新包装和再销售，企业可以获取潜在利润。

利润保护：恰当地处理回收货品可使企业免受政府管理部门的罚款和惩罚。事实上，新泽西州政府部门曾对电子垃圾处理商开出高达50万美金的罚单。

提高客户忠诚度：根据2005年的一项全国调查显示，95%的顾客表示，如果他们的退货得不到妥善处理，就不会再购买该企业的产品。这就解释了为什么重视逆向物流的公司具有更强的竞争力。

从产品处理中获得收益：了解退货的种类和原因使企业更容易调整产品和寻找再次销售的渠道。产品处理管理带来的其他好处还有：避免过多的库存成本、税收，保险费用最小化以及提高管理水平等。

将复原价值最大化：回收产品处理不当的话不仅会影响逆向物流每个环节的效率，也意味着这些产品没有机会再销售，成为公司彻底的损失。

三、逆向物流领域

可能这种情况会令不少管理者惊讶：在退货处理中心只有不到20%的货品是真正有瑕疵的，其余的可以分成几类，包括召回产品、待淘汰产品和季节性产品等。这些产品的数量远大于顾客退货，有着更大的潜在利润空间。

召回产品：对于今天的制造商来说，不是他们是否有召回产品的问题，而是何时召回的问题。2010年在美国各政府部门的要求之下，有1000多种产品被从市场上召回，包括玩具、药品、消费电子产品、医疗设备以及汽车零部件等。召回的理由不等，从产品包装不合格到警示标志不到位等。除了要支付政府部门的罚款外，企业还可能惹上官司，引起媒体的恶评，影响销售量。发展逆向物流系统的目的之一就是将由召回产品可能引起的问题最小化。

待淘汰产品：淘汰产品处理的主要目的是将过时产品、老产品从主要销售渠道中撤出，推出新产品。消费电子、家用产品、软件、安全设备和电子配件类产品尤其需要建立这种处理机制。该机制能帮助企业的最新产品流动在市场上，将旧产品逐步从市场上撤出，维护企业的品牌形象，并能提供妥善处理过时产品的措施，也给企业提供机会进行零部件的再销售。

季节性库存产品：很多企业的产品依赖某个季节促动销售，他们往往采用特殊包装进行产品促销，并在下一个销售季对未售产品进行重新包装销售。未售产品或由原生产商召回，或由经销商收回。有些产品会在促销季之后的二手市场上出售，也有些商品，例如消费电子、香水，会在回收之后的几天内重新包装，进入主要销售渠道。这些企业无论大小，都需要建立产品回收渠道，将销售量最大化，给与消费者足够的选择机会，给买家和卖家都带来利好。

零部件：逆向物流系统使生产上和经销商降低整体成本，依靠零件的充足维持高水平服务水准。

以上这些产品中，逆向物流所占比重较大，对企业有重要影响。有一点值得再次强调，处理回收货品的成本仅占所有物流成本的4%，而复原价值高达28%，发展逆向物流的企业能够维持较高的顾客满意度，竞争优势增加12%。

四、高科技企业面临的机遇与挑战

对于高科技企业来说，逆向物流不仅能使帮他们提高效率、规避罚款，也使他们面临更多的收益机会。一个高科技企业如果没有建立很好的逆向物流系统，可能会失去高达50%的回收货品库存价值，因为大多回收货品可以再次出售。当他们检视回收货品的整体价值时会感到非常震惊。例如，仅美国一年的电子垃圾就高达4亿单位，其中仅有13.6%的消费电子产品得到回收，这包括了顾客退货以及顾客扔掉的老旧过时产品。

二级市场上的再销售：二级市场上存在机遇，一个最鲜明的例子是手机行业。每年全球手机的销售量为120亿部。2010年手机的回收率为8%或者说9600万部，重达16000吨。重新刷新的手机在二级市场上的平均价值在其原来价值的35%～75%之间。而每部手机的平均零售价格约为150美金。一经售出，制造商就能在每部手机上获得82.5美金。如果一个制造商能够重新销售退回的25万部手机，那么就能获得高达2000万美金的收益。

发展逆向物流利用二级市场和回收材料的机遇是重要的，逆向物流能帮助制造商降低整体的生产成本，获取新的利润，同时提高顾客服务水平。

稀有材料回收：电子制造业成本迅速增长的原因在于稀土金属成本、元器件和组件成本的增长。能够发展逆向物流流程，从每年上百万单位丢弃的产品中收集组件、元器件和金属，企业就能在市场上占有明显优势。例如，手机制造商可以从废品中提取和回收金、银、钯和铜。根据环保机构的数据显示，每回收一百万部手机，就能回收 35724 磅铜、772 磅银、75 磅金和 33 磅钯。根据 2011 年的行情，这些金属价值 2800 万美金。这些金属都可以再用或再出售给制造其他产品的企业。

规避制度风险：虽然获利备受企业推崇，但保护利益同样重要。在过去的多年国家和州立法对产品的回收影响很大。35 个州已经针对回收产品及处理进行立法。此外，11 个州已经禁止在他们的垃圾填埋地丢弃电脑。如果某个制造商的产品被顾客丢弃在垃圾填埋场，无论制造商是否知情，许多州都强迫制造商缴纳巨额罚款来清理丢弃产品。对于制造商和经销商来说，此类立法增加了政府控制、报告要求、监管能力和潜在的金融风险。

整体考虑，不断增加的罚款和惩罚所带来的金融风险比建立回收流程的成本要高，甚至比所有回收品的库存价值要高。如果对于一个世界 500 强的企业来说，由于逆向物流没有做好，支付了政府罚款而使库存价值下降了 13% 的话，这种潜在的风险可能使小企业面临灭顶之灾。不断增加的风险、不断增长的处理成本、回收产品价值的不断增长促使制造商和经销商检视目前的逆向物流流程来确保自己对整个流程和随后产品处理的主控权。

平衡的回收政策能增加收益：回收政策指确立在何时回收，在什么条件下可以回收的指导原则。高科技公司需要有自己的保修和回收政策，在提供顾客可以接受的服务和保护企业利益之间取得平衡。政策需要保护制造商免遭不道德的消费者的欺诈，另一方面也能减少顾客购买的风险。因为有政策，在较为没有竞争压力的环境下，很多公司执行比较严格的退货政策，将更多的负担给了顾客，然而在高度竞争的市场中，高科技企业，应有更为灵活的退货政策，减少顾客的风险，进而能够增加销售量和客户忠诚度。

逆向物流渠道中的交换和维修：影响高科技企业的其他逆向物流领域是保修和维修。维修货品可能流向经销商，但更可能回到生产者手中。无论如何，应给顾客提供上乘的体验，这样可以维持顾客忠诚度和良好的口碑。与收到原材料和元器件不同，维修货品需要独立的、与新产品不同的工作流。如果没有逆向物流流程和计划，企业对维修货品的数量和性质无法形成正确的认识，就会增加不必要的维修零件和人力成本。从顾客的角度来说，他们希望自己的维修要求能够迅速而准确地得到回应。因此，一个企业对顾客维修或保修要求的接收、追踪、处理和回应情况的快慢，以及将产品送回到顾客手中的速度都很重要。这很大程度上依赖逆向物流的优势。

希望占有市场的企业还会采取交换的办法，将维修政策再向前推进一步。在这先进的交换制度下，顾客给生产者打电话要求提供零件或者替换货品，生产商将在收到维修货品前，迅速派送替换品。顾客收到替换品后，将维修品退回到生产商手中。这将顾客损失最小化，也使回收过程中货品额外损失最小化。这种交换方法对于高科技产品、医疗设备等领域的生产商非常重要。

五、建立逆向物流系统

基本要领：一旦一个企业决定在逆向物流上投入资金，就面临着自己建立还是外包的问题。如今很多经销商和制造商都将部分或者全部逆向物流系统外包。外包的多少是由企业内部管理团队的能力和经验决定的。一个综合的逆向物流系统包括 4 个不同的部分，大多公司外包其中的一个或者更多部分：1. 产品处理，包括运输；2. 维修和重新包装；3. 清算；4. 退货管理系统。无论是否将逆向物流系统外包，关键是建立不同于正向物流的流程，这是关乎成败的一步。

深入了解第三方物流利益：逆向物流往往会外包给第三方物流供应商（3PLs），其核心原因是：能迅速获得逆向物流的专业知识；获取更大的灵活性、迅速占有市场；建立抵御外来风险的保护机制。很多公司将逆向物流外包的原因是自己的管理层缺乏该领域的专业知识或者更愿意将资源投入到生产和客户服务上。一个有资质的第三方物流供应商能对外包企业迅速产生积极的影响，是因为它在建立回收流程方面具有丰富经验，他能在六个月之内建立新的逆向物流体系，而企业自建的话，至少需要两倍的时间。企业将逆向物流系统外包，还能控制其他风险，如库存缩水、工人赔偿、医疗成本和其他“不可控”费用。

选择第三方物流供应时，企业需要事先做功课，选择确有经验的供应商，提供逆向物流服务：他们是否有优化运输费用而且同时提高对顾客反应时间的网络？他们是否能够提供内陆运输和国际运输支持？他们是否能够改善产品的上游产品流以便于企业更有效率地处理退货，将送往下游的退货价值最大化？他们是否理解退货对顾客、供应商、商店、配送中心以及企业财务的影响？他们是否拥有类似于处理退货的维修货品流程？他们是否能提供减少整个体系成本的其他服务？

六、主要建议

改善逆向物流系统的主要建议如下：

了解你的回收货品：讨论你的企业通常回收何种货品，发现在回收过程中发生在每件货品上的典型问题。

赋予回收货品价值：了解哪些材料具有回收价值或者哪些回收产品可以再次销售。讨论怎样才能改善物流流程，增加顾客满意度。不要忽视再循环和最后处理问题。

评估你的基础设施：对回收产品处理中心的选址、逆向物流工作人员的交通支持等问题，考虑其存在的优势和不足。提高效率，抓住每个时机从回收货品上挤出更多的利润。

发现成功：依赖回收货品存在的价值潜力，确定成功目标。毕竟，成功的逆向物流系统能够增加可以量化的利润空间，能够规避潜在的风险。

努力达到成功：无论是采用第三方物流还是建立自己的逆向物流系统，企业必须认识到逆向物流是一个需要注意的不断发展过程。运输成本、退货处理、人员需求和企业文化变化在取得长远的经济利益之前都可能具有看起来很高的成本。

七、逆向物流：企业自我测评

改善企业逆向物流的第一步是检查目前的状况。下列问题能帮你确定自我评测企业目前的逆向物流能力：

1. 顾客每年退回的货品单位是多少？

2. 货品回收的原因是什么，符合下列类别的比例是多少？

A. 有缺陷　B. 召回　C. 季节性货品　D. 淘汰产品　E. 零部件

3. 是否有些季节是退货高峰期？
4. 货品在退回过程中发生了什么？
5. 保修的货品比例是多少？
6. 顾客退货和召回产品的条件是什么？
7. 上一年度的顾客退货和召回产品的整体复原价值是多少？
8. 产品维修的比例是多少？
9. 维修产品的产品生产率是多少？
10. 维修品的报废率是多少？
11. 回收产品的再循环比例是多少？
12. 在垃圾填埋场报废的产品比例是多少？
13. 回到生产商或经销商手中的产品比例是多少？
14. 生产商或经销商收到的产品的复原率是多少？
15. 回到维修厂的零件的比例是多少？
16. 从回收货品上收集用来生产新产品的材料或零件的比例是多少？
17. 在二级市场上清算的回收货品的比例是多少？
18. 清算产品的平均复原率是多少？

如果你的企业能够准确地回答上述问题，那么你们就有机会评估每个领域的潜在利润和逆向物流流程的改善。反之，如果不能准确而自信地回答上述问题，那么，你的公司还未能获得逆向物流带来的利润。根据上述问题的自我分析能够引导你们讨论后续措施、评估第三方物流和找出增长利润的流程改进措施。

[文章作者] Curtis Greve and Jerry Davis, UPS director for cooperate marketing for high - tech Industry.

[译者简介] 王淑花（1972，6），女，北京物资学院外国语言与文化学院副教授，博士，研究方向：外国语言学。E-mail：wangshuhua@ bwu. edu. cn.

全球物流：消除逆向物流中的风险

李军伟 译

（北京物资学院外国语言与文化学院 北京 101149）

摘要：对于所有货物的托运人而言，正向物流是其主要关注焦点，但对逆向物流的需求已变得日益急迫。逆向物流和售后服务正成为一些高端公司开辟新利润来源所赖以凭借的重要工具，但在对逆向物流进行定位时，这些公司却有着不同的认识。在全球物流的大背景下，托运人和领先物流供应商对彼此的透明化和协作度有着不同期望和判断，签订完善的合同可以清除逆向物流中存在的风险，并保障逆向物流外包的顺利实施。

关键词：逆向物流 风险

一、引 言

当美国食品及药物管理局（FDA）今年春天在美国市场第二次发现畅销抗癌药物阿瓦斯汀（Avastin）的伪造品时，全球逆向物流市场开始拉响了警报。逆向物流受到重视的另一个原因是对于运输诸如昂贵电子产品和易腐食品的托运人而言，配送渠道的货物回收能力也是其重点考虑的对象。

根据最近美国国会的一份研究，制药商报告的药物伪造事件在过去十年里稳步上升，去年时在全球范围内已超过 1700 件，而在这些事件当中，只有 6% 发生在美国本土。该研究声称，药品供应链日益遍及各大洲，以及美国药物制造所使用的活性成分中超过 80% 都在国外生产，这些都是药物伪造情况增多的原因。

“这正变成了一个非常严重的问题。”罗格斯大学商学院（Rutgers Business School）物流和供应链管理专业的教授戴尔·罗杰斯（Dale Rogers）说，“托运人不仅会在大规模集体诉讼案件中败诉，而且企业形象也会遭到严重破坏。”

尽管一般药物和生物药品的托运人非常重视正向物流，但涉及产品召回和反向交易的逆向物流如今愈发受到关注。“原因很简单，”罗杰斯说，“一旦你认清了商品在配送过程中的持续循环本质，参与其中的角色就会变得清晰。如果一件不合格产品不能返回，就会立即引起某种反应。”

事实也确实如此。医疗配送管理协会（Healthcare Distribution Management Association）估计从药品仓库发出的货物中有3% ~4%最后会被返回。这些返回药品一部分用于再次配送，一部分由第三方物流企业或制造商进行分配和破坏。

在返回的3% ~4%的药品中，估计会有1.5% ~2%的药品被销毁，这样有助于恢复生产商贸易伙伴的商业信誉。

明尼苏达州圣保罗市圣托马斯大学（University of St. Thomas）运营和供应链管理系的一位教授埃米尔·库马尔（Sameer Kumar）说：“现在生产商在退货和逆向物流等非增值配送方面投入的费用占了整个销售成本的4%。”

“因为逆向供应链需要处理如此数量巨大的商品，作为建设更安全药品供应链的支撑，召回环节应当是系统和技术上的最佳着力点。”库马尔进一步补充道。

优利系统公司（Unisys）的企业安全部副总裁史提夫·文森对此也非常赞同。他指出一年两次的优利系统公司安全性指标显示，无论商品是什么种类，托运人都在要求实现从运输起点到终点的可追溯性。“药品对供应链安全性要求最高，”他说，“移动和高端电子产品也是如此。托运人可以从这些前车之鉴中吸取教训。”

二、高科技等于高价值

美国物流调查网站（Eyefortransport），一家总部位于伦敦的物流和运输智囊团的研究人员认为，随着高科技和电子产业领域的公司纷纷独树一帜、增加产品附加值及开拓新的利润来源，逆向物流和售后服务正成为其赖以凭借的重要工具。

在该网站最近进行的一项调查中，受访者被要求对企业的售后服务和逆向物流进行定位。结果不出所料，高科技公司与其依赖的领先物流供应商

（LLPs）给出的反馈大不相同。

研究人员声称，绝大多数高科技公司都把售后服务和逆向物流当作成本中心，只不过这些公司当中，一部分认为其只对产品销售有帮助（贡献率为45%），另一部分认为其对产品销售和差异化竞争都有帮助（贡献率为43%）。

“让人感兴趣的是这些高科技公司的数量，他们没有把售后服务和逆向物流看作竞争优势或利润中心。”美国物流调查网站的执行董事，凯瑟琳·奥赖利（Katherine O'Reilly）说，“显然有些公司能够把售后服务和逆向物流转变为产品的利润、附加值和竞争力，而另外一些公司却仅仅把其当作销售的支撑机制。”

当谈到产品回收的成本和绩效时，高科技公司赞成更大的透明化。实际上，18%的托运人已实现了透明化，领先物流供应商当中，这一数据只占到了2%，而其中36%的托运人已非常透明化，相比之下，大多数领先物流供应商（占53%）只是实现了某种程度的透明化。

奥赖利说：“因此，调查结果表明在透明化期望值方面，高科技公司和领先物流供应商之间存在着差别。”当要求受访者确定他们与合作伙伴（零售客户、呼叫中心服务商、维修商、逆向物流供应商）的协作程度时，来自高科技公司和领先物流供应商的反馈再次表明两者之间存在显著差异。

对于高科技公司和领先物流供应商而言，尽管双方都有很多受访者对来自对方的协作程度持褒贬不一的意见，要么认为不够，要么认为很充分，但在解决方案供应商中，有23%的公司确认得到了高科技公司的充分协作，只有8%的公司持相反意见；在高科技公司中，有25%的公司确认从领先物流供应商这里得到的协作最小，只有11%的公司持相反意见。

“实际上，与领先物外包流供应商相比，托运人在售后服务方面获得的协作更少，这进一步突出了两者在透明化方面的不协调。”奥赖利说。

三、有效外包

乔治敦集团（Georgetowne Group）供应链管理咨询公司逆向物流分部的首席运营官加里·卡伦（Gary Cullen）告诉托运人有两条原因可以解释为什么逆向物流外包时要和第三方物流公司签订合同。

“首先是因为在执行和费用上都有明确的条款和限制条件。”卡伦说，“其次，如果某个环节出现过错，可以为取消执行提供框架。”格里夫戴维斯逆向物流管理咨询公司（Greve Davis）的负责人柯蒂斯·戴维斯（Curtis Greve）说：“托运人与第三方物流公司签订合同后，如果一切都失败了，可以知道何时停止下来。”“当必须解雇服务供应商时，许多采用外包的公司似乎不考虑细节和他们将采取的行动。”他说，“毫无疑问，无条件终止一项合同会带来数百万美元的损失。”

戴维斯建议托运人考虑一下取消与第三方物流公司的关系会给库存、固定设备、厂房、正在进行的工人赔偿问题，终止和成交成本以及对他们下一步的行动带来的影响。

“当决定终止关系时，如果根据合同能正确处理问题，就可以节省下很多钱。”戴维斯补充说，“有很多正当理由支持把逆向物流外包给第三方公司，但关键是要有一个能够保护彼此利益、实现外包原始目标、确保双赢关系的完善合同。”

［文章作者］Patrick Burnson，美国，《供应链管理》杂志高级编辑。

［文章出处］*Logistic Management*，June，2012.

［译者简介］李军伟（1977），男，北京物资学院外国语言与文化学院讲师，研究方向：英语语言学 E-mail：lijunwei@ bwu. edu. cn.

小企业物流（一）
——物流的基本概念

魏丽卿　译

（北京物资学院外国语言与文化学院　北京　101149）

一、物流的目的

物流是生产和流通领域内对物料的管理。目前，一种不确定、不稳定的新型的商业关系正在形成，要想让企业在高度竞争的环境里取得成功，单研究市场还是远远不够的，还要借助现代化的途径和方法。而物流恰恰就是对所述领域作的这方面的科学—运用研究。

以提高物流系统的效率为前提的物流业越来越引起企业家的关注。实践表明，借助于物流技术的企业在同行中可获得极大的竞争优势，并且，企业依靠挖掘资源运作上的潜力来减少生产中成本从而降低整个成本的方式而获得高的利润。

商品出产过程中，90%的时间用来处理生产过程中遇到的各种技术问题。利用物流技术可以从根本上减少生产周期在技术处理上所花费的时间，从根本上减少生产周期的间隔。时间的缩短首先发生在原材料、材料的获得，到成品的送达之间所花费的时间上。

企业运用物流技术提高效率主要依靠以下方面：

- 大幅度降低商品成本；
- 提高供应的诚信，保证供应质量。

物流特点的关键之处在于，以系统的方法研究生产过程中的材料生产链中的所有结点，也就是所谓的“物流系统”，系统的各个结点通过不同的技术、工艺、经济、金融，方法的整合形成互动。而资源和时间成本的降低则要靠优化物流和信息管理来实现。

有物流的地方，就有信息流，而且，信息流反映了物流的特点。所以，对物流术语的使用就是以信息流的存在为前提的。优化管理既优化物流，也优化信息流。因为应用物流可以加快信息流通的速度，也能提高生产过程的服务水平。

可以用下列图表示物流过程

备料 ⟶ 生产 ⟶ 配送中心 ⟶ 消费者

在同一个企业应用物流系统是以与合作伙伴/买方相互协作为前提的，而协作的目的是减少成本，对合作者履行好承诺。

物流参与者在货物处理系统中应用物流方法时，技术装备的使用达到高度和谐，构成了物流成功的前提，也是保证物流成功的基础性原则。

企业组织物流应该遵循的原则有六条：

- 货物——必须是所需要的商品；
- 质量——必须是应有的质量；
- 数量——必须是应有的数量；
- 时间——必须是在需要的时间内送达；
- 地点——必须送到该送达的地方；
- 成本——必须是最低的消耗。

如果这六条原则都遵守了，物流的目的就达到了。

二、物流成本核算

物流面临的主要任务是节约出实体物资从最初的原材料到最终的消费品所消耗的流通成本。

企业在建立生产和流通成本会计时应该把运用物流过程中产生的花费标出来，对流通环节重要的花费项和各个环节彼此作用的特点形成清晰的信息。企业在着意于上述过程时就能最大程度地节约出整个物流链的成本来。

物流是以记录物移的同步花费为前提的，物移中的每次记录都能在物流管理中给以降低物流成本为目的的高效决策提供一个指向标。

小企业物流功能的有效性体现在降低成本、提高利润和服务质量水平之间达到最佳负债比。

生产过程中产生的成本费包括两个部分：定位成本和沟通成本。小企业战略成功的关键是对市场作出定位，即定位客户。为保证持续的盈利，企业应该对此作出正确的选择，并且应该合理地使用资源。如此，企业才能在竞争中获得优势。

对和物移过程相联系的成本记录由发生在下列几个阶段的成本账目组成：

- 接受订单；
- 订单处理；
- 形成文件单据；
- 完成订单；
- 存储；
- 交货；
- 运输代理服务；
- 结算。

物流各个阶段的成本花费可谓环环相扣。比如，在运输成本上节约，会造成因货物储量增加而导致成本上升；在货物包装上节约，货物在送达过程中会因受损害而导致成本增加。在某些情况下，还会出现成本转移，即，在一个方面成本的小量增加反而给另一个环节节约出资金，最终使整个系统节约出成本。

传统的会计记录，是记录发生在物流系统所有阶段的账目（供应，交通，生产，存储，销售），这就使得过程花费得不到体现，也不能反映出它们彼此之间的关系特点和相互作用的信息来。也就是说，传统的会计只记录实现物流功能某个环节上的花费；而物流成本会计能将物流中与完成订单相关的成本以清晰的画面呈现出来。比如，通过对各个部门成本的求和结果判断过程成本，见表1。

表1　过程成本

	供应	交通	生产	储存	销售	过程成本
采购	45	50	80	130	30	335
生产	15	35	70	80	40	240
销售	30	55	40	30	25	180
过程成本	90	140	190	240	95	

三、企业物流管理

小企业运用物流首先需要综合管理所有环节。要做到这一点，企业必须对物料提供专门的物流服务，从与供应商形成客户合同关系到把成品送达到消费者手里。物料由资源库到成品库经过一系列环节。

- 规划和控制：规划出产成品—规划交通过程—规划仓储网络—预算控制—信息系统。
- 运营管理：仓储中管理—运输管理。
- 库存管理：需求预测—原材料管理和控制—半成品和成品—外包装。

生产过程是由基本的和整体的物流活动组成，物流活动都是以发挥物流功能为目的的。物流的这一目的通常是在市场发展战略的基础之上形成的，而且超出了生产物流周期的范围。所以，孤立地看某一成品生产过程中的物流，只有把物流放在宏观和微观物流所处的环境下才可实现。也就是说，物流目标的实现是受制于客观条件的。因此，短期规划某个产品的生产量就成为实现该产品物流目标的基础。

以上面所述为前提，在给定的生产规划（预测需求，设计订单）下，就可以制定出复杂的生产内部的宏观物流任务来。

企业对某个部门和某个人应该实现下列物流功能：

- 制订出生产成品的详细时间进度表；
- 对技术物流管理实施规划；
- 实行全面质量管理，保证产品质量达标和服务水平；
- 制订物资供应的战略和运营规划；
- 组织生产内部仓库管理；
- 预测、规划和估算生产中物资的消耗；
- 组织生产内部技术工艺运输；
- 对内部仓储系统和生产技术过程中所有层面上的物资，包括非商业领域和在日期内提货的库存的控制和管理；
- 生产中的物移和货物的配送；
- 以信息和技术来保证生产内部的物资供应；
- 实行生产中物料管理的自动化和电子化（对信息流和财务的管理）。

在公司物流战略框架下依靠优化物流以及相关管理完成上面所列的任务可从下面几个路径来考虑：

- 优化（使物资存量达到最小化）生产——技术物流供应周期内非商业和限定日期供应的所有层面上的物资存量；
- 缩短生产技术物流周期；
- 降低限定日期内的必供应物资的物流成本；
- 优化公司内部运输—库存工作；
- 公司治理结构使企业得以通过物流施行统一管理。

物流理念是否能实现，其复杂性在很多方面取决于专业技术，首先是交通运输领域的技术。

生产过程中成本的计算见下：

- 确认生产过程的所有参与者；
- 判断由于拒绝该生产过程引起的成本变化；
- 判断出如果该商品不再生产或不能送达到顾客手中时带来的成本的变化。

为提高现代生产效率企业应解决如下问题：

- 任务替代：把载货量超满的任务换为企业缩减流动资本的任务所代替；
- 资源存储量的任务被保证物流管理信息的获得和处理所代替；
- 降低成本的任务被更快地满足需求的任务所代替。

市场需求的动态性和不确定性使得创造和支持更大的需求量变得不切实际。然而生产者应对每份订单，即使是订货量不大的订单都应当关注。这都是以能快速应对市场需求行情、应对更加灵活的生产能力为条件的。如此，在竞争日益激烈的情况下，降低成本已不是靠传统意义上的提高生产产品的数量，而是靠提高材料管理和商品配送的物流综合管理系统的运作水平。物流管理应由一个中心来分派和协调。整个物流业务都应是相互联系相互依赖的，应该使物流、信息流和流通中其他环节整合成为一体。

四、实体物流

实体物流是由原材料、半成品和成品——从初始的原材料到最终的消费品期间的交通运输、仓储和其他物流业务组成的。

实体物流可以在不同企业之间，也可以在同一个企业内开展业务活动。

比如，在工作时间进入仓库的物料，可能会立刻存储起来，或者先接收。休息日到的货要先走接收程序，在第一个工作日再以不同的方式把货物分送到到存储位置。

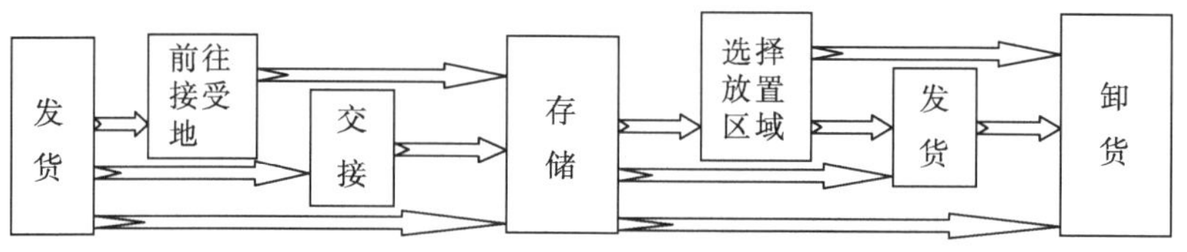

图 1　货物由发货到存储再到卸货的物移过程

在货物的移动过程要经过不同的工序：发货、装箱、打包、运输、拆包、存储，等等。每道工序的工作周期都是以固定的时间（月，年）来衡量的。相应的物移工作即属于物流。

实体流通（下面也称货物）按下列主要特征来划分：

- 按照和企业的关系来划分；
- 按照物资的自然—物质组成来划分；
- 按照实体物流货物的数量来划分；
- 按照实体物流货物的比重来划分；
- 按照货物的纯度来划分；
- 按照货物的密度来划分。

按照和企业的关系来划分：

- 企业外物流——和企业有直接的关系的企业外物资流通；
- 企业内物流——因企业内部业务而组织的物流；
- 入企物流——从企业外来的在卸货时方确定物流量的物流；
- 出企物流——走出企业的物流，这是对从事批发贸易的企业而言的物流，对于企业，出企物流和入企物流的物流存储量理应相等。

按照物资的自然——物质组成来划分：

- 单一品种和多品种的自然物质——物流过程取决于这些品种的参数。

按照实体物流货物的数量来划分：

- 大批货物；
- 大型货物；

- 中型货物；
- 小件货物。

按照实体物流货物的比重来划分：

- 重型货物；
- 轻型货物。

按照货物兼容度划分：

- 兼容与不兼容物资。

按货物密度划分：

- 批量货物；
- 散装货物；
- 成套货物。

液态物。

五、物流系统

物流系统，是在完成物流功能时相互作用的系统。这个系统通常是由几个子系统构成，而且与外部环境有着密切的联系。物流系统的目的是把货物以生产厂家或者是个体消费者需要的数量和品种送达到指定地点，在给定的费用下最大程度地满足客户的需求。

小企业发展的基础是物流系统各子系统“采购—生产—仓储 —运输—销售”之间建立起灵活有效的相互促进的机制。发展经济过程的现代条件迫切要求为工业、商业和市场基础设施联合而成，为物流系统链创造条件。只有这样才能快速、及时且以最小的成本提供给消费者需要的产品。

整合物流的先决条件是：

- 对市场和物流机制作为企业实现和挖掘竞争力战略要素有新的理解；
- 对整合经济参与者，发展新的组织形式——物流网络，有着现实的前景和现代趋势；
- 在子系统相互协作和降低成本上有最新的信息技术工艺技术上的潜力。

物流系统分为宏观系统和微观系统。

宏观系统——对覆盖国家各地或者各个国家的工业企业和公司，各个部门的中间贸易商和交通运输单位的物流管理的大的体系。宏观物流系统须有地区、国家或者几个国家的固定的经济基础设施作保障。

在形成覆盖各个国家的宏观物流系统时，必须克服国家与国家在法律和经济上因供货条件 、交通法规等方面上的不同而带来的一系列的障碍。

在跨国物流纲领中，宏观物流系统要求在商品运输、金融、信息、人力资源方面建立起统一的经济发展空间和无国界的市场。

微观系统——构成宏观系统的子系统。生产和贸易企业，区域性生产综合体都属于微观系统。微观系统是生产内物流系统由统一的基础设施和相关技术联系起来的一个层级。

流通系统是以生产周期为界限的，它开始于组织生产，终止于给消费者送达成品。组织生产是从采购生产必需的生产资料开始进入物流系统，经过存储、加工、再存储，最后成为消费品，从此退出物移阶段，实体物流结束，转入物流系统中的资金流通阶段。

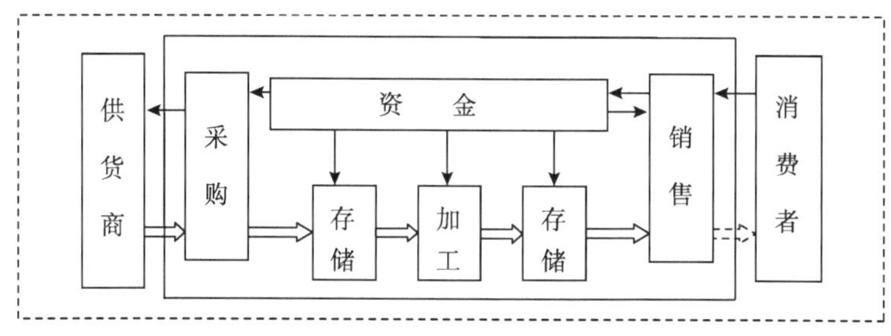

图 2

注：实心箭头表示资金流；空心箭头表示实体物流。

一个完整的生产流通周期最后的阶段是履行付款——收钱原则。物流管理是以防止实体物资、资金、劳动资源的损失为目的，以整合物流系统的各个子系统的方法为基础的。而大部分公司是按照传统的功能特征组织公司活动的，利用传统的方式开展业务，公司无法从物流中获得效率收益。

企业为了更好地发展，整合后的运作应该具有如下特征：全力以赴为实现统一的目标而奋斗，企业物流所有的子系统井然有序，有着密切的联系，具有综合的系统能力，也就是说，能在需要的时间里，按照指定的地点，需要的品质和数量，并能以最低的成本，灵活应对外部环境变化的条件实现企业目标。

一个具有物流综合运行能力的企业，是能承担物资供应责任的企业，这样的企业能完成生产周期和商品销售周期任务，实现其总体目标。

——具有物流综合运行能力的企业，能够快速地解决供货时存在的问题；

——物流系统应该和外界能保持密切的联系以灵活地应对市场的瞬息变化。

物流系统提出了发展和谐物流的规划问题，并力求解决。这样的物流系统是以管理物流各环节，使其生产力的发挥达到高度和谐为目的的系统。

物流系统具有四个属性。

第一个属性—— 整体性和可分割性——物流系统是由各个子系统彼此作用而整合成的一个统一系统，它的子系统可按照不同的方式进行分解。在宏观层面上，由运输部门联系起来的从事物移的企业都能作为其中的一个子系统来看待。

在宏观物流方面，物流系统的子系统由以下几个方面组成：

- 采购，是保证物料进入物流系统的一个子系统；
- 管理生产，是从接受物料到完成各种生产工艺技术程序，从而使物料转换为劳动产品的一个子系统；
- 销售，是让实体物流准备退出物流系统的一个子系统。

物流系统中的因素各有不同的品质，但同时整合后的品质又是相融合的。融合来源于系统目标的一致性。

第二个属性——关系制约性——物流系统各个元素之间有着以法律确保其综合品质的本质的联系。在宏观物流系统中，合同就是相互沟通制约的基础；在微观系统中，其生产内部的生产关系是制约的基础。

物流中物移关系如下：

- 直接客户关系——实体物流直接由生产商到消费者手里，不经过中间环节；
- 梯队关系——在实体物流中至少有一个中间商；
- 灵活关系——实体物流既可以是直接客户关系，也可以是有中间商的关系。

第三个属性——组织性——物流系统的各个子系统是以一定的方式排序，也就是说，宏观物流是有组织的。既然是以有组织的方式出现，那么，必须会形成有序的联系，也就是有系统的组织结构。

第四个属性——品质的聚合性——宏观物流具有品质聚合性特点（综合品质特点）。指的是，该特点不是某个子系统所独有，而是在需要的时间内，需要的地点，以需要的商品品质，以最低的成本，甚至能够及时应对外界的变化（对商品和服务的变化，能处理各种技术故障等的变化）态势存在的。

物流系统的聚合属性使得采购得以顺利进行，能经得住生产能力的考验，能满足外界对商品和服务的需求。

六、流通领域的功能部门

流通领域有五个主要的功能部门。

- 采购物流：解决的问题是确保企业原料和物资的供应。通过分析供应商、与供应商签署合同、监督合同履行的状况来解决问题。遇到供应商破坏条约的情况时，应该与供应协调互动，采取措施纠正由此造成的复杂局面。协调互动构成采购物流的基本内容，即以企业与供应商及企业内部相关部门的服务人员共同完成合同条件为其主要内容。
- 生产物流：解决创造物质财富或者提供物质服务的问题。基本的工作内容是在企业所属的区域内完成。生产过程的参与者不是通过签订合同，而是通过企业管理来完成自己所承担的任务。
- 销售物流：解决实现成品分销的问题。解决这个问题有两条路径，其一是厂家自己，其二是通过贸易中间商（公司）。
- 运输物流：在运输时解决物料管理的问题。运输的任务是通过从初起的原料到终端的送至消费者手里的过程来完成。

运输业务分为两类：专营运输的部门（普适运输）和隶属于成品生产厂家的运输（非运输企业）。

运输物流与其他物流没有明确的起始界限。运输物流可在任何一个需要搬运的过程中实现。

- 信息流：优化信息流动的组织结构。信息系统通过采用微技术、信息技术和别的信息化过程来确保物料管理的正常运行。

信息流和流通的其他功能部门有着十分密切的联系。

七、物流和其他管理过程的互动

物流是对物资、信息和其他流通形态的管理，旨在满足消费者的需求，有效利用各方潜力解决产品的远程运输和供销服务。

工商管理对物流中如何平衡流通供应、生产、分销和销售功能使其提高物流整体效率给予了特别的关注。

物流活动的实现和企业其他活动紧密交织在一起。物流功能以服务的形态“游离”出来。例如，生产企业的一个部门从事采购，另一个部门负责储存，第三个部门承担成品销售，而每一个部门的目标都应与企业运行的物流系统的整体目标相吻合。

以物流的观念做企业功能规划，就要突出物流专业化服务的特点，从企业与客户签订合同到给消费者送达成品都当实行专业化管理。

让我们来看一下物流服务是如何与企业的其他服务部门相互促进实现企业目标的。

市场营销和物流是彼此联系紧密但又互为独立的两个方向的生产经营活动。企业家在管理企业时独立地处理市场营销和物流问题。但同时，如果把二者巧妙地结合起来，就能收到很好的效果。

按照企业目标和解决的任务来看，流通和市场营销本质上都是为满足消费者需求的。

市场营销的本质是管理生产，把产品推向市场，以顾客需求为导向，在销售中取得盈利。而流通最重要的一个功能则是为消费者提供物质——技术保障。消费者的需求不仅表现在对原材料、材料和高品质的成品的需求，还表现在以具有竞争力的价格、准确的日期和低成本的消耗的需求。为了最大限度地满足这些需求，赢得消费者青睐，积极的市场营销活动是必不可少的。

如果流通服务问题不解决，就不可能把产品有效地推向市场。当市场趋于饱和，流通问题就变得越加尖锐，这时候，对于供应商而言，就连作为刺激消费者购买产品愿望的低价格和优质量都显示不出其力量，也就是说，产品的销售需要靠市场营销。

现代社会的市场营销有以下四个主要功能：

- 开发和规划产品种类；
- 管理信息；
- 组织商品分销和销售活动；
- 打广告和做产品促销活动。

通过对上述功能进行分析，就会清楚，如果没有流通服务，它们是不可能高效而彻底地实现营销的。

市场营销就第一个综合功能看，它属于一个专业化的部门，是生产范围内的一个结构性组成部分，市场营销影响物流系统的形成和后续的发展，而反过来，流通又反作用于市场营销，调整生产结构、企业规划和企业预算，甚至影响市场营销的战略和战术。

市场营销对现实条件下新产品开发的决策，通常会引起采购、配送、存储和对产品在生产过程中应用物资技术进行深加工成本的增加，也会引起实体物品在分销、备货和送达等环节成本的上升。

除此之外，市场需要完全新型的资源。在这种情况下，如果营销视野窄，就会在产品种类的开发上做出不够合理的决策，如此会导致生产和物流问题的复杂化，特别是使存储、订单、运输和信息管理方面的问题复杂化，从而为降低总成本的目标带来负面影响。

比如，在市场营销的作用下，不虑及物流的要求就作出改变包装材料的决定，会使商品由于缺乏必要的设备来做质保，导致将产品推向市场的难度变大。

第二个功能给物流系统和市场营销战略提供了参数。组织有效信息管理，创建现代化的信息保障是物流最重要的特点。此外，研究消费者动机、送达条件等都和该问题息息相关。

第三个功能和物流联系更加密切。

如果运输不顺畅——不论是来自消费方，还是来自贸易中介公司，所有市场营销研究和把商品推向市场的活动，甚至生产厂家的劳动和目标都会因此付之一炬，由此，在履行供应合同时表现出的低劣服务品质，会带来不同程度的处罚。

市场营销帮助确定流通范围和服务项目，跟踪消费者和消费需求的动机结构和变化，预测市场行情的发展和需求。

按照流通规律，商品在销售阶段会增加流通成本，但是，在商品销售过后，成本会立刻补回来，并有望带来丰厚的利润，企业的市场营销地位由此得到巩固，并在竞争中获得优势。

第四个功能与流通相互促进发展。

如果扩大流通服务便能激发市场营销活力的话，那再没有比供应商本身的负责任和可靠更好的广告了。商业中合作伙伴的可靠总能受到赞誉。

由此，可以得出结论，流通和市场营销具有同等的价值，有着同等的终极价值目标，只是使用的工具和关注的对象不同而已。

企业的物流服务和生产规划联系非常紧密。这是因为生产是否顺利，取决于能否及时给生产提供原材料、材料，以及一定数量和一定质量的零部件。因此，以提供物料（也是组织起来的企业供应）服务的物流业应该参与到生产活动中产品的采购决策过程中来，只有这样，生产所需的物料才能得到保证。

另一方面，在组织产品销售过程中，物流和生产相互作用。物流服务在销售过程中能控制物流的量，而且有源源不断的来自市场的销售信息，所以，市场营销应该参与到生产产品的规划中来。

把原料和零部件及成品直接送达到存放地点，是物流的重要功能。但在营销过程中，如果生产部门和物流部门联系不密切，就会导致存放到不同地段的商品库存量增加，从而给同业者带来额外的负担。

供应商提供的产品的质量是鉴定供货商特点、推进整个物流过程的主要指标之一。判断及跟踪质量是否为优，是企业流通服务部和生产规划部共同承担的任务。

一般而言，企业实行物流管理处处需要花费大的成本。因此，物流和资金流的联系就显得非常紧密。比如，在判断最优库存量时，流通部门不仅要依据经济核算，而且要看企业现有的财力。为确保流通过程顺畅而购置设备时，流通部门和财务部门就需一起决策，共同监督和管理交通运输和仓储成本。

［文章作者］俄罗斯：gg***@ vitebsk. by.

［文章出处］http：//www. dist – cons. ru/modules/logistic/section1. html#1. 1

［译者简介］魏丽卿（1965，11），女，北京物资学院外国语言与文化学院副教授，硕士，研究方向：语言与文化。E-mail：weiliqing168@ sina. com.

小企业物流（二）
——采购物流

魏丽卿　译

（北京物资学院外国语言与文化学院　北京　101149）

一、采购物流的任务

采购物流，是以保证企业物资供应为目的的对物料的管理。

任何一个企业，无论是生产型或商业型的，都设有采购、送达和暂时存储劳动产品的部门（采购部或供应部）。对于生产型的企业，指的就是对原材料、材料和本成品的管理，——就是企业为完成订购任务对所必需有的资源的管理；对于商业型企业，指的则是这类企业对成品——消费品的管理。

供应部门是否能高效供应，很多时候取决于企业是否有一个合理的组织结构。为了完成生产所有的供应任务，有效供应的关键在于在采购阶段就做好物料流通服务（图 1）。

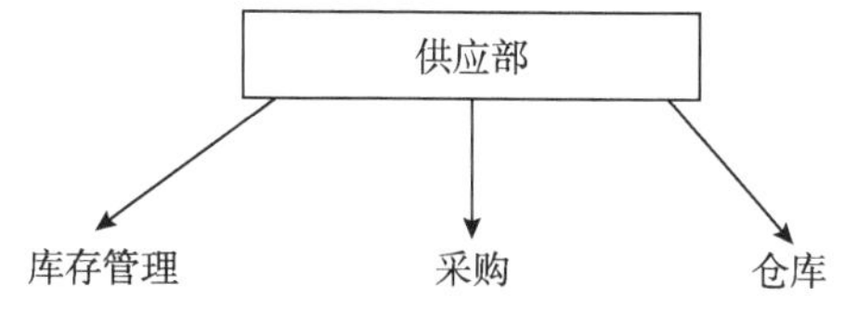

图 1　供应功能

供应部门完成的任务应该建立在现代营销理念的基础上，也就是说，首先应该完成营销战略，之后，是生产发展战略，再其后是生产供应战略。

为了保证企业有充足的物资，供应部门首先要弄清楚下面的问题：

- 购买什么；
- 购买数量；
- 在哪家购买；
- 以什么条件购买；
- 如何把采购、生产与销售系统结合起来；
- 如何把企业活动和供应商系统结合起来。

上面列出的物流采购的问题决定了该功能部门该完成的任务（组成）和所完成的任务的性质。解决任务的轻重缓急循序将按照下列方式判断：

在判断物资需求方面的问题时，必须先知道需求者是谁。之后，再计算需求量。这个时候就可估算物资的重量、大小等其他参数，甚至可以知道提供怎样的供应服务。接下来就是制订计划——做图表描述每种物资的特点或者形成产品名录范围。

对采购市场的研究始于对供应市场行情的分析。此时，必须弄清楚直接的、间接的和可替代的人员所占据的市场的现有的和潜在的供应商的情况。之后，对采购物资的来源做个初步分析，也当做一下市场的风险评估。

供应商的选择包括供应商的信息，建立供应商银行的信息，寻找最佳供应商，对选择的供应商做评价。

收到的供应商的信息为建立银行账户提供了条件，评估银行信息，必须有专门的标准，该标准的制定应有利于供应商的选择。专门的标准从一个到十个不等。所有标准取决于制定标准的企业。通常采用的标准有价格标、质量标、供应条件标和供应商的信誉。不同的供应商在收到统一的标准后，为了得到最优的供应，可以加上补充标准：

- 供货商的财务状况，信贷能力；
- 现有的产能；
- 完成应急订单的期限；
- 组织质量管理；
- 供应商与消费者之间的距离。

通过对潜在供应商的分析，制定出具体的与之签订合同的供应商的名单来。

实现上述功能始于谈判，谈判应该按照合同关系，也就是双方签署协议。签署合同的过程就使双方形成一种固定的经济关系，履行合同条款就是完成物流任务。

合同包括采购方法的选择，供货和付款条件，甚至还包括组织物资运输工作。这样就可以绘制供货表格，实现远程运输，甚至还有办理通关手续。

供货中有一项重要的任务就是监控供货的品质，也就是说，检查是否有残品，记录索赔情况。检查供货还包括弄清楚供货是否延期，运输期限是否符合要求，甚至还有物资存储状况。

采购活动中特别重要的一项任务是考虑是否经济核算，因为必须准确地知道这一项工作和决定是否划算。由此需要判断用到下列项目的成本花费：

- 用于完成物资项目的订单；
- 用于交通、入关和保险；
- 用于货物加工；
- 用于监督供货合同条件完成的情况；
- 用于接收和监控资源；
- 用于搜索潜在供应商。

二、商品市场的研究

每个企业家都渴望靠扩大自己的生意，扩大销售市场，扩大产能以求最大利润。满足消费者的需求是企业成功的基础，产品的质量是提高需求的主要标准。假如没有有质量的原料作保证，就不能保证终端产品的质量。生产的整合和采购活动早在该生产过程之前就已经开始。这正是物流系统下生产系统的首创。

在采购物流组织创建之初乃至之后都需要对供货类型做经常性的分析。

分析首先当从对生产过程的潜能入手。因为，判断自我保障的自然指标，知道系统内部能运行起来的流通，也就是说，工业生产企业需要的某些产品自己能生产出来，且能为自己所用，有着非常重要的意义。

根据估算出的指标，依靠生产内外因素，制订出物流系统内部有理有据的多种供应方案的规划。靠自己生产确定所需物资的结构需要合理的选择，也就是需要对自己内部生产和对外采购做出理性的对比和考量。所以，在采购物流中，弄清采购过程具有特别的位置。

采购物流的主要目的是完全满足生产消费者的需求。

组织采购过程的阶段是：

- 收集和分析市场资源行情和商业运行的条件，送达、存储能力等；
- 选择物资—技术供应的形式和渠道；
- 制作和完成订单；
- 组织专门的人员建立资源账户，并且对已有的资源的价值做出估算；
- 和供应商保持联系。

在市场研究中，不管是以销售成品产品为目的，还是以实现企业的采购为目的，常常是通过一个分部门（物流中的子系统）来完成。

在分析商品市场时，生产者应站在两个基本能确定企业战略和战术的立场上来。这两个立场是：

- 作为物资供应者；
- 作为物资消费者。

企业在衡量供应商地位的时候，首先要考虑到消费者的利益。

在现代物资—技术供应的基础上，企业充当了消费者，这就使得为企业考虑自身利益，建立与供应商的相互关系提供了可能性。从这个角度看，企业在供应商、中间商和承运商的物流链中处在终端环节上。

三、采购物流的实现

对于企业，选择的商品既可以直接从生产者手里购买，也可以通过中间途径的零售商手里购买。商品的品名和价格是影响选择供应商的主要因素。所有这一切，取决于以怎样的条件成交。举个例子，企业在向生产者手中购买商品时，可能会碰到需要自己创建品名的问题。这样的问题对于具有大规模的生产能力，并有创建商品品牌能力的厂商而言是典型的。如此，在专注于形成新的消费者所需要的新的品牌的中间商那里购买会更有利些。选择中间商的另外一些优势是在批量相对小、商品范围广的商品的采购上显现出来。因为，存量和库存的需求减少，与商品制造商签订的合同协议中的量也随之减少。

由于中间商购买的商品批量大，其价格可能低于制造厂家。

比如，制造商按下列价格销售商品：

- 对于小批量的购买方一个单位是 100 卢布。
- 对大批量的购买方则是一个单位是 80 卢布。

以 80 卢布购买商品的中间商，以 15% 的价格加价小批量销售。因为中间商专门寻找大批量的商品，这样，在以增价来销售商品时，中间商就能抵消掉他自己的成本，而且获得利润。

制造商确定的根据大小批量的不同，价格也不同，调价的目的是为了促进销售。而差价取决于制造商面对的对象。如果制造商小批量卖给买方，那么利润就会小。在我们给出的例子中，幅度是 15%。卖方的仓库和与买方仓库距离的远近是采购方决定是否要购买商品的重要因素。在上述因素存在的情况下，中间商的位置却可以处在比商品制造商更远的位置。由此，交通方面的额外花费可能高过制造商和中间商所给出的价格之差。

实现商品送达先进的物流系统就是“及时供货”。对该系统的使用，能从本质上提高采购效率，降低消耗。系统工作的原则建立在订购的商品可以不使用仓库，能正好消费完。暂时性的存储有非常大的意义。成功地运用物流系统对买方和卖方之间的相互协作有着直接的影响，也就是说，是双方互相负责。

确定采购的日期和采购量是按照某个公式，而且被认为是一项形式上机械式的工作。

重视在生产中并不能起到多大作用的批量是缺乏理性的，相反，应该重视处在最重要位置的资源的获得（帕累托原则）。

按照成本花费，资源可以分为 A、B、C 三个等级。

A——需求不大，但却需要投入大量的重要的资源；

B——重要性仅次于 A 级的物资，此类物资投入排在 A 之后；

C——在产品名录中占有重要的位置，但价格不贵，存量也不需要多。

判断 ABC 的方法：

- 从小物资确定其价值；
- 从小物资确定对其的需求；
- 按照价格的高低定位物资的级别；
- 汇总物资量和成本信息；
- 按照总的成本的不同比重划分物资。

优点：可将物资进行归整分类，并且分类的结果当适用很长时间；

缺点：当需求和价格改变时，需要重新归整分类，必须不断检查。

ABC 方法的计算见后面的附件。

四、寻找供应商

在任何一家企业，服务项目都与原材料的采购有关系，而在商贸企业，则是与成品采购有关。供应服务部门可根据工作量的大小由一个到几个人组成。供应部门工作是否有效直接取决于供应商市场的行情。做好此项工作不是一劳永逸的，而是长期性的工作，因为生产有扩大的趋势，而市场还出现新的公司，甚至新的物资。为寻求供应商，要经过四个阶段。

第一个阶段，寻找潜在的供应商

为了寻找潜在的供应商可以采用下面办法：

- 举办竞赛（招标）；
- 研究广告物资（公司目录，在大众媒体上发布信息）；
- 参观市场，展览；
- 个人与潜在供应商建立联系（交换信件，电话，工作会晤）。

参加招标比赛（招标比赛），这是寻找潜在供应商的一种常见的形式。招标需要一些有大价钱购买原材料、材料供应商的情况资料，或者可能从长期联系的伙伴中找到招标的对象。竞争性的招标活动不论是对于供应商，还是对于消费者，都是有利的。供应商需要明确与消费方合作的条件，而消费者在选择好的供应商时，则需要考虑收益（包括优惠）。招标工作需按照下面的步骤进行：

- 起草招标的条件；
- 分析并出台招标文件；
- 通过广告公司发布招标信息；
- 检查竞招标者的鉴定；
- 分析竞标者的报价；
- 确定竞标出胜者。

根据第一阶段所述，可以形成潜在供应商的名单，而这个名单可以经常添加新的名字。

第二个阶段，监控供应商

长期与新的供应商合作的条件之一是公司的可靠性和财务的能流动性。那些准备与供应商长期合作的单位，其实就是您的伙伴关系。因为在认识的初始阶段，只能形成潜在的伙伴关系，还不能上升到合作阶段。如果供应商不是真诚的合作者，那么对消费者而言，就容易造成正常的工作问题不断，还会引起财务上的损失。所以，在签订合同前必须弄清楚供应商是否可靠，这一点非常重要。为了判断供应商是否可靠，可以从下列渠道收集信息：

- 与公司领导进行私人会晤；
- 供应商的财务报告；
- 当地来的信息（公司法人或者官方信息的收集者）；
- 银行和金融机构；
- 潜在供应商的竞争者；
- 商贸协会；
- 信息机构；
- 来自国家的信息（掌握可开放信息的注册部门、税务部门等）。

大部分情况下国内的企业在选择供应商时，依据的都是自己收集来的信息，不去寻求其他渠道的信息来源。经第二个阶段选出的供应商，都具有良好的信誉。

第三个阶段，就要对潜在的供应商进行分析

收到经第二个阶段选择后的供应商的名单后，就该分析这些企业的生产能力。对编制好的供应商名单的分析，当划分出不同的有利于筛选供应商的标准来。标准很多，有时可达 60 个之多。分析供应商依据的标准有其产品的价格和质量，甚至还有供应商的信誉。供应商的信誉包括能否按期、按产品范围、按照数量完成供货义务。

其他方面包括：

- 供应商的财务状况如何；
- 完成现订单和加急订单的能力；
- 潜在产能的大小；
- 产品质量的高低；
- 供应商和用户距离的远近；
- 供应质量如何；
- 在设备供应服务期间，设备零件供应能力的大小；
- 职工专业水平的高低；

- 干部的流动和其他情况如何。

在对潜在供应商分析后形成具体的可与之签订合同的供应商的名单。

第四个阶段，是对供应商信誉的评价

按照与供应商合作的结果就能对已经签署的合同的情况作出评价。为此，需要制定出评定量表，根据该评定量表给出排名。在计算排名之前必须弄清楚所购买的劳动产品的差异来。

采购时购买的商品、原材料和组件因生产单位和贸易单位经营的目的不同而有差别。不常见的配套材料，如果采购不到，就会导致生产过程的停滞。在选择供应商时，供应商能否保证弄到，是选择供应商的主要的标准。

评定供应商是否守信的办法是：

- 比较计划和实际的交货日期；
- 测定延迟的时间；
- 比较计划和实际的交货量。

显示产品供应不足的情况：

1. 测定产品供应不足的量$\triangle Q = Q_{\text{фактνμ}} - Q_{\text{ПЛан}}$；
2. 在短缺的情况下测定延迟情况$t'_{\text{оп}} = \triangle Q/q$；
3. 测定延迟总量$T_{\text{оп}} = t_{\text{оп}} + t'_{\text{оп}}$；
4. 计算供应失败的次数；
5. 计算供应失败量T_o =（$t - \sum T_{\text{оп}}$）/π，其中 T 指的是在此期间总的天数；
6. 测定故障率$\pi = 1/T_{\text{оп}}$；
7. 测定供应准备系数$K_{\text{м}}$ =（$T - \sum T_{\text{оп}}$）/T；
8. 系数越高，供应越有保障$P = K^{*}_{\text{м}} e^{-\pi t}$。

如果所购买的产品在生产和商贸中所占的地位不是很重要，那么，在选择其供应商时，主要的标准即是看采购和送达上的成本大小。

五、供应管理

把物资从供应商送达到消费者手中应该有一套灵活的能够应对与市场行情变化的机制。企业家在激烈的市场竞争中必须紧紧随市场的变化做出有利的调整。消费需求的提高和减低可以影响生产产品的变化，而生产量则随需求的变化而增减。市场上出现的用新材料制造商品，一般是改善了原生产性能。所有这一切都要求企业家采取措施改变与原材料和材料相关的供应条件。所以，在确定与供应商的经济联系之前，应该按照生产要求和供货条件研究供货潜力。

原材料和材料的供应可以直接从生产商送到到消费商手里，也可经过中间商。从生产者直接送达到消费者手中，我们称之为直接送达，而如果经过中间商，就要用到仓储。

在流通领域中，物料直接送达能降低流通费用，至少能减少货物在装卸、存储上的花费。这种供应形式一般用到大批量的常见的产品种类中，即，已经知道，这些产品在准备用于生产性消费时再不需要其他附加的流通工序。而对于有中间环节的物流供应来说，又多了很多的义务，比如，完成一系列服务性工作，如售后服务，甚至需要提供其他业务性的别的方面的配套服务。

在研究以何种形式提供物料供应，或者从一种供应转到另一种供应形式时，必须考虑运输和采购的联系。

运输—采购成本是与订单的组织和订单义务的履行联系在一起的，也与物料的采购和送达有着直接的联系。它们一起构成了物流的部分成本。包括：

- 物流链形成过程中的成本，甚至还包括供应商的选择和评价带来的成本；
- 运输和运输代理成本；
- 邮政—电报、旅游、出差、娱乐和其他的花费；
- 与订单协议相比，货物因短缺和路途的自然损耗所带来的成本；
- 其他花费（为满足消费者的附加要求而带来的成本）。

根据不同的供应商来确定物流采用哪种供货类型。如果物流只靠运输来实现，那么，就和物流系统建立直接的联系。如果需要仓储，那么就需有多层的物流体系协助。有时候，作为消费者的企业，同时能得到从不同的供应商或生产商或者中间商那里弄来物资，那么，在实践中，就可以建立起一套最为常见而灵活的物流供应系统了。

物流中运用“及时供货”系统能使供应管理取得良好的成绩，也能使终端产品在市场不稳定的情况下，或者在新产品开发过程中获得极大的成功。

把“及时供货”与传统的供货相比较，前者可以提供成本更为低廉的原料和物资。由此，对流通中的参与者的可信度，包括运输部门人员的要求就更高了。如果说，在传统供应下挑选承运者首先注意的是运输费用的话，那么，在“及时供货”系统则更看重承运者在及时供货上的可信度。

运用“及时供货”系统的企业当具备以下特征：

- 商品稳定的生产；
- 小批量高频率供货；
- 在长期订单的基础上的供货；
- 最低金额花费证明手续；
- 全部供货总量及花费作为供货的信息记载下来并归档，但是，等到下一个供货来时，可以从上个记录改到下一个供货的记录；
- 不存在供应商品量多和量少的情况；
- 使用标准的外包装和包装。

使用“及时供货”系统可以达到如下效果：

- 节约出储存的成本花费；
- 减少不合格产品量；
- 减少库存量。

供应商应具备的特点：

- 具有完全的产能利用率；
- 留住已经熟悉业务的工人队伍；
- 减少存储成本；
- 靠与供应商近距离的接触达到简化供货协议程序。

应用“及时供货”系统之前需要对所供应的商品和物资按照其重要性进行细化和分类。在这种情况下可以利用的工具是ABC分析方法。

ABC计算方法见附件。

六、监控订单完成情况

在采购物流中，最重要的一个功能是监控进料。监控过程中一定要看物移是否高效，从确定订单接收的部门和人员，供货条件、供货协议方面，到监控所订货物的发货和送货完成情况，都要做跟踪。在监控订单完成情况的过程中，特别注意供货者的产品范围、物料的性能和产品的质量。对交通—运输的监控要看其是否在送达货物的期限内送达，是否缺少证明书，货物是否够量等。企业履行监控功能的同时，能调整物流的频率，也能对供应商可信度和是否负责作出判断。

在供货中，不可预见性的障碍会导致生产暂时停滞，造成生产量的缩减。检查监控，企业能收到所希望的商品供应的时间和供应量，而且还可以采取相应的措施来调整与订单条件的偏差。

流通系统中的执行监控系统与发货人和收货人有直接的沟通。这样的的监控系统有利于双方的互利共赢，因为，供应工作中的不足都能及时显现出来，对于消费者而言，可以拥有一家可靠的供应伙伴。在这样一种相互作用下，会形成大量的有关物料的参数和结构信息以及与供应商个人相互关系的信息。在扩大经济联系、市场不断变动、整合与生产活动的条件下，监控供应完成的进程，会促使计算机技术和信息技术得到广泛的应用。

通常，在企业确立监督机购，其目的不仅在跟踪订单完成的如何，还可在初级阶段发现残品，可以避免质量不合格的原料和材料流入生产过程中。在原材料和成品之间建立起直接的联系促使企业家高度重视原材料的质量。

完成监控的复杂性在于供应货物的名称和品种。产品品种越多，提单越长。商品提单的形成建立在定货者对某种具体材料需求的基础上。

接受方检查订单材料的参数完全与企业自己提供的参数相匹配。通常，商品项目清单要求生产中的终端产品必须达到一定的水准并具备相当的技术水平。

比如，当企业生产一次性使用的塑料制品时，为生产订购原料应用食品用的相应的性能的塑料。企业使用能按一定的形状和数量加工原料的机床，或者企业委托中间商完成该功能。

在填写订单和完成订单时，消费者务必和供应商把供货间隔的时间长短协商清楚。如果发货时间间隔的长短对供应商是个指导，那么供应商供货时间间隔的长短对于消费者而言也是参考。发货时间的间隔就是两个供应商彼此供货之间相隔的时间。时间间隔的频率取决于运输、货物接收方的仓储能力和别的因素。

在采购物流中，卸货间隔时间的长短当在存储、检查、实现生产经营活动中作出判断。在签订合同时要考虑到供货的频率（在结算期内），合同中所给出的指标，是平均供货频率。

在出现相应的物流服务与订单上的供应相比延误时，负责监督订单完成的部门就会采取措施找到货源，加快物流的速度，对事故者这方进行赔偿。出现供货不足、断货、破坏送达日期条款，相应的供货服务部门都当以不同的保险形式给予赔偿。在发现运来的物资与合同上标注的不符合时，双方必须按条款弄清楚是哪方面不符（品种、数量、质量）。

为了对供货合同义务完成情况作出评价，一般采用系列配套评价指标，即对供货日期，产品品种和质量进行综合评价。即便如此，个别指标还需按照具体情况来定。这意味着，在分析完成产品的相关义务时，应只考虑应达日期内到达目的地的具体的产品的情况。

完成供货义务的计算方式公式是：

Ккомпл. ＝（1 － Кн）x Касс x Кк，

这里：

Кн — 产品交货期内未完成义务的系数；

Касс —完成产品品种的系数；

Кк — 产品质量系数。

附：

ABC 分析

流通管理涉及多重管理对象：大量不同的商品，众多的买家和供应商，不同的货物等。在这种情况下，企业家就能从这些项目得到价值不一的收益。

ABC 分析法，目的是缩减存储量，减少仓库占地，为企业增加总体的收益等。

运用 ABC 的方法，可以把精力集中到上述目标的实现上来。

经济学上著名的帕累托少数与多数效应原理（20/80），即五分之一的少数（20%），获得 80% 的收益。其余 80% 只能收获 20% 的收益。

比如，贸易中 20% 的商品，能出 80 % 的利润，其余的 80%，收益率只做一点但却是必不可少的补充。

根据帕累托多数与少数效应原理，管理中把很多对象分成两部分。物流中，如应用 ABC 方法，则需进一步划分，将对象分成三部分。在这种情况下，应该事先分析好所管理的对象对整体收益的贡献率。

让我们来看一个例子。表1中举出20种商品作出的贡献率。

列出的表2是按照贡献率递减的顺序排出来的。正如我们看到的，按照类似的顺序排出的前两个（占整个管理对象的10%）管理对象，给出了75 %的贡献率。接下来的5个位置（占管理对象总数的25%），却给出了20%的贡献率，最后剩余的13位置（占总数的65%），给出的贡献率占总数的5%。

表2中，假如最初不看管理的对象哪个最终的贡献率占整个贡献率多少而投入一样，如此，20个项目，每个项目的管理成本的成本为5个单位。那么总的管理成本就有100个单位（20×5）。

但假如分类后，对A组项目管理成本提高1倍，对C组管理项目投入减低一半。对B组的管理成本不变。

一般的计算表明，总的价值会减少22.5%：

$2\times10+5\times5+13\times2.5=77.5$

对C组管理成本的下降是由于该组所处的地位不重要，它的好坏不会给全局收益带来多么大影响。而同时，对A组管理成本的提升却可以从根本上改变最终收益。

如此，根据ABC分析进行管理，可以重新分配管理资金以降低总的管理成本，同时还能提高收益。

表1

管理项目资金编号	资金投入，单位	资金所占的比重,%
1	10	0.1
2	200	2.0
3	30	0.3
4	5200	52.0
5	30	0.3
6	90	0.9
7	10	0.1
8	100	1.0
9	800	8.0
10	300	3.0
11	10	0.1
12	20	0.2

续表

管理项目资金编号	资金投入，单位	资金所占的比重,%
13	2300	23.0
14	300	3.0
15	40	0.4
16	70	0.7
17	50	0.5
18	20	0.2
19	400	4.0
20	20	0.2
Итого	10000	100.0

表 2

资金项目编号	项目资金投入，单位	贡献率，%	投入增加后，%	分组和该组对总的结果的贡献率
4	5200	52.0	52.0	A 组 75 %
13	2300	23.0	75.0	
9	800	8.0	83.0	B 组 10 %
19	400	4.0	87.0	
10	300	3.0	90.0	
14	300	3.0	93.0	
2	200	2.0	95.0	
8	100	1.0	96.0	C 组 5 %
6	90	0.9	96.9	
16	70	0.7	97.6	
17	50	0.5	98.1	
15	40	0.4	98.5	
3	30	0.3	98.8	
5	30	0.3	99.1	
12	20	0.2	99.3	
18	20	0.2	99.5	
20	20	0.2	99.7	
1	10	0.1	99.8	
7	10	0.1	99.9	
11	10	0.1	100.0	

对 ABC 组进行分析的顺序：

1. 对目的形成进行分析；
2. 运用 ABC 方法对管理资金进行细化；
3. 明确项目资金拨放时所依据的特征；
4. 对依据特征所做的管理项目资金的划拨进行评价；
5. 将管理资金项目按照意义的大小进行降序排列；
6. 将总的项目资金分成三组：A 组，B 组和 C 组。

[文章作者] 俄罗斯：gg*** @

[文章出处] http：//www. dist - cons. ru/modules/logistic/section1. html#1. 1

[译者简介] 魏丽卿（1965，11），女，北京物资学院外国语言与文化学院副教授，硕士，研究方向：语言与文化。E-mail：weiliqing168@ sina. com.

小企业物流（三）
——生产物流

魏丽卿　译

（北京物资学院外国语言与文化学院　北京　101149）

一、生产物流的特点

生产物流——目的是根据生产合同保证生产产品的质量、供应和送达综合指标的活动，也是降低生产循环周期和减少生产消耗的一项活动。

物流从原料最初的供应到最终的消费品经过一系列的生产环节。物流管理在这个阶段有自己的特点，所以，这个阶段的物流活动被称为生产物流。

生产物流的任务涉及企业内部的物流管理。生产内部关系就能把生产物流范围内的物流过程的参与者联系起来（它区别于与商品－货币交易过程有关的采购物流和配送物流）。

现代化工业生产——这是包括半成品、零件和零部件的生产，原材料配置，产品组装，还有大量辅助部门在内的，可统一称为“产业”的生产—技术机制。有时候，公司由几个生产部门和分布于其他地区的子公司组成。所有这些因素都会使物流系统和有效管理管理问题复杂化，原因是由距离产生的商品运输和储存变复杂了。

每家企业通过产业部门的帮助与外部建立起联系，内部各个部门协作。企业不仅可以依靠产业部门的帮助达到财力和人力资源上的扁平化管理，而且，能使企业在各个环节的技术工艺保持各自专业特点，通过运用物流系统论观念，使企业主要部门和产业部门得到整合。如果缺少整合过程，各部门就无法独立履行其职能。这一特点在生产物流中体现得最为明显。

不论是主要的工业企业部门，还是辅助部门，都需要为生产内部物流管理服务汇集起最基础和管理决策所需的信息，不能人为地把主部门的物流管理和分部门的生产单位割裂开来，因为，它们都是本着保证材料质量和最大程度地节约资源的目的生产出合格的商品。不能人为地将主要分部门和工业企业生产部门的物流管理分开，在建立统一的内部生产物流系统的同时，应该协调好生产企业辅助及其各个环节的物料流通管理。

在组织生产物流时，必须最大可能地分析企业的每一种情况，生产周期、生产类型、主要生产供应系统和人力资源及资源利用的有效参数，等等。生产周期——这是针对流通系统内某一个具体产品的生产而言的，指的是生产从开始到结束这个时间段而言的。

生产周期的长短很多时候取决于物料移动的特点。这包括：

- 顺序物移；
- 平行物移；
- 平行—顺序物移。

除此之外，影响生产周期的还有生产分部门的工艺技术水平，生产组织的系统化程度，应用技术的先进性和产品生产规划水平的高低。

依据终端产品类型的数量和出产的达到自然指标的产量存在五种生产企业类型。

第一种类型是按照订单生产复杂产品的企业。这是唯一的指标性的生产。产品生产过程中潜在的多样性是它的特点。独特的设备（按数量定制的机床、加工中心、机器及灵活的自动化管理）和高素质的团队（专业齐全，配置合理）。

第二类、第三类和第四类：按照生产的不同规模可分为小型、中型和大型的企业。类型越高，对设备的独特性和人员配置专业化程度的要求越低。成品种类越少，产量越高。第五种类型—大批量生产型的企业。专门化的设备，传送装置，流通线，工艺技术配套。生产产品的总类数最低，产量却最大。

在现代工业生产中，大型企业的数量缩减趋势明显，中小企业数量增加。按照通用设备在技术上重新装备生产，从而灵活地重置生产系统。生产商得到越来越多的生产小批量设备或者某种产品的订单。在这种情况下，从购买方来说，越来越多地要求对方能在短时间内生产出有保障的产品。

当产品供不应求时，毫无疑问，顺应市场需求而生产的产品的销售任务一定能完成。所以，当务之急就是看如何高效使用设备。而且，产品批量越大，价格就越低，如此就不值得把销售的任务置于首位。

当市场供不应求时，情况就会有变化。那时，在市场竞争环境下，产品销售任务会上升至第一位。不稳定和不确定的市场供求关系使得建立和保持大批量的库存变为一种失策。由此需要能迅速应对需求变化的灵活的生产能力来适应市场。

如何组织生产复杂些的产品，是生产物流需要解决的一个现实问题。在这种情况下，运输－物移工序就成为生产物流的一个项目，如此，如果就是内部系统中的物移，用的也是自己的运输工具的话，运输－输送作业就可能成为生产物流的一个项目，就如公共交通使用的交通工具一样。

从组织角度来说，内部生产物流过程的管理属于物流系统的一个部分，这部分构成了生产物流系统，这个系统是现有的物流系统总体结构中的一个缩影。生产物流子系统把物移算了进来，和所有其他子系统一样，生产物流以自己的工作节奏影响着其他系统。生产物流子系统的灵活性取决于生产中的灵活性，也取决于专业人才的专业性。

在构建生产物流子系统中，定制生产发挥了很大的作用，因为，定制生产的目的就是按具体客户订单要求中产品的性能和参数来完成的生产的。

在生产物流中特别注意对产品成本起着至关重要的物资的利用率。物资利用率指的是用在生产达到一定质量标准的单位产品上消耗的原材料，材料，燃料的最大量。

现代生产只有在它能够快速更新产品的品种并能适应产品数量的变化才能持续发展。企业要重新思考以前制定产业政策是依靠仓储来解决扩大生产的问题。而今天，物流却要求生产当依靠提高生产能力的储备和设备的使用率来适应市场的需求。

生产力的储备只有在生产系统定性和定量上呈现出它的灵活性。质量上的灵活性靠的是工作人员的通才和生产的灵活程度来实现。

生产物流的目的在于让制造业和物流业同步运行。

生产组织的物流概念包括以下原则：

- 避免过剩存储；
- 避免在主要生产领域和运输交通—库存业务上花费更多的时间；
- 避免生产没有订购的配套零件；

- 避免设备停止运转的时间；
- 避免生产废品；
- 取消不合理的内部生产运输；
- 把供应商从对立面转为友好合作伙伴。

生产组织传统的概念与现代企业生产物流不同，传统的观念包括：

- 不管付出多少成本，设备都要高效运转；
- 尽量大批量地出产产品；
- 物资库存达最大储存量，以备万一。

生产物流的任务反映出物流系统内对物资和信息管理的组织过程。

二、管理物流

生产内部物流系统下的物流管理使用两种基本方法：推送和拉取。

推送系统是生产系统的一个组成部分，是针对生产进入生产地段的劳动工具而言的，用在生产工艺技术前后无密切联系的地段。物资“流”入生产是物流管理控制中的一个环节中。

物流管理的推送模型相对于生产组织中的传统办法来说有明显的特征。生产物流组织运作的可能性是大规模运用计算机的结果。软件产品的开发使企业及时采购、生产和销售等分部门的计划和行动步调相一致，并随时间的变化能做出与时俱进的创新。软件的使用将大大减少管理决策和执行时间。

推送系统，能够在微观技术的帮助下把复杂的生产机制统一到一个整体上来，虽然如此，各潜在性能上却有自然的界限。推送系统的参数用在物料使用的地段，参数正好能衡量出该地段的生产情况。然而，涉及影响企业每一个地段的因素越多，用在其中的软件、信息和工艺技术越完善，企业生产出的产品的价值就越高。

在实践中运用推送系统方案，是“系统物料需求计划”（MRP）下的已被西方工艺和工业企业管理组织认可的一个概念。近35年的MRP经历了整个国际管理的文明里程。MRP——这不是一种投机取巧的筹划，而是在计算机系统中，在激烈的市场竞争环境下的一种最好的商业管理经验，一种有意义、可操作、可以付诸实践的经验。

经验实施的可能性是以大规模使用计算机系统为前提的。MRP系统就是以管理的高自动化为前提，而且可以实现下述功能：

保证调节和控制生产现有库量；

将企业各种服务——供应、生产、销售计划和行动随时作出调衡，以其达到协调一致。

物料管理 MRP 系统的主要缺点是使创建和维护生产部门和工艺技术周期之间的缓冲库存成为必然。

牵拉系统指的也是生产的一个组织系统，是生产过程中，部件和半成品转到下一个技术工艺程序环节上，由此所组成的系统。

在这里，中央管理系统不干预企业各个部门之间物流的运转，不规定眼前的生产任务。某个单个技术工艺环节上的生产计划由下一个环节中的订购任务来确定。管理中的中央系统只是为生产工艺链的最后一个环节规定任务。

牵拉系统的优势是：

（1）放弃多余的库存，快速获取信息，对需求变化的储备能力能做出快速反应；

（2）销售生产商品政策被生产商品政策所代替；

（3）满负荷的储备任务被产品流动过程的周期最小化所代替；

（4）减少最佳资源批量，减少批量加工；

（5）完成高品质的订货；

（6）减少各种理由的延误和非理性的工厂内部运输。

为了理解牵拉系统机制，我们来看下面的例子：

比如说，企业收到生产 10 个单位产品的订单。这份订单交到装配车间。装备车间为了完成订单就需要从 1 号车间索求 10 个零用件。1 号车间从自己的存储中取走 10 套零部件后，为了补充上库存，就向 2 号车间订购 10 个毛坯。2 号车间自己送上 10 个毛坯后，再订购足够数量的材料以充库存。如此，物流至下一个环节。此外，各车间的人员考虑专业因素多要比中心控制系统多一些，因为专业因素是用来确定订单优先顺序的依据。

日本首次研制并使用了先进的物流观念“准时供货”和内部生产物流看板，从而对全球物流领域的发展做出了自己的贡献。

在实践中，由“丰田”公司研制和实践的“看板”（译自日语“卡板”）属于牵拉内部的生产物流领域。

“看板系统”不要求生产过程计算机系统化，然而，它却要求供货的高度准确和人员的高度责任心，因为，生产内部物流过程的调整是有限的。看板系统能从根本上降低生产存储。比如，丰田公司生产每辆汽车用在零部件存储上的花费是77美元，而美国公司相对应的数字则是500元。“看板”系统可以加快资金周转，提高产品的质量。

“看板系统”中“牵拉”物流系统可以减少存储的同时，还在相对较短的生产周期内，准确预测需求和运用其他生产技术使牵拉系统得以高效工作。为了改变两个系统中存在的不足，尝试将其联系到统一的计划—生产和可调度的计算系统中来。

在当代信息计算机技术的基础上，一个成功的例子是在产品生产中将物料管理和看板技术关键要素合成，这项合成技术出现在20世纪80年代初研制的微观系统——优化生产工艺（OPT，Optimized Production Tehnology）中。

优化生产工艺属于整合供应过程和生产过程的两个微观系统。牵拉系统的基本工作原理是找出生产过程中所谓的“狭窄”处（原生的临界资源）。很多专家认为，OPT（优化生产工艺）系统和看板是有差别的，OPT系统是在“供应—生产”物流网络为窄地设置障碍，阻止窄地的出现，而看板系统却是为消除已经出现的窄地。

在OPT系统中，可以实现生产业务自动化规划和调度；电脑自动生成生产日程的计算数据，比如，按日、周等来计算；还可以解决给消费者发送成品的监控任务，在必要情况下寻找可替换资源，提供同等价值的替代货物；在生产进度方面使用不同的标准，满足生产中对资源的需求；有效地利用资源；在生产进程中投入固定资金；灵活性。

按照模块建立起来的数学软件实现业务计划和生产调度。

以OPT给出的数据为基础，运用订单文件、技术工艺流程图、资源、销售预测等形成生产日程数据库。材料和配套零件的数据和工艺化文件同时形成，如此，在识别关键资源软件的帮助下，一条工艺路线图就生成了。由此，资源使用时的强度、装载的级别和如何简化等问题就可自行确定。在这个阶段，工艺从不同出口开辟出多条路径，这些路径包括所有窄点和相关的物流活动。

在物料管理过程中，消费者可以得到下面的输出参数：生产计划、物资需求、车间（部门）每日报告、将材料送达至工作地点计划、订购生产产品的报告、仓储的状况等。物流中OPT（生产工艺技术）系统的作用在于降低生产和交通运输成本，减少生产中的库存量，缩短生产周期，降低对仓储和生产区域占地的需求，提高消费者发送成品的节奏。

三、生产物流系统发展的前景

随着科学技术不断发展进步，消费市场正在形成，消费者动机不断升级，市场竞争加剧，市场环境的动态性不断加强。同时，大规模生产优势虽然没有消除，但个性化发展的趋势不断凸显，企业家越来越认为，在生产－物流系统下，必须灵活组织生产，灵活提供流通服务，灵活管理，即灵活地调整物流服务系统。

灵活的生产－物流系统是一个综合体，这个综合体由不同数控工艺集成的设备组成，包括机器人技术系统，灵活的生产模块，工艺技术设备各组成部分，是能在一定时间段内实现自动调控的系统。

灵活的生产－流通系统在生产某一产品或者为生产提供服务中具有自动调整的功能，在系统的作用下，装卸和交通运输－仓储作业能实现接近无手工劳动，即向无人化作业的过渡。

在物流和信息流管理中，若不使用物流方法，实践中就不可能组织起灵活的生产系统。创建灵活的生产和调整系统速度非常快，所以，在主要生产领域广泛推广物流概念有着广阔的光明前景。生产和流通系统功能的模块原则整合了生产－经济活动的两种主要形式。

灵活性是生产－物流系统使人力、物力的消耗和损失达到最小化目的一种能力。灵活性是保证稳定生产的有效手段之一。

加工系统（设备的灵活性）的灵活性。它反映了在生产－流通系统一定范围内生产零件，从生产一个产品（半成品）转到另一个产品所需要时间的长短和成本。在此期间，产品品名数量的多种多样成为衡量其灵活性的指标。

产品品类的灵活性。它反映的是生产－流通系统产品更新的能力。主要指生产新部件或者改变复杂物流业务任务的一种能力。更新产品或改变复杂物流任务，虑及成本效益使更新和改变的系数最大化，是衡量产品品种灵活性的标志。

技术工艺上的灵活性。这指的是结构上和组织上生产物流系统为避免操作中生产进度表出现偏差而应用各种工艺技术的灵活性。

生产产量的灵活性，指的是在动态生产－物流系统中生产不同批量产品的配件（半成品）的一种能力。

产量灵活性的主要指标当放在追求经济效益最大化为目的的小批量上。

扩大系统的灵活性。换言之，指的是生产－物流系统的灵活性。它反映了该系统模块化后的发展能力。由于系统结构的灵活性，几个子系统联合而成统一系统的能力就能发挥出来。

设备使用数量上的最大化是衡量结构灵活性的一项指标，在灵活的物流系统下，在基本的物流（运输－仓储）系统和管理系统结构方面，这些定量的设备相互影响维持着系统的运转。

系统的多功能性。这种类型的灵活性体现在灵活的生产物流系统内，具体表现在生产物流系统内的产品（半成品）零件所呈现出的多样性。在灵活的生产物流系统内，在系统整个的运行期间，衡量系统功能多样化的指标是看改装零部件（半成品）的数量。

每一个生产－物流系统都是为满足消费者而设计的，都是为每一个具体的企业战略发展而设计的。所以，生产物流系统不仅在技术上专门化，而且还在生产－经济任务方面专门化。

在生产领域，自动化交通运输－仓储系统是最重要的整合系统。事实上，生产－物流系统的灵活机制的保障正在此。

四、企业物流系统的管理

快速发展的信息技术使得企业能够依靠现代化的软件保障来实现物流管理过程自动化，企业从物资采购到生产分配，再到成品的销售，都依靠自动化技术控制来完成。

在生产过程中，直接使用适合自己的管理生产类型的物流管理系统。

对于第一种类型的企业（按订单生产产品），这是不同的网络类型：PERT计划评审方法和“关键路径”，实际上，这里将网络计算的方法也包括进去了。

第二种类型，第三种类型和第四种类型的企业——指的是物料管理方法，采用的是上述管理标准的主要部门。在俄罗斯，该方法在机械－配套系统得到了广泛的应用。

第五种类型企业的管理方法运用的是准时供货（JIT，看板）系统，而在俄罗斯用的是国内自己的系统——新切尔卡斯克，24小时综合系统，P－Γ系统，等等——物料管理系统。当出现产品销售（这就是说，也包含生产速度）的速度不稳定的情况时——这在俄罗斯是最典型的现象——那么，物料管理系统便是最佳选择，此时，就不再使用综合方法和准时供货方法。

对于生产的连续式管理，没有统一的管理办法，但是，在规划和会计方面，物料管理方法完全适合。

在物流系统物料管理内，应该明确三个基本的组成部分。

（1）根据客户订单和预测需求，形成基本的计划。这是组织－计算流程，这个过程包括快速检查资源完成，即所谓的“初步规划产能—大幅降低产能计划”。

（2）需求规划，即制定批量生产产品的计划－进度表，采购材料的计划－进度表。订单上订货量的计算法和订单上的发货日期完全通过网络模型运作。在这个基础上，完成资源负载的计算和均衡表的制定，完成产能规划过程。

（3）业务管理。检查程序是否完备和订单情况，通过生产周期的运行机制来管理生产过程：排出订单优先级，计算出订单量，完成业务和订单，核算存货。

物料管理系统旨在按照跨领域，但却相互联系着的订单来规划营销、供应和生产活动，这些活动应该包括预算工具和先进的会计管理制度，其内容包括会计制度，或者既能在俄罗斯，又能在西方用的（美国通用会计准则，国际会计准则）会计记账和报表标准化的系统操作界面。除此之外，还包括能够在该规划下，制定生产过程模型，借助该模型预测未来问题，找出实现计划的瓶颈。最后，物料管理系统还会支持准时供货方法。

准时供货物流系统必须弄清楚何为管理工具，何为独特的管理哲学思想。因为作为管理工具来使用准时供货系统，是比较简单的。该系统不能理解为计算机系统，因为，系统用的是一两个执行管理操作的软件。任何一个在公司工作的编程专家都能用该系统。但是，要想使用该系统，必须懂管理哲学思想。为此，需要较高水平的组织体系和生产过程，包括供应商和分包商都能同时运作的精确运作能力。 准时供货是以把成本降低到最小而生产不出现短缺为目的的一种管理思想体系。

物流从概念到商业实践，不论是在生产中，还是经过商品配送，都需要先进的物流配送规划系统来支撑，这就是分销管理系统。对存储的检查和计算、组织运输、配送、生产关系的形成、保证物料的供应和销售，都属于商品配送应完成的功能。

物流系统发展的下一步，是由日本丰田汽车公司实践过的，这就是全面质量管理思想的运用—TQM—全面质量（Total Quality Management）管理，已经运用于全球各大公司，采取的策略是逐步增加产量。

全面质量管理系统的基础是一种以全面提高生产质量为目标，以满足消费者需求，满足公司每个成员和整个社会的相互利益为目的的管理方法，该思想运用于生产和销售的所有阶段。运用全面质量管理的思想，必须承认消费者的利益和商业的目的息息相关。这种方法也适合在物流系统各个环节。

根据满足客户需求，并弄清楚：谁，什么，什么时候，生产多少数量的产品等问题来制定出生产进度，以此来保证物流管理系统功能的实现。生产进度表可以确定所有公司和每个生产分部门在某段时间内的物流总量。

生产进度表辅之以设备计划配置，这些配置取决于生产周期的总长度和生产的各个组成部分，而后者是保证每个分部门拥有必需的物料的基础。物流管理的有效性在很多方面都取决于对物质资源每种类型、部件和配件的供应周期和供应数量的精确计算和规划。用何种方法来编制生产进度，取决于生产类型（大型、中型、小型），还有需求特点和订单的参数。生产进度图表选择的是经典型的“内容 - 日期”带状图。生产过程中生产时间和产品类型都会在带状图上反映出来。更加复杂点的方法，比如，网格型的规划设计，一般运用于开发设计阶段，甚至是在航空和航海造船事业上，这些方法包括完成某个阶段的生产任务，生产某个产品时运用的序列图表和横竖网格型图表，图表的使用也都是为了缩短生产周期的总长度的。图上，需要什么资源或者由谁来完成，一目了然。对物资的需求订单可以早点规划，列在表中，这样，就保证了供货的安全性。需要哪种资源，也能从列表中选择。该方法的缺点是，在物料名目繁多的情况下，选择显得非常复杂。

五、运输和储蓄系统的运用

物流储蓄系统是为装卸、堆放、储存、运输、临时存储劳动工具和工业设备而用的自动化储运装置的综合系统。

自动化储运系统是由下面两个层面组成的：

- 低层面—完成自动化储运系统职能的直接管理功能；
- 高层面—协调制动装置，支持自动化储运系统的信息模型并保证储运系统和其他生产物流子系统和储运自动化管理系统的相互作用。

协调制动装置工作包括：

- 对各种工作进行同步计算；
- 以防止故障和事故为目的的同步起作用的机制的协调；
- 判断各种应用程序的优先级，组织提交与应用程序相配套的零部件（本成品）和工艺设备运输商的名录。

自动化储存系统的结构和功能，通常能为灵活的生产－物流系统预先设计具体方案（或者一揽子方案）。在系统运行中，生产－物流系统能得到相互支撑、相互补充的足够量的信息，一般而言，这些信息是通过双方主动积极的对话来交流传递的。

提高业务管理效率是保证生产物流稳定最常见的一种组织技术方法之一。在一些灵活的生产物流系统中，组织生产过程是按照“存储－安装－存储”表运作的。这种管理在中、小生产企业特别高效。它保证异地加工零件（半成品）及时送达，甚至还能将技术工业设备及时送到任何指定地点。这就使得在实时下运行的生产－物流系统转向连续的生产过程和物流和信息流的管理上来。

灵活的中小型生产－物流系统按照以下分段原则建设而成。

分段项目为：

- 机床；
- 非机床；
- 辅助项。

所有的服务段都是灵活的生产物流系统的单元组成部分。

设备的组成按照技术（小型生产规模）或者按照生产特征（中型生产规模）来划分：

这样，综合型单元就包括：

- 工艺技术型；
- 生产型。

技术工艺上的单元出于布局考虑而且试图服务于多个机床。所以，他们通常由一种类型的设备或者由技术工艺相近的设备组成。

生产-物流针对一个或者配套的工业技术原件来构建，其过程就是“存储—安装—存储”路径。此路径的优点是使得对名目繁多的零部件的加工变得井然有序，也就是说，在各有位置的情况下，物流的安排是一个柔性化的过程。

因为如此，灵活的生产-物流系统在生产发生变化的情况下，有重新分配物料的可能，甚至可以使用多种运输技术路径来处理发生的事，在某一个环节出现故障时，可将零件（本成品）传送到另一个地方。

“存储—安装—存储”流程取决于技术加工、转运工作和生产组织得如何。这包括安装-拆卸这样的额外工序，之后，就是从存储到安装，再到存储的过程，最后，就是技术检测、清洗和除湿等作业。

储运生产原件，走的路径是“存储—安装……—安装—存储”。按这个路径把零件（半成品）从一个地方移到另一个地方，这样的移动一般是不用经过运输子系统环节的（体力劳动和国内运输）。

生产单位为了完成某项生产任务，在各工序间保存零件（半成品），需要采用中储环节。如此，生产单位的物料移动表就和灵活的自动化线相类似，所以，在必要情况下，需要走“存储-安装—存储”的流程路线图。

[文章作者] 俄罗斯：gg*** @ vitebsk. by.

[文章出处] http：//www. dist - cons. ru/modules/logistic/section1. html#1. 1.

[译者简介] 魏丽卿（1965，11），女，北京物资学院外国语言与文化学院副教授，硕士，研究方向：语言与文化。E-mail：weiliqing168@ sina. com.

揭秘潜在危机及未知影响

——《物流管理》关于运输规范、加剧的能源危机及发展远景的调查报告

黄春燕　译

（北京物资学院外国语言与文化学院　北京　101149）

背景介绍

很多人认为运输业正步入一个新时期。运输公司在努力达到和适应政府制定的更严格的安全标准及等级的同时，也想方设法最大限度地利用他们的劳动力资源。受劳动力影响，运输业面临的挑战日益增加，这些挑战包括：既要削减成本又要提高运营效率；确保车辆和人员的安全；在资历达标的司机人数减少的情况下仍保持服务水准。不仅如此，对现有的运输规范进行调整的方案及举措又给运输业带来了更多挑战。

一直执行“加拿大标准协会 2010 规范”（Canadian Standards Association 2012，下文简称为“CSA2010 规范”）的车队运营商期待着该规范对“司机服务时间管制条例”（Hours of Service，下文简称为“HOS”）所做的调整，但在那之前需要弄明白的是，这些举措能否切实保证司机和车队运营商的利益最大化。一些人认为，对货运业实施的调整方案不过是强化了现有的一些法规，有过度调控之嫌。

《物流管理》（Logistics Management）杂志受克罗诺思有限公司（Kronos，Inc. 下文简称“克罗诺思”）委托，于近期进行了一次市场调查。该调查显示，车队运营商们对这些调整方案持不同意见，基本上分为两大阵营。其中半数人表示支持，另外一半则反对或持模棱两可的态度。

研究还进一步发现，运营商们在目前调整方案悬而未决的情况下，仍以积

极的姿态维持应有的服务水准，同时对成本加以控制。

• 有四分之一（25%）的人担心，为了达到 CSA2010 规范和 HOS 的要求，他们可能要对多达 10% 的司机进行更换。此外，超过半数的人认为 CSA2010 规范直接影响了利润率。

• 更换司机将对生产率、运营量和相关的成本都产生严重影响。聘用一名司机的整个流程大概需要 40 天，比理想的时间几乎超出一倍，而且这将导致司机的成本高达约每天 200 美元。

• 三分之二的受访者认为劳资优化及管理系统极其或非常重要，但很多人也对是否使用这一系统犹豫不决，只有 33% 的人表示他们目前已经采用了劳资管理系统。

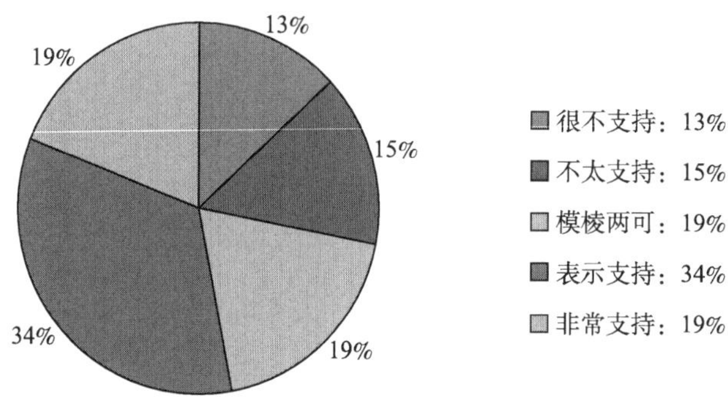

图 1　CSA2010 规范和 HOS 调整方案的支持率

本书之所以如此强调这次调查的结果，是希望能让大家了解货运公司是如何努力提高车队的运营效率，怎样制订计划去适应 CSA2010 规范以及 HOS 调整之后对私营货运业务带来的影响。

车队管理及运营方式概述

参与此次调查的货运公司旗下都有一定规模的车队。五分之一以上的公司名下至少有 100 辆车。这其中，有将近四分之一的公司拥有 100 多名司机员工。平均来说，这些货运公司每家拥有 157 辆车，143 名司机，年均支出薪水 7.5 万美元。

大多数公司的货运业务中，采用私营车队和公共承运人的比率为 2∶1。事实证明，这种模式行之有效，所以大多数公司（80%）希望未来几年能够保持这种格局。同样，有十分之一的公司表明他们更依赖自己的私人车队，另有十分之一的公司则希望能更多地利用公共承运人。燃油价格、人力成本以及设备费用的上涨，延期装船或售后服务质量的下降，都有可能促使承运人寻找其他的货运方式。

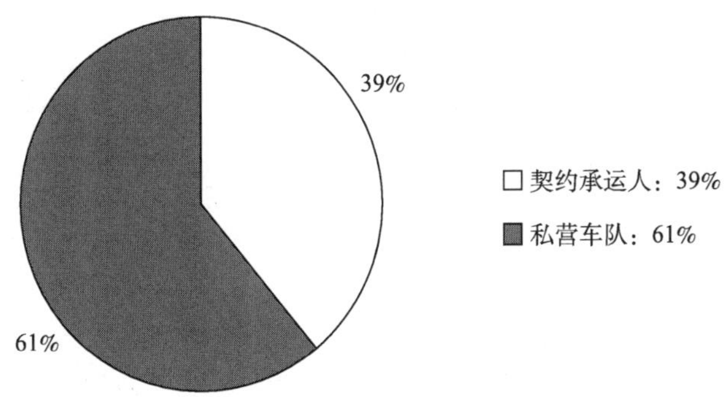

图 2　目前货运量分配比例

“要实现准点运输，运输成本、设备及人力资源投入都将加大。HOS 调整方案如果出台，有可能会对资源提出更高的要求。此外，我们还在考虑为短途货运重新设计配送中心网络，这些服务将占用更多库存。”

——汽车及运输设备物流经理人

运输业面临的问题及挑战

货运从业者们最为关注的问题就是涨价。此外，由美国交通部机动车辆安全管理条例（FMCSA）——CSA2010 规范和 HOS——所带来的一些问题，以及这些规范对预聘招募和聘用司机等具体环节的潜在影响都给货运从业者们提出了更高要求。还有一个潜在的威胁就是一些没有加入工会的司机以及“吉普赛式”的货运公司也想要分一杯羹，参与市场竞争。众所周知，这些“吉普赛式”货运公司在不少方面都有待改进，包括盈利方式、售后服务管理的改进、设备的获取、运营效率的提高，尤其是在行程安排、路线设计以及生产率的提高等环节。

“我们确保燃油成本以实际成本的方式计入货运单价当中，这样燃油成本就不必由我们来负担。我们还通过优化运输路线来保证车辆及司机的产出最大化，这样从源头出发为我们顾客削减了总成本。”

——批发业副主席/总经理

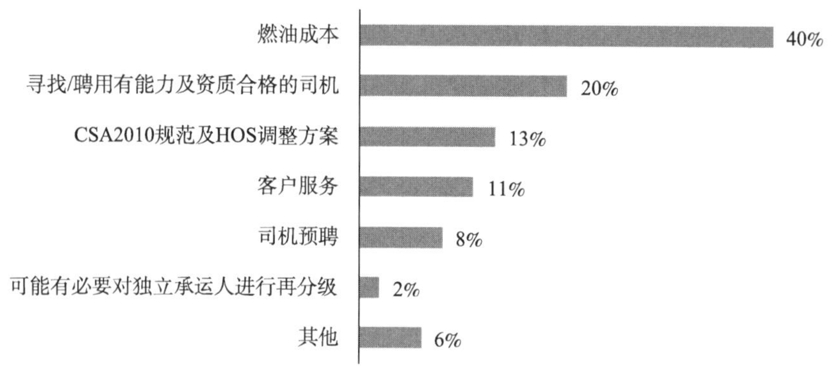

图3　与车队管理相关的问题

“做好完备的货运记录，同时保证与司机有畅通的沟通渠道，这两点至关重要。”

——运输服务公司经理人

“我们重点关注的是通过提高整体生产率以及改进司机的驾驶习惯，来提升每加仑燃油的行驶效率。”

——餐厅设备供应公司及部门经理人

“我们努力的目标是在优质服务和严格控制支出中寻求适当的平衡。”

——食品及饮料物流经理人

大多数车队运营商（94%）意识到有必要进一步严格控制运费。在制定策略时要着眼于车容量及路线，而非设备投资。要设法增加车容量，简化或者重新整合运输线路，并对劳动力成本加强监管。尽管有些人认为设备的更新及保养不可忽视，但大多数人已将其视为其次。

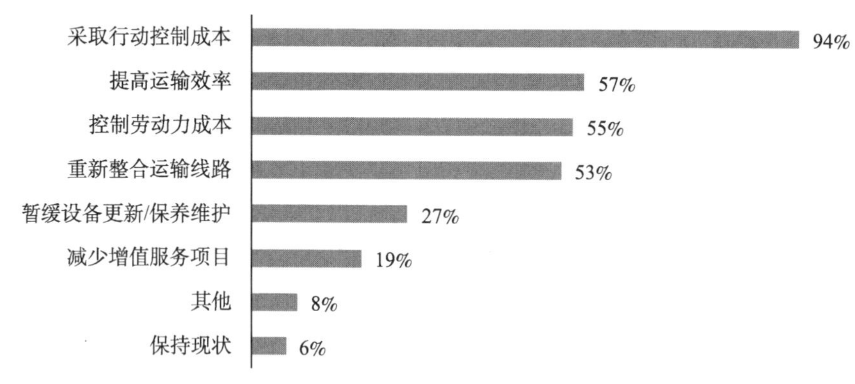

图4　控制运费/车队费用的各种举措

全方位劳务管理

货运公司注重对运输成本的管理，他们认为想要切实落实控制成本的各项举措，劳务管理策略至关重要。三分之二的公司认为劳动力资源的管理与公司的竞争力密切相关。在车队的规划中，要优先考虑如何增加车容量、提高司机工作效率、优化运输线路以及控制劳动力成本。

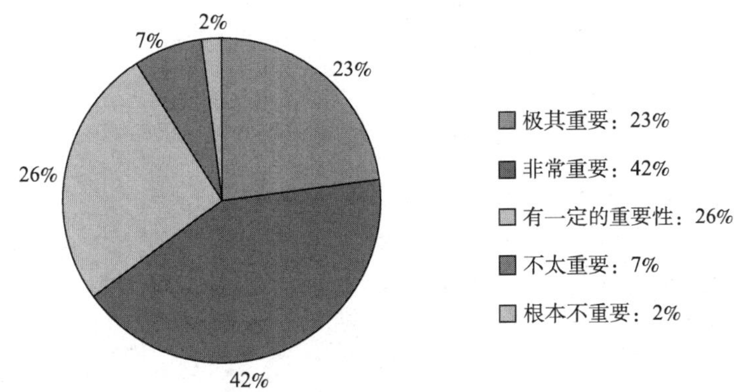

图 5　在货运业务中劳务资源优化及管理的重要性

货运业主通过对一些重要数据的分析来提高运营效率。通常搜集的数据包括专项运输业务所需时间以及司机业绩衡量指标。此外，他们还通过实施绩效工资和简化运输策略，从装载量、装运频率和交货进度上来进一步提高运营效率。

图 6　优化劳动生产率的提议

不过，尽管绝大多数参与此项调查的货运业主认为劳务管理至关重要，但相对而言，真正通过劳务管理策略来提高运营效率的为数并不多。目前有三分之一的货运公司已实施了劳务管理方案，从而进一步落实成本管理策略、提高司机效率、提升服务档次、优化装载量以及运输线路。

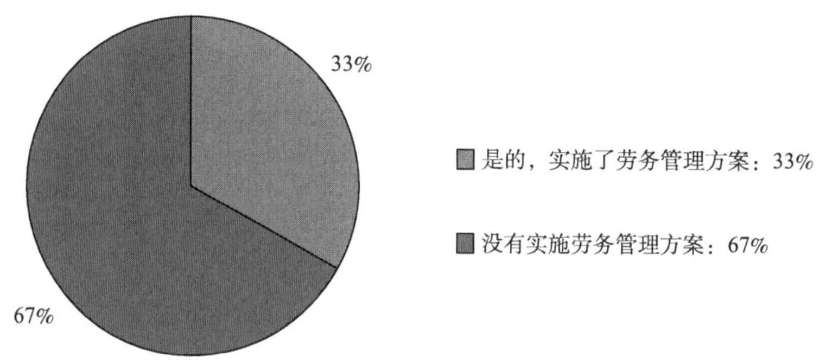

图 7　实施劳务管理方案的公司

业绩跟踪及监控

通常，每个司机一天工作会超过 8 小时，日平均行驶 9 小时多一点。尽管几乎所有的货运业主都对其司机员工的行驶情况进行了监控，但大多数采用的方法不够科学，而且是用人工采集数据。

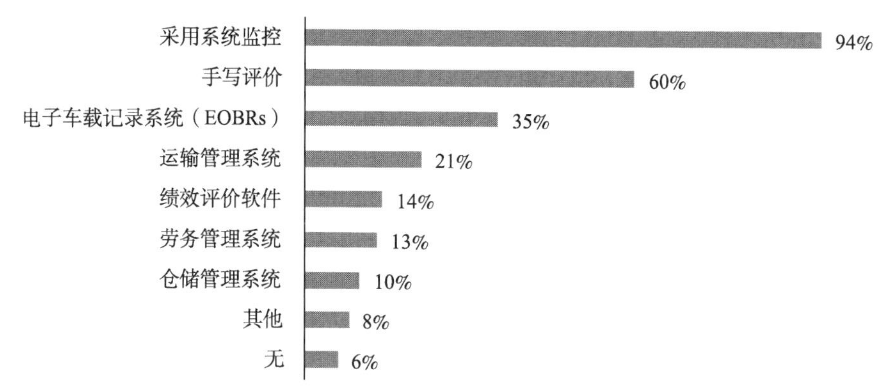

图 8　监控/评价司机业绩的工具

在参与此项调查的货运公司中，大多数（63%）公司仍把行驶日志当作监控司机行驶小时的主要依据。略多于三分之一的公司则根据规定安装了电子车载记录系统（Electronic On - Board Recorders，下文简称“EOBRs”）。

部分公司（27%）通过手写的行驶记录所提供的各项数据来设置其后一年的自动跟踪程序。还有一些未更换 EOBRs 的公司主要以成本高或者成本影响效益作为托辞。此外，还有些公司给出的理由是目前没有必要优先考虑 EOBRs，或是因为他们所在的部门对此没有做硬性规定。

“新的立法项目会增加新的成本。所以从支出的角度来看，没有必要给本已监控过度的记录系统安装新的软件系统。”

——纸业和印刷业物流经理

那些已经使用了 EOBRs 的公司充分利用这一技术。几乎所有的使用者（94%）都计划将这一技术融入他们的劳务管理平台中，从而提高司机的责任感，增加他们服从标准和管理的意识，而且这样也便于收集考量绩效工资的数据。

司机的流动及解聘

此项调查显示，货运公司所面临的最大挑战来自燃油成本以及与劳动力相关的一些问题。被调查者提供的数据表明，司机的年流动率达到了 12%。尽管有 15% 的受访公司表示没有此类情况，还是有将近半数（45%）的公司意识到其劳动力至少损失了将近 10%，而三分之一的受访公司则表示这种现象经常发生，流动的司机人数至少占总数的 15%。

影响司机流动率的因素之一是司机的解聘率，流动的司机中有一半（6%）遭到了解雇。不良业绩和低效的生产率是这些公司不得不解雇这些司机的主要原因。有五分之一（20%）的受访公司则表示他们的劳动力队伍比较稳定，去年没有解雇一名司机。

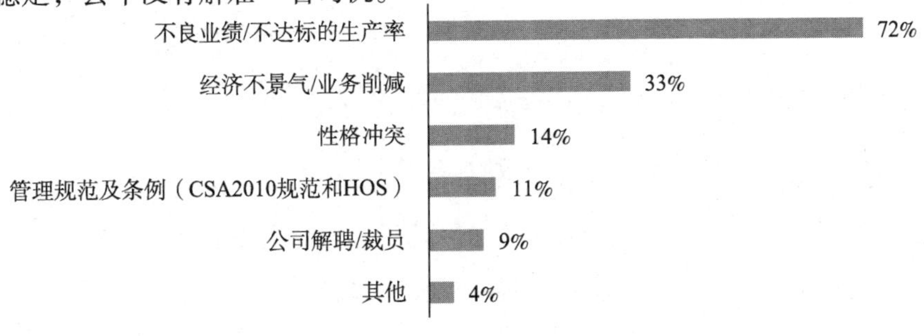

图 9　解聘司机的众多原因

人力资源的匮乏以及相应的人力资源补充都有可能导致资源和资金上的成本激增。招聘、更换以及预聘司机等环节也要耗费时间。人手短缺还对公司能否保持最优的效率和正常的服务水平提出了进一步挑战。

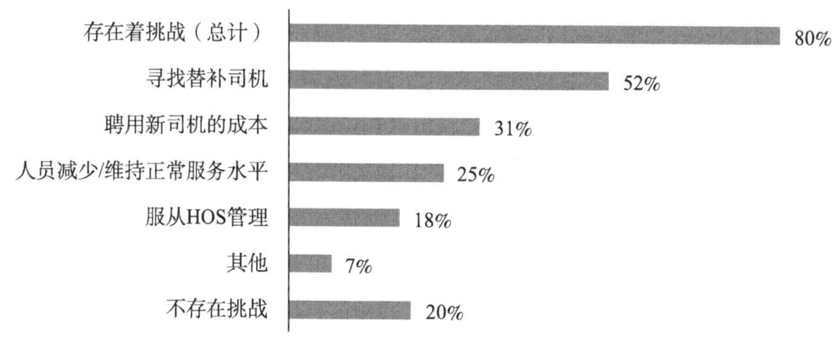

图 10　人力资源短缺所带来的挑战

如前所述，更换司机会导致高额成本。据货运业主们估算，每招聘和替换一名司机的成本平均为 7000 美元。

而且，从时间上来看，平均每替换一名司机大约需耗时一个半月（40 天），几乎是预期所需时间（平均 23 天）的两倍。然而，大多数公司（67%）声称他们可以在一个月以内解决这件事情，而其他公司则要耗费更长的时间。将近十分之一的公司表示他们要花上 3 个多月的时间才能找到一名合格的司机。

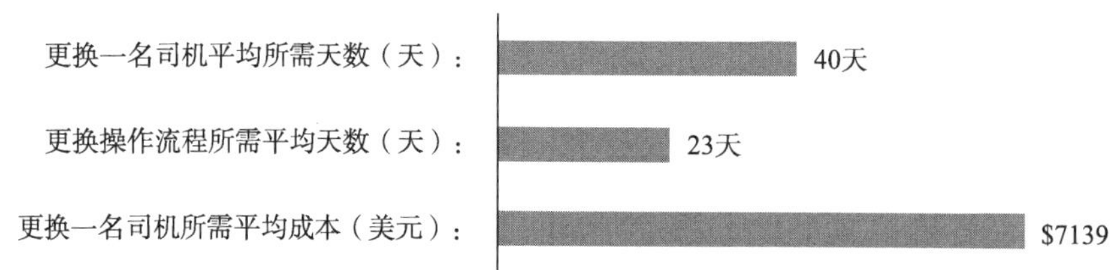

图 11　更换一名司机的成本

考虑到招聘和更换司机的成本及种种不便，货运公司未雨绸缪，主动为员工创造更理想的工作条件，其中较为常见的福利包括提供有吸引力的奖金、高品质的装备、缩短的运输路线以及提高绩效工资。

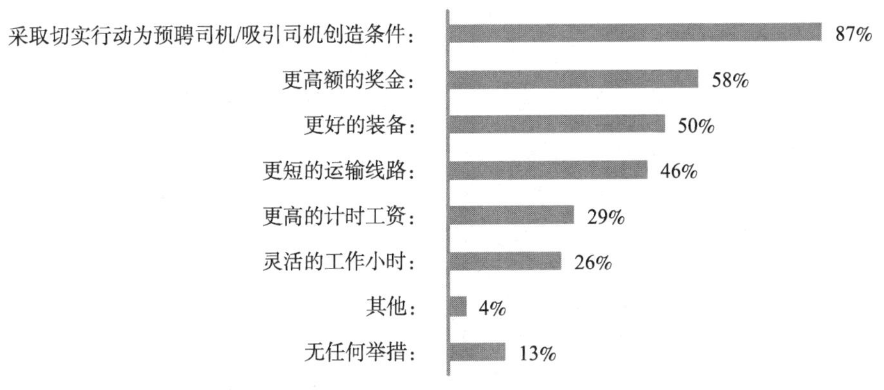

图 12　预聘或吸引司机的各种举措

CSA2010 规范和 HOS 调整方案

对货运业主来说，除了此项研究中提到的现存的各种挑战，他们还要面对由政府推动制定的规范和管理条例——CSA2010 规范和 HOS——给运输工业带来的改变，对很多公司而言，这些改变可能在现在和未来都将对这一行业产生影响。从整体来看，十分之七（71%）的受访公司相信这些安全举措至少将对他们的运营方式产生一定的影响，其中将近四分之一的公司预计这个影响将会非同一般。很多公司则预言，这些主要的调整方案将导致包括经营规划、人力、客户服务以及设备在内的各个环节成本普遍上升。

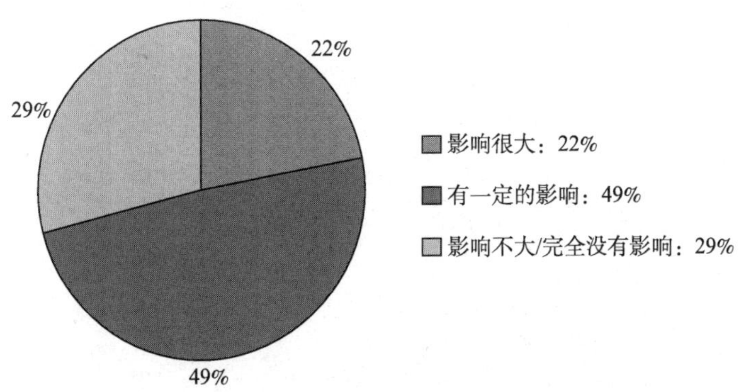

图 13　CSA2010 规范 HOS 对货运公司运营的影响程度

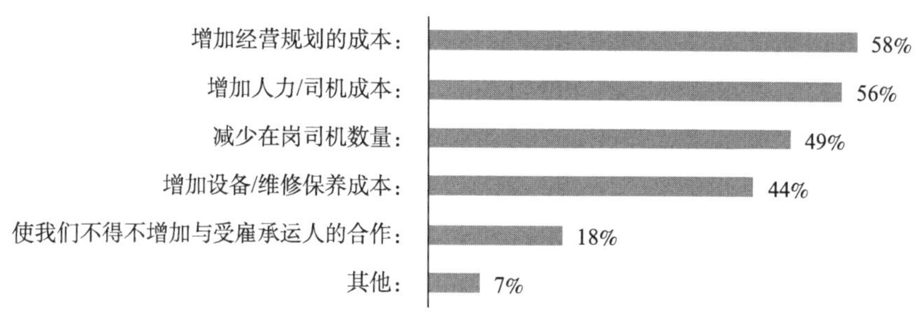

图 14　管理条例在哪些方面对货运公司的运营产生影响

“如果工作小时被缩减，我们就不得不把一天的运输任务分成两天来完成。”

——零售交通经理人

“这将促使货运公司对他们的运输安全记录以及司机的安全问题采取更加负责的态度。值得信赖以及注重安全问题的公司毫无疑问将得到认可，而那些对安全问题缺乏责任感和意识的公司会遭到曝光。”

——餐厅设备供应公司/部门经理

尽管大部分货运业主认为 CSA2010 规范和 HOS 调整方案影响到了公司的运营，但多数人认为对司机的影响不会很大。三分之二（69%）的受访者坚信在岗的司机只会因此而略受影响。谈到因这些举措而有可能损失的司机人数比例，很多人明确表示自己的公司不会出现这种情况。事实上，超过半数的受访人认为他们的司机队伍没有或者只有非常小的一部分受到影响。然而，也有些人对此心存疑虑。有四分之一（25%）的人担心，在 CSA2010 规范以及 HOS 调整方案出台之后，他们将不得不更换 10% 以上的司机员工。

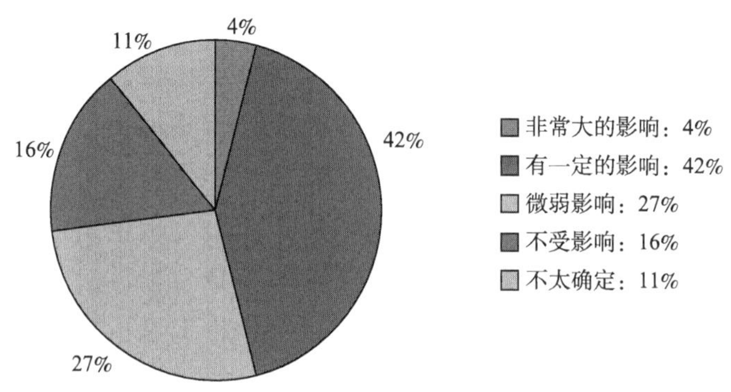

图 15　司机匮乏对货运公司运营可能产生的影响程度

“不断修改 HOS 的相关条例给货运公司增加了达标难度以及运营成本。在我看来，加拿大标准协会的初衷固然值得赞扬，但这些举措将导致司机数量的大幅度削减。”

——零售物流经理人

“具有良好安全记录的公司始终明白自己的职责所在，所以他们不必担心 CSA 规范有可能产生的负面影响。虽然 CSA 规范存在着缺陷，还有待完善，但其出发点是好的。不符合安全标准的司机和设备就应该下马。”

——纸质产品交通经理人

“虽然这些规范和条例使我们越来越难达标，但它们有助于使那些不合格的承运商退出市场——这些占到运输业 20% 份额的承运商制造了 80% 的问题。”

——化工及医药交通经理人

基于上述原因，参与调查的大部分货运业主正采取必要的行动来配合这些安全举措，包括开展培训项目；对司机的行驶状况进行更严密的监控；以及加大对司机的问责力度。

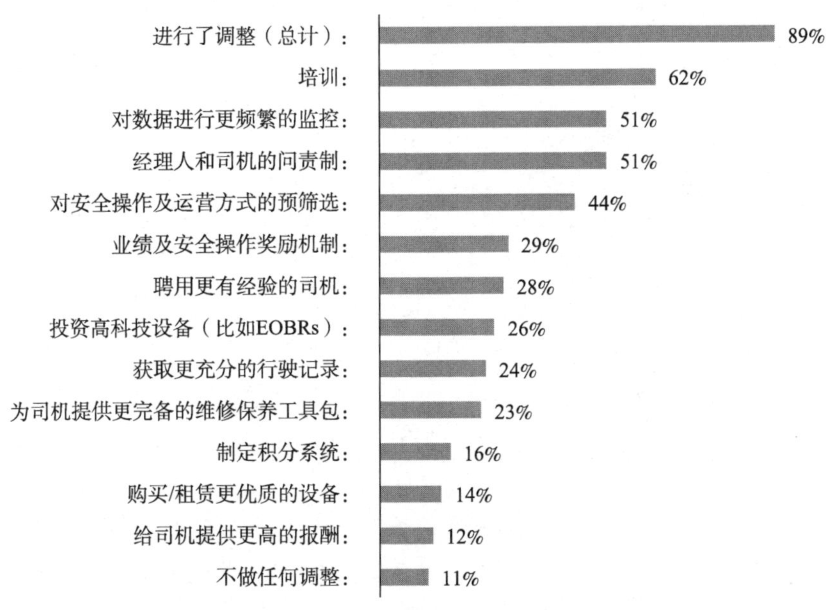

图 16　因 CSA 规范和 HOS 而做的调整

此外，货运机构也会为司机提供其他的培训；核查人员背景；对车辆定期安检。他们通过这些额外的方式来确保和促进卡车及司机的安全。很多（69%）机构还为司机开设了培训项目，普及 CSA2010 规范以及 HOS 管理条例。

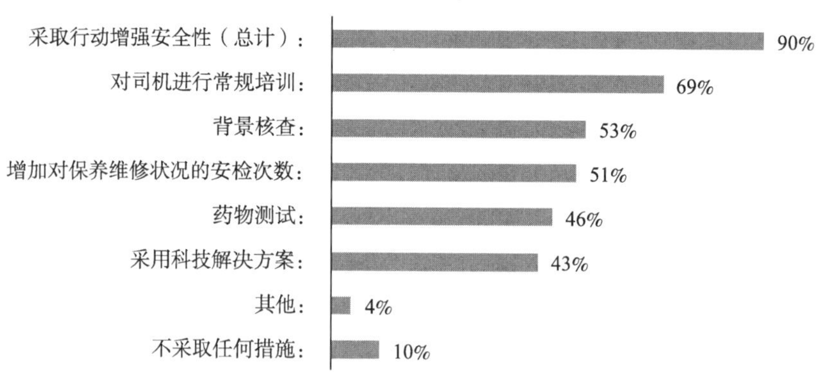

图 17　为增加车辆/车队的安全性而采取的措施

车队的运营者们自然会赞同弃用不合格司机和设备的做法，但在 CSA2010 规范和 HOS 是否有利于运输业这个问题上，他们的观点有所分歧。事实上，很多人把这一问题一分为二。大多数人支持 CSA2010 规范，却认为没必要实施 HOS 调整方案。在采访中，很多人强调运输业已经存在着官僚作风严重及监管过度的现象，他们建议加大对现有规范的实施力度，而不是像现在这样进行过度监控。

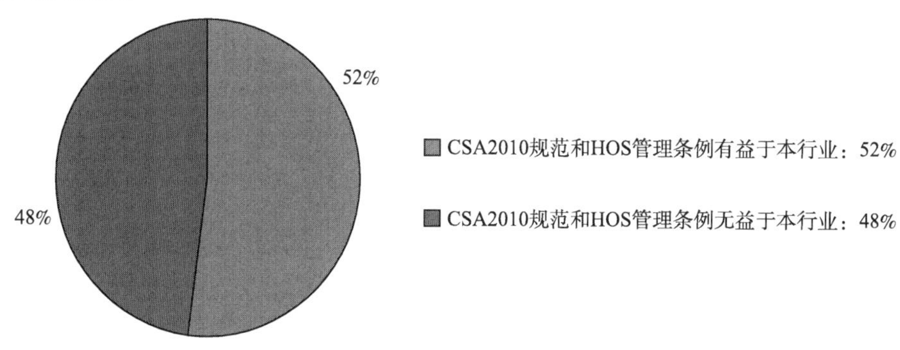

图 18　对 CSA2010 规范和 HOS 管理条例的看法

“我的确认为 CSA2010 规范是合理及有益的，但新的 HOS 调整方案则无益于司机安全性的提高。HOS 调整方案将给我们的运营计划带来负面影响，也会增加我们司机员工的受挫感。我们的司机就如同在放大镜下工作一样接受着严密的监控，这使得他们对卡车司机这一行业逐渐失去兴趣，因为他们感觉自己在别人眼里就好像是不合格的劳动力。”

——批发贸易副主席/总经理

“CSA 规范有益于运输业，因为它能使承运人同时掌握司机和公司的运营情况。但 HOS 则会导致不必要的开支，增加司机的工作难度，而且在安全运营方面也不会带来任何改进。”

——汽车设备公司/部门经理

“新的 HOS 所做的一些调整没有必要。在现有规范的约束下，运输业的安全性正在提高。所以这些调整并不是提高安全性的必要条件，还会降低生产效率。”

——散装危险品副主席/总经理

这些规范条例将给运输业带来重大转变，可能会导致船运量的减少以及货运费率的提高。有超过半数的人担心货运量会因此而减少。尽管有些人认为这些政策不会对货运费率产生影响，但高达四分之三（78%）的人则预言费率将飞涨。

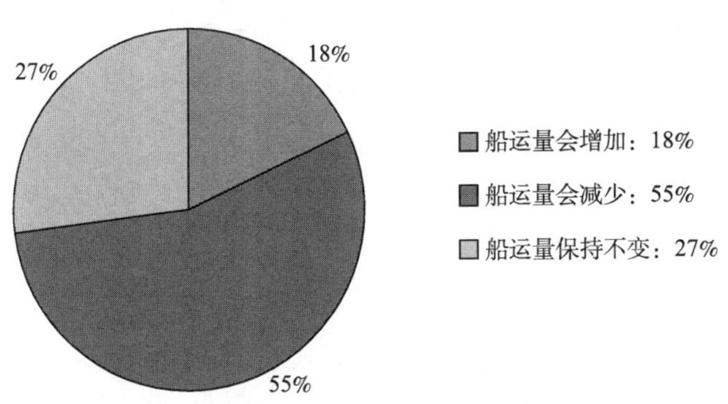

图 19　CSA2010 规范和 HOS 政策对船运量的影响

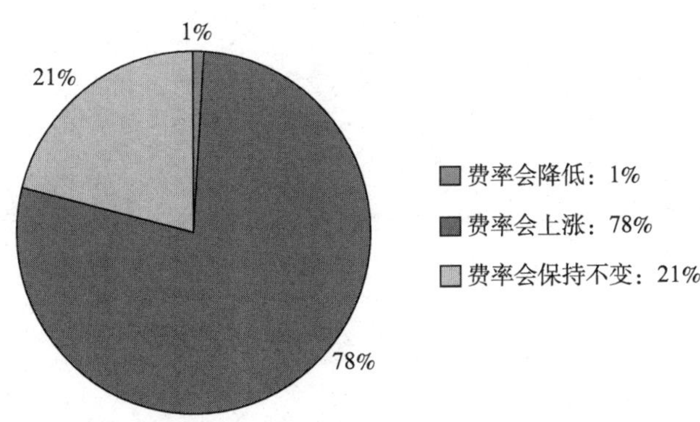

图 20　CSA2010 规范和 HOS 政策对费率的影响

费率（费率上涨比例：15%）

“它们（CSA2010 规范和 HOS 政策）会大幅度降低我们的生产效率，导致成本上扬……然后费率也会紧随其后。”

——衣物/纺织品副主席

客户也在寻求更大的可靠性。三分之一的受访者表示，他们要在竞标阶段按照客户要求提供司机的安全等级划分标准，这也是目前用户在评估和决策阶段衡量服务供应商的重要标准。

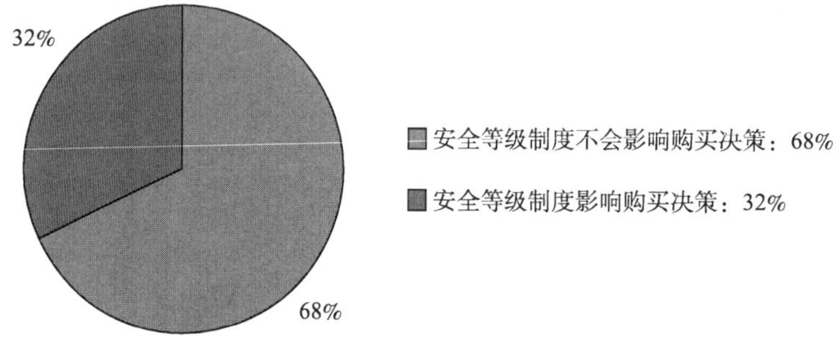

图 21　客户/考察者对安全等级划分标准的关注度

如前所述，这些规范条例极有可能直接影响企业的收益。超过半数（52%）的人担心 CSA 2010 规范和 HOS 调整方案将会影响到公司的利润，但一些人（16%）则表示现在来探讨这个问题还为时过早。

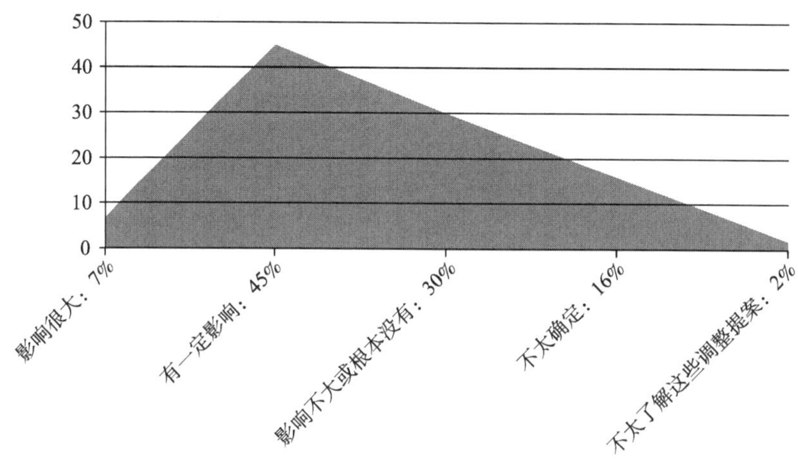

图 22　未来两年内这些规范可能对利润率产生的影响

研究方法

2011 年 6 月，《物流管理》杂志受克罗诺思有限公司的委托进行了此项调查，其间得到了英特网和《物流管理》杂志用户的支持。受访者均在公司任职，或是依靠私有车队承办运输业务，或是为其他公司提供车辆租赁服务。此外，我们在选择受访者时还考虑到他们是否任职于公司的决策部门，负责运输业务的管理、派遣或调度工作。

调查结果来自 143 位顶级运输和物流经理人提供的信息。受访者担任的职务及职责主包括公司或部门管理（24%）、交通和运营管理（21%）、物流管理（17%）、副经理/综合管理（16%）以及供应链管理（6%）。

这些受访人所在公司的规模也具有代表性：22%受访人所在公司的员工人数不到 100，38%的公司员工人数在 100～499 之间，11%的员工人数在 500～999 之间，还有 28%则是员工人数超 1000 人的大公司。在选择采访对象时，我们也考虑到行业的覆盖面。接受采访的制造商分别来自食品及饮料、化工医药、批发及零售业、运输和仓储服务等各个行业，也包括塑胶、金属、纸业和印刷业等其他制造行业。

关于克罗诺思有限公司

如何以少变多？想要拥有竞争优势？想要实现真正的高效运营？克罗诺思可以帮助所有企业放飞机遇——那些潜藏在劳动力资源内部的机遇——去刺激盈利，去实现增值客户服务。我们所提供的解决方案简易可行，从工作时间和到岗率、工作日程安排、缺岗管理、聘用以及劳动力分析等各个环节来解决问题，能为各公司提供可自动生成以及高品质的信息，从而提高劳动生产率，控制劳动成本，获得竞争优势。

［文章作者］KRONOS，INC.

［文章出处］Logistics Management，www. kronos. com.

［译者简介］黄春燕（1972，2），女，北京物资学院外国语言与文化学院副教授，硕士，研究方向：英语语言文学。E-mail：huangchunyan@ bwu. edu. cn.

优化物流网络配送：勿陷入“最佳方案”误区

郝　琳　译

（北京物资学院外国语言与文化学院　北京　101149）

在选择最佳物流网络配送中心的时候，量身定做的运输网络（即定制模型）在其灵活度最大化的原则下，要对章程及相关约束等条件进行匹配，进而实现物流的最优配送。

网络优化程序会根据配送中心的数量、位置及大小，协助管理部门决策物流供应链网络的最优结构，使企业实现以较低的成本满足客户最大化的需求，既要降低供应链成本，又要提高供应链的反应能力。因而网络优化模型具有灵活度和成本节约最大化的特点，即使其不能超越预期但至少可以达到我们预期的服务水平，而做到这些，仅靠软件分析是不够的，因为在这其中，未来现实条件会出现很多变数，我们所要求的最大化节约成本也就成了纸上谈兵。不难看出，任何一位具有丰富管理经验的物流从业者，都会对物流配送中的实用性评估相当认真，近乎苛刻，例如，某些约束条件和现成的软件有时候无法兼容，功能也就难以实现。

本人将讨论标准网络分析软件包与优化定制模型（具有适应性和稳定性）之间的相对有效性。

网络优化利弊

现成软件

现成供应链网络优化及设计软件通常会安装一个强大的优化引擎来解决线性、二次方程式及离散编程等问题。这一优化器通过一独立的建模系统即数学建模语言实现其功能以解决较为复杂的大量数据运算问题，例如，数据传输系统优化及调度等问题。该软件通常具有：用户友好界面、内置数据库分类、数据分析、备选方案、汇报功能、解决方案假设等。该软件主要是为了解决设计方面常见的一些问题，例如数量、位置、大小及港口等问题。

事实上，标准网络分析软件包也有它的局限性。这些程序就是要解决数据传输优化假设中的基本或者是常见的问题。因而，数据输入会受到标准约束和分类等条件的限制，就数据传输业务操作规则以及运营限制等问题，这个软件均不能解决，因而我们说这个软件既不具有灵活性也不具有适应性，而对于任何给定的一系列参数，这一现成软件包可提供一最佳网络优化解决方案。对于数据传输操作中的个别特殊问题以及一些个别约束条件，这个软件包所提供的或许不是最好的解决方案，但至少是目前最理想的数学驱动解决方案。正如爱因斯坦所说的，如果对这些小的约束条件不加考虑，如果没有经验法则，甚至如果没有专家评判以及资深供应链专家帮助解围的话，最优化算法根本无法解决现实问题。

“最佳方案”误区

针对那些基于计算结果输入的一套特定数据，现成软件帮其实现网络优化，为其提供一个最佳解决方案。这不禁让人想起了福特公司的精英团队以及他们数据管理的理念。尽管研发、改革和设备投资等是一笔不小的费用，但他们还是将这一分析方法运用到本公司，要实现盈利。而实践证明，这一过程过于漫长，最终惨遭失败，福特公司的艾迪雪和水星巡洋舰两款车成为汽车史上最大的败笔。

究其原因，福特公司犯了三个错误，职业经理人要避免犯这一禁忌：

（1）在量化主驱动器的时候，我们必须选择确保能解决整个问题的驱动，标准网络优化包会出现常见的一些设计问题，这在所有供应链运行中可能普遍存在，这都很好解决，但对于每一个运营模型中出现的各个约束条件，这是无法解决的。

（2）我们应充分意识到在量化主驱动器的时候，其要受到很多因素的限制，如服务质量、客户忠诚度等，另外还有其他一些因素如安置费等，当然这是可以估算出来的；而像其他一些因素，如经济危机及意外经济损失等都是难以察觉的。

（3）当我们在能够量化一个具有实际意义主驱动器的时候，我们应充分考虑到这些预测的数据对未来可能造成的影响。物流配送网络优化不是传统意义上一次性进行的静态规划，而是需要长期进行的动态规划。

因而这就存在一个问题：基于一个特定的数据模型，是否就是一个最佳的网络优化解决方案？是否有一个固定方案可供数据传输操作员参考使用，免去其再次进行管理决策的麻烦。答案很简单：没有。没有任何一个软件优化方案可以处理所有的相关数据。与之相反，我们将可能面临一个相当残酷的现实，那就是为了最大程度的节约成本，最理想的网络解决方案可能会从多个相对理想的方案中进行多轮筛选；而这些程序在运行过程中所具有的优缺点，数据传输操作员在众多的方案中无法肉眼判断。要知道：安置费、业务关闭或暂缓、还有一些不可抗力（例如人员重新安置）等因素，在标准优化模型中都无法体现，至少不能精确体现。这里可以举例说明。

一家欧洲的消费电子产品公司有一个具有五个数据传输系统的网络，为英国、斯堪的纳维亚半岛和非洲大陆提供服务，为了确定他们到底需要多少个数据传输系统以及这些系统相应安装在哪些地区，他们利用强势公司（FORTE）进行了网络优化，数学模型提供的解决方案是：这五个数据传输系统本身均比较理想，但其中的四个设备需要重新搬迁。

采用强势公司（FORTE）定制模型的方法，同时根据该公司的商业条例和约束条件，最终提出了多个“最佳方案”。公司数据传输系统操作员对较为理想的解决方案和其他多个较为理想的备选方案进行比对，最终选用了一个备选方案。因此，即使你手头有标准现成的网络优化分析软件，解决方案也不是现成就有的。

这一备选方案确定了这五个数据传输系统正确的设备编号，仅有其中一个传输系统的设备需要重新搬迁安装。最佳数学模型和最佳备选方案唯一区别是：年度运营成本预算会有一点误差。因此，有了强势公司（FORTE）的鼎力协助，公司最终避免了两个重大决策失误：在盈利和客服水平下降的情况下，公司依旧能保持现状；如果搬迁其他四个数据传输系统设备的话，可能遭致不必要的安置费和运行中断的损失。

综上所述，标准网络优化分析软件包解决了数据传输系统和设计中的常规问题，凭借数据录入的标准分类，同时依据数据计算精确的结果，最终会提供给客户一个最佳解决方案，但这里需要提醒一下，这个数据结果如果不是凭空捏造的话，它一般是要不断更新变化的。而这个软件的不足之处在于：它一般不能解决客户的某些特殊约束，如安置费这方面的决策标准，可能会忽略甚至是低估，还有，这个软件包不能提供两个三个甚至更多的最佳方案。

定制模型

标准网络优化编程软件包的备选方案具有较高的灵活性和较强的适应性，各个企业的运营目标和约束条件等因素都会考虑其中，同时，客户定制的运算法则通过使用标准软件引擎，均能实现数据传输系统节能、高效的运行。正是因为定制模型灵活性的特点，可以将很多约束条件纳入其中，同时可以将标准模型中的管理因素纳入综合决策中去，因为只有这样，我们才可能会有更多的实际意义：数据管理会更加高效灵活，决策会更加明智，因而在众多的方案中，不管是标准的还是有特殊约束条件的，总能找到一个相对理想的方案。

定制模型给我们呈现的是一个高效供应链及物流网络，将物流服务水平和物流成本平衡在一个理想的状态中。凭借其强大的适应性，计算软件和专业模型方案会相应得到更大的提升。在较短的时间内，程序员在编写定制模型的时候，特别针对数据传输系统操作员的操作章程都会写进去，然而成套的软件包则不同，它有其固有的缺陷，因而它的程序只能解决一般性问题。如果用现成的软件包，生硬将非标准约束条件写入模型中，这就好比方枘圆凿南辕北辙，是行不通的。另外，定制模型会生成更加高效精确的数据，因而也会提供一份相当合理的解决方案。

有关定制模型还有一点要强调，它需要一些专业知识来计算出具有意义的数据，通过个人经验和个人直觉来决策出一个最佳解决方案。对于许多组织机构来说，最有效的途径就是需要聘请专业顾问，这些顾问可以就编写定制模型提供一些技术支持；需要专业数据分析员，扩展数据分析软件程序；同时也需要拥有丰富实战经验的物流管理从业人员，他们可以从一系列的解决方案中，依据服务质量和运营成本，为公司选择一个最佳的解决方案。下面要谈到的案例是一个网络优化项目，就是充分利用定制模型这一点，足以佐证上面我们所提到的。

位于美国中西部的一个零售企业，为美国近四千个独立零售商提供服务，在确保提供高质服务的同时，比如它想在两天内完成所有交货，依然要想保持高利润的增长，那么这个公司就需要一个理想的全美发货网络，包括港口地点。目前，这个公司拥有 100 多个入境货源地，每年通过 14 个地方发货中心派送价值近 15 亿英镑的货物，同时拥有 6 个货运整合中心，因而该公司想通过优化网络提高其工作效率、降低成本、提高货运能力的同时，保持高质服务水平。

该公司借助强势公司（FORTE）定制了模型数学编程语言，根据业务需求，量身定做了一款一流的优化软件：

（1）为地区发货中心、仓库、货物整合中心包括多功能的运营设施选址；

（2）为新设施的修建和现有设施的扩建选址；

（3）确定从开业、运营、过渡到新网络的所有成本，同时也将自动化水平、租约、货运能力及退出费用等均考虑其中。

在建模过程中，强势公司（FORTE）决定通过建立东海岸入港口和现有的西海岸港口，确保其现有的地区网络发货中心和货物整合中心。将一部分入港货物线路调整至东海岸港口，也将客户重新调整到各个地区货运中心，这样就极大地提升了其运营能力，也节约了大量成本。尽管通过巴拿马运河到东海岸运输货物增加了时间和海运成本，然而该公司在保持其高品质服务水平的同时，每年还是可以节约运输成本近3%。更重要的是，库存成本的影响已经是微不足道了。

综述

发货网络优化是一个较为复杂的工作，对于解决一般性问题的现有软件包，在个别企业中使用不够精确也不够灵活。同时，它所采用的数字管理决策模式不能应对复杂多变的环境因素，充其量也就是所谓的唯一“最佳”方案。

与此相反，强势公司（FORTE）的编程员利用定制模型的灵活性特点，将企业内部的各个商业规章和约束条件考虑其中，总能为您提供一个最佳的解决方案。因此，管理层会权衡各个方案选择最适合本公司的理想方案。数据传输网络优化的成功之处：可以选择具有技术专业知识和精明商业头脑的顾问，他们有丰富的供应链管理经验帮助其决策商业行为。

强势公司（FORTE）：明智的选择

诚信

不管我们能否为您研发一个战略方案，能否为您设计和制造配送设备，能否基于性能指标的数据分析进行优化网络运营，强势公司（FORTE）将竭尽全力为您的配送网络提供优质服务。尊重客户的企业理念和目标，满足您的企业需求将是我们工作职责和追求。

客观

我们不生产任何设备，我们也不研发仓储管理系统，我们与供应商没有任何业务往来，我们所关注的就是要给客户提供一个低成本高效率运作的货物配送方案。强势公司（FORTE）的客户端服务就是真诚地为我们的消费者提供优质服务。对于任何一个项目，我们终将为你提供一个集服务和技术于一体的高效运行系统。

专业

就网络配送中心设计与实施以及仓库自动化管理，我们的团队有深厚的业务根基。在研发下一代技术产品的时候，强势公司（FORTE）的工程师和技术人员充分集当下切实可行的实例操作模式和配送中心运营模式于一体。因此，我们的方案将实用性建议、数据驱动分析和技术驱动系统实现了完美结合。选择了强势公司（FORTE），您会：

比任何顾问更具可靠性；

比任何系统集成商更具经验；

比任何制造商更具客观性。

这也是为什么众多全球发展最快的物流公司都选择强势公司（FORTE）的根本原因。

［文章作者］Mason. Ohio.

［文章出处］FORTE – industries. com.

［译者简介］郝琳（1979. 2），女，北京物资学院外国语言与文化学院讲师，硕士，研究方向：国际新闻与跨文化传播。E-mail：eileen1225@ 126. com.

经济恢复期供应链发展新趋势

于玉星　译

（北京物资学院外国语言与文化学院　北京　101149）

前　言

尽管看似矛盾，深度衰退后长期而不平衡的经济恢复期，往往也会给企业的发展带来有利一面。经济恢复的过程是温和而缓慢的，但一些市场区域却呈现出迅猛的增长势头。这种市场环境的改善为企业高管制定战略和振兴企业提供了黄金机会。许多公司——如果不是大多数的话，在近年的经济衰退中将改进供应链的重大投资予以推迟。而现在却是一个恢复投资的好时机，可以重新评估他们的运营活动，对客户体验所起到的作用，从而创造更强的竞争优势。他们面临的挑战是需要继续将配送业务部门发展为其核心的竞争力。他们需要采取行动，结合新的和现有的条件来实现竞争优势。通过调整配送服务来实现差异化竞争并不是一个新的话题，那些已经开始评估供应链的企业，发现了一系列的工具和技术，能够支持他们进行有效的分析和决策。

本文将介绍物流配送领域的四种新兴趋势，它们也是当前物流配送中的最佳模式，这些模式有可能改变供应链管理人员所使用的技术和杠杆化操作方式，从而使企业的物流配送设施和网络实现智能优化：

- 趋势一，运用数据挖掘、预测分析和性能指标，更智能化地预测供应流程环境，策划供应链计划改进，这个过程经常应用到加强版的新一代仓库控制系统（WCS）软件。

- 趋势二，在仓库控制系统的帮助下，企业将完成从手工系统到过程自动化智能化系统的过渡，同时该系统具有各个方面的洞察力，有助于细致观测配送系统的运营状况。在许多案例中，新兴市场公司期望仓库控制系统软件能够预测配送过程中的延缓情况，并帮助避免仓库管理系统（WMS）的重大投资。

- 趋势三，在配送流程中，运用模拟化操作，评估自动化集成和容量控制的影响，以进行实时测试，使日常工作量达到最优化。

- 趋势四，在配送网络的规划设计和执行过程中，企业通过定制模型，运用更为复杂的网络分析系统，提供更好的客户体验，同时最低限度地控制成本。定制模型能够提供最大的灵活性以适应各种业务环境、规则或者条件，有利于企业选择最佳的配送网络中心。这种复杂的方法将引导企业战略运用资本，进行配送网络扩张与整合，设施的翻新和软件投资。

一、智能化操作

企业越来越多地依靠从配送中心的各种操作系统中产生的实时数据进行预测分析，发现市场或产品组合的变化，预测长期的业务需求。仓库系统信息的汇总和分析——大部分来源于加强版的仓库控制系统平台——可以促进战术和战略决策的运作和管理水平。

例如，在战略层面，仓库控制系统包含详细的订单和发货信息，这些信息可以按照目的地的邮政编码概括为重量和数量，这些数据是衡量某区域是否有新兴需求的基础。当需要对供应链网络进行调整或扩展时，这些数据可以很容易地访问到，作为关键的参考因素。此外，每天的吞吐量/容量的数据，结合内置的趋势分析能力，使仓库运营商能对未来规划采取积极主动措施，及时升级材料处理系统，扩展网络或设备。

在战术层面，仓库控制系统可以提供纸箱、包装线和碎片的实时跟踪，检测输送线满额状况（即输送线的瓶颈或受制约状况）和失衡工作区。这些功能使仓库运营商能够自信地确定输送机或自动控制相关设备的吞吐量需求，从而准确并恰当地规划和实现配送网络的升级。

通过利用更多的系统数据，配送网络经营者能够预见业务变化，进行的聪明投资，获取更好的回报，并迅速把握市场动态条件。

二、系统功能的改变

除了自动化之外，没有什么因素对供应链行业的影响比新一代仓库控制系统软件的应用更为巨大。随着时间的推移，仓库管理系统软件已经将更多的注意力从中心仓库和配送功能转移到在更广泛的运营管理和仓库需求的规划上。与此同时，在高度自动化系统中，仓库控制系统能对设备和劳动力的日常交易过程进行规范化的实时控制。实际上，现在的仓库控制系统能够填补仓库管理系统功能上的一些空白，或者以更适合某个流程需求的方式来完成二级仓库管理系统任务，从而使仓库管理系统也得到加强。例如，现有的仓库管理系统不能有效地进行业务流程的卸载、接收、登记、检验，而新一代的仓库控制系统可以履行这些功能。这种灵活定制的功能能增加工作流程的灵活性、运营效率和吞吐量。

作为一个超薄而高速的服务总线，新一代的仓库控制系统向企业提供以设施为中心的解决方案。这种高度可配置的、模块化的软件解决了配送中心自动化的最基本要求，具有可扩展性和灵活性，允许企业推迟甚至避免在仓库管理系统仓库管理系统上的投资。以网络为中心的仓库控制系统属于精益技术，它使仓库所有者获得自动化集成的数据，进行实时有效地分析和诊断，平衡工作流，辅助处理其他问题，同时还能提高企业知名度。

使用易于配置并且模块化的适配器，在有需要的时候，仓库控制系统软件允许新的自动化模块快速和简单地安装，同时进行：

- 信息分解与翻译；
- 多向沟通和协调；
- 为所有仓库管理系统升级可行路径；
- 具有操作系统长期的可扩展性。

基于标准化和现场测试化的模块，新一代的仓库控制系统软件已被证明具有高度可靠性和适应性。

三、投资前模拟测试

虽然利用仓库控制系统和其他系统的数据有助于发现趋势和预测未来的业

务需求，在对新的或者升级的配送中心进行大额投资以满足业务需求之前，谨慎的管理者还需要测试各种潜在的业务环境下业务流程的预期绩效。仿真软件可以创造“真实”的业务环境，帮助配送中心系统准确地预测系统性能，这种仿真业务环境体现自动化仓库的每个方面，从输送系统，到系统数据流，到仓库控制系统一体化。如果模拟测试能够有效地进行，将充分展示配送系统在硬件和软件条件下的真实潜力。

要做到这一点，模拟软件应用的方式必须将硬件性能、材料处理和仓库控制系统软件三者结合起来。一个有效的模拟测试将：

• 通过检查每一个决策点、路径和可能变异的情况验证物料处理系统的设计有效性。

• 验证系统的真实潜力。整合仓库控制系统提供的关于当前和预计的配送系统信息；以远超于设计的高峰量测试材料处理设备和系统软件，找出系统真正的崩溃点。

系统仿真开始于吞吐量分析，该分析必须经过精确的过程模型验证。验证过程包括输入、输出、交互等步骤，然后系统设计将经受详尽的分析与测试。这些测试分析包括：端到端的场景测试；系统集成和接口测试；假设验证计划；成本效益和综合设计验证。同时还结合 ERP、仓库管理系统、仓库控制系统以及其他系统，进行完整的数据流仿真，以展示正常的和非常情况下的订购量配送情况。最后将生成系统设计、构建和实施（即，设计演化模拟和吞吐量验证）以及实施后的活动（即，更新和升级验证；对流程和系统变化进行的测试）的蓝图。其最终结果即新的配送系统，该系统既符合当下的业务流程需要，同时也能根据未来的增长需求进行成本有效的调整。

四、定制的网络优化软件

供应链建设，必须信息丰富，高度灵活，严格控制成本，并综合考虑客户需求和企业内部的战略。管理层必须定期更新供应链以适应新的成长与变化。这样有利于更新操作数据，结合外部因素，进行重要的战略审核，制定实际的供应链解决方案。

虽然有许多优化软件解决方案，复杂的自定义建模软件为任何限制或条件约束下的方案提供几乎无限的灵活性。在一个熟练的网络优化人员手中，自定义建模可以产生“最优化”的解决方案组合（而不是最合适的解决方案），该组合中任何一个方案都是系统某个特定的优先级和限制条件下最可行的选择。最终，一个优化的配送网络将准确地反映公司的经营战略规划，在“精益”模式和“敏捷”模式之间达成平衡，前者关注降低成本，后者则关注至关重要的一个竞争优势：服务水平。

网络优化不是一次性能够完成的。正如其他的评估工具一样，网络优化对于进取的公司来说是一种变革，在这些企业看来，配送中心是企业系统可能的竞争优势所在，而不是一个纯粹的战术部门和不可避免的成本中心。

总结：从竞争优势发展为核心竞争力

本文综述了近年来在物流配送领域的最新趋势，包括运用实时数据指导未来规划；新一代仓库控制系统软件作为高效而灵活的管理工具日益扩大的作用；模拟软件在实施设计、了解系统容量和优化日常运营等方面的广泛运用；以及定制化网络优化软件和技术的应用在均衡提升产品配送系统效能方面的作用。这些趋势有利于帮助供应链提供优质的客户服务，实现现有系统所不能达到的实质性竞争优势，从而为企业创造以市场为中心的核心竞争力。

［文章出处］www. FORTE – Industries. com.

［译者简介］于玉星（1976，11），女，北京物资学院外国语言与文化学院讲师，硕士，研究方向：跨文化对比与二语习得。E-mail：yuyuxing@ bwu. edu. cn.

如何提高供应链的准确性

孙静波　赵　秋　译

（北京物资学院外国语言与文化学院，北京物资学院研究生部　北京　101149）

关于 Columbus Distribution 哥伦布配送 (CD)

哥伦布是全球食品、零售和生产行业中的佼佼者，是有雄心致力于此行业发展公司的首选合作伙伴。该公司拥有超过 20 年的实战经验和 6000 个成功的商业案例，能够向客户提供坚实的业界专业技术、出色的执行方案和开拓国际市场的能力。

确保信息的可靠性

在很多公司中，仓储、物流和配送团队的经理、雇员以及其他的业务团队每天都在完成着看似不可能完成的任务。在缺乏高效集中的物流设施和流程的情况下，他们通过快速和准确地搬运和装卸货物来满足客户的需求，并应对不断增加的订单和激增的工作量。管理人员想以策略性的角度制定方向，却常常无法获取有意义且具时效性的信息，因而无法下达正确的指令。在很多情况下，过时的且基于纸质文本的文字信息使得工人难以跟进分拣、包装、运送和货物搬运的任务。失误和错误使业务更加繁忙，也使得完成对客户的承诺面临风险。当一个公司想要扩大经营活动，比如要增加新的销售渠道时，这些挑战就会被放大，而经理们也要应对更大的任务和更多的问题。创新型公司新近也在设想如何去处理供应链和业务运作过程中发生的变化。通过使用一套统一精简的基础设施来代替那些繁杂分割的系统，使得所有的客户能够得到即时可靠的商业信息。这种基础设施使得管理数量庞大的供应链任务变为可能，并进而对客户关系产生最佳的影响。

案例 1：信息联接和管理设施

事件描述

多年来，零售公司一直是把商品直接配送到各个商店。但是现在，公司领导想利用网上渠道直接送货给客户。这个策略要求制作一个现实的规划，但该规划的制定是极具挑战性的。现已证实，商业决策的数据是存在的，但需要从多个系统和数据库中提取，因而对准确性和时效性提出了问题。

问题分析

决策者和供应链管理者认为提前规划有一定困难，特别是要考虑到新增的销售渠道对经营和财务方面会产生的影响。如果不能轻易获取所有的相关信息，即使是针对当前经营状况作出预测也是困难重重的。仓储、物流和配送团队的经理们也不能确定其团队和流程是否具有全面的能力以支持决策者们所寻求的改变。

解决方案

对技术领先的供应商进行全面考察之后，公司决定采用微软 Dynamics AX2012 作为其 ERP 系统，并把该系统的使用推广到 Columbus Distribution（CD）管辖下的所有供应链功能中。CD 同时支持送货到零售店和客户直接收货的交货流程。该系统能满足不同商品流的要求，并能与第三方物流处理设备整合为一体。在一条整合的供应链和行业基础设施中，实时可靠的信息与仓储、物流、配送、商店和客户订单相关联，且不同需求者可以直接获得相关的预测信息。全新和灵活的物流方式能支持多方位零售渠道，供应链解决方案中多样的工具和全面的功能有助于准确、高效、及时地完成店面和客户的直接送货。

优势分析

如今，物流和供应链经理们能准确并及时地对成本、库存、入库和出库商品流，以及资源利用等诸多事宜提供情况汇报。掌握了这些信息，他们就能够为供应链活动制定更有效的规划，为未来的改变和发展做相应的筹备。利用ERP系统和供应链解决方案中的相关的可操作数据，公司的决策者能够更加自信地制订自主的，且更具战略指导意义的规划。通过对物流、配送和仓储环节的迅速调整来支持直接送货至个体客户和零售商店。负责公司发展的企业经理们正在有效地实现向更加多元化的零售环境的转型。成功的公司供应链运作可以保证客户所需的高质服务，进而将服务向要求更为严苛的客户进行推广。

案例2：客户反馈

事件描述

为所有客户提供优质服务是公司发展的首要任务，因为服务质量一向是区别公司间竞争力的最有力的标志之一。同时，配送、物流和仓储运作环节中出现的低效和失误，是导致目前数量虽少，但却呈上升势头的客户投诉的主要原因。领导层认为这种趋势是不可接受的。

问题分析

物流和仓储环节的工人大都是按照纸质文件上的说明手册流程进行操作。例如，要处理不断增加的订单任务，由于订单通常都是多行文字信息描述，因此要费时费力地进行核对以保证订单的正确无误。有时依据客户订单来分配库存是不可靠的，还会导致送货的延误或断货。经理们也要事无巨细地密切参与每天的任务，检查文本和装运信息中的错误。他们还需花费大量时间来帮助手下员工高效地与公司内各种独立的存储、搬运与包装部门合作。很多情况下，他们无法准备充足的人力和物力来应对不断变化的工作量。

解决方案

公司决定开展一次技术革新，使基础设备和操作流程完全符合所承诺的服务水平。IT团队将CD系统和微软Dynamics AX2012进行整合。仓储、订单执行、运送、搬运、包装和其他业务团队迅速学习并开始使用新的工作工具。如今，经理们可以使用波形规划和任务管理为即将到来的工作做准备，并把分拣、包装和运送任务分配给适当的部门。在接收站工作的仓储员工能有效地调整购买订单和进库商品。通过订单发布，管理系统中的自动销售、仓储可以收到符合商品交货规定和客户要求的装运详情。包装站命令工人通过条码扫描和触屏监控器，准确地整合、核对、包装、贴标签并按订单发货。技术和运营经理们使用带有订制模块的供应链整合系统，把供应链解决方案和企业资源规划解决方案（Enterprise Resource Planning，ERP）与使用电子资料互换（EDI）的供应商链接起来。

优势分析

公司可以快速获取客户体验的明显变化。客户反馈显示他们已经发现公司能够更加协调、更加高效地根据客户的喜好来处理订单和运送商品。几乎每次商品都能够按时送达，且很少出现差错。商店也声明与公司之间的沟通更加可靠，正确的预期使各个店面对当地的业务进行准确地计划和预测。针对一般的工作流，如接收、存储、分拣、包装、运送等环节，公司仍在使用现行的任务执行前后的差别评测法，但是整个工作流程中，所有工人的工作时间都减少了。经理们只需偶尔关注一下正在平稳有效运行的流程。同时，他们还可以优化工作计划，预测工作量高峰周期，并以前所未有的效率管理个人时间，甚至创造性地发现提高客服质量的方法。

案例3：创造连贯的工作节奏

事件描述

由于交易高峰期会比其他时期产生更多的通信量和工作量，公司发现很难按自己制定的质量标准把商品送达客户。越来越多的客户退货和投诉便清楚地证明了问题所在。此外，与公司的收益相比，仓储、配送和物流营运成本也快速攀升。鉴于这种情况不能长期持续，公司领导仔细地检查了供应链中资源和流程的有效性。

问题分析

由于许多流程都基于纸质文件，且缺乏保持业务连贯性和准确性的有力指导，仓储和配送工人出现过很多错误，尤其是公司在处理季节性激增的客户订单时，错误率更高。经理和监管人员需花费大量时间来查验员工的工作质量。公司的目标是改善客服的水准和提高员工的工作效率。但由于身陷运营细节事务，经理和监管人员感到很难实现公司所追求的目标。

解决方案

实施 CD 系统和微软 Dynamics AX2012 一体化之后，公司开始使用新工具以降低工作复杂度和错误率，并增加了仓储、物流和配送流程的准确性和连贯性。例如，通过使用射频分拣系统，公司极大地简化了分拣工作，且摒弃了工人之前所用的纸质文件。而且，还可以通过移动设备或叉车终端设备完成分拣工作。最终，入库的货物就可以创建一个单独的商品类，该商品类下不同的采购和销售订单可以列成多行，以便确认和跟踪。

优势分析

现在，物流工人可以花费比以往更少的时间而高效地处理更加复杂的订单，经理们也可以轻松地跟踪整个供应链和价值链中的所有订单、实体货物以及运输流程。优化的控制性能和效率有助于订单处理和运输成本的大幅削减。此外，由于自动化和无纸化的普及，现在营运过程中几乎没有错误发生。公司也更容易吸收新员工进入企业，或者把一些任务外包给其他供应商。员工可以快速学会如何使用新工具，由于具有预设的规则和更加连贯的流程，他们很少需要经理们的援助，就能够很好地完成工作。同时，经理们也可以更大程度地从战略角度进行工作，争取使自己所负责的团队和流程发挥更大的效率。最重要的是，客户可以更快速地收到订购的商品，并且现在的退货量仅占过去的一小部分。

以高效的供应链确保向前发展

通过推广整合微软 Dynamics AX2012 的 CD 系统，为快速发展中的公司提供了一套功能强大的供应链管理系统以迎接各种挑战。供应链经理们运用这些技术来实现连贯且高效的流程，并根据客户需求进行调整，灵活地拓展业务以支持不断增加的业务渠道，同时使得工人实现前所未有的准确性和生产率。通过向客户提供顺利完成流程所需的实时且可靠的信息，公司的决策者们，上至战略高度的决策层，下至日常工作的管理层，都能做出正确的行动计划以实现公司的目标，并提高客户的满意度。不折不扣的准确性、普遍的自动化，以及加速的工作流也有助于公司更好地控制供应链运营成本和吸纳新客户。

本案中所讨论的公司使用了 CD 的几个不同解决方案：

仓储管理——包括射频分拣、任务管理、包装站和接收站；

供应链整合——包括 EDI（电子数据交换技术）工作室和网络连接工作室；

想了解更多有关 CD 哥伦布配送的信息，请访问 www. columbusglobal. com.

哥伦布 Rapid Value——拥有内置功能的最佳 ERP 系统

Rapid Value 是一个内置于微软 Dynamics AX 的企业业务流程模块工具，可以帮你从 ERP 执行过程中实现更多价值。哥伦布从超过 6000 家有实践经验的企业中选取了行业内最好的操作流程，将其直接内置于解决方案中。

一个行业内将近 80% 的业务流程标准都是一样的。因此将这些流程定性并进行可视化处理，这样可以更加突出流程中具有竞争力的区别点，也有助于整个组织内精简业务流程，以提高效率和速度，并采用最好的操作方案。

如果同时与 SureStep + 执行方法捆绑使用，可以更快速、更流畅地实现端到端的解决方案，增加投资回报率，降低所有权成本和业务流程记录成本。

［文章出处］REAL WORLD SCENARIOS Volume 2 Case 4 – 6.

［译者简介］孙静波（1974，11），女，北京物资学院外国语言与文化学院副教授，硕士，研究方向：英语教育与跨文化交际研究。E-mail：sunjingbo@ bwu. edu. cn.

赵秋（1987），女，北京物资学院研究生部，硕士在读，研究方向：金融与产业经济学。E-mail：zqsdjtu@ 163. com.

打造“弹性供应链”，应对突发性事件

穆育枫　译

（北京物资学院外国语言与文化学院　北京　101149）

担心突发的灾难性事件影响到企业的业务，这会使任何一个管理人员都夜不能寐。应对这些突发事件所采取的应急措施花销巨大，并且会扰乱企业的日常工作。但如果能迅速采取应急措施，并且措施得当，反而能为本企业赢得良好声誉，反之则带来恶名。

对于所有的管理者来说，最重要的是拥有一条“弹性供应链”，以减轻这些突发事件带来的风险，并将其带来的负面影响降至最低。

本文将探讨“弹性供应链”的概念及其支撑因素。我们还会进一步评估一些企业的相关能力，并找出其需要改进之处。

一、背景分析

灾难和破坏性事件有很多种，既有自然灾难，也有人为造成的事件。然而，最近两次大规模的自然灾难都造成了非常严重的后果——2010 年 4 月由冰岛埃亚菲亚德拉冰盖火山（Eyjafjallajokull Volcano）喷发所导致的火山灰云团和 2011 年 3 月日本东北部地震和随之而来的海啸。这两次自然灾难迫使很多企业不得不坐下来，评估他们的供应链到底隐藏着多么大的潜在风险。

“环境的灾难性事件”是第三大压力来源，尽管这些灾难性事件带来的破坏在本质上是区域性的。2011 年的海啸对多层次供应链带来的毁灭性影响是非常深远的。“原材料和燃料的价格波动”被广泛认为是压力的第二大来源，它的负面影响波及各行各业和世界各地。

排名第一的压力来源是“供应商或运输商无法满足客户需求”，它很有可能，至少是间接地，受到环境因素及人为因素影响。

我们需要向一些优秀的企业学习，他们在采取应急措施这方面做得很好。在下一部分我们将深入分析他们采取的及时、有效的应急措施。

二、弹性因素

“弹性供应链”包括哪些基本因素？我想至少有以下四点：（1）对供应链各环节的绝对了解；（2）计划与评估；（3）采购与供应商管理；（4）及时的执行。我们可以根据这四点核心因素评判一家企业的相关能力，以下我们将进行进一步讨论。

1. 对供应链各环节的绝对了解

这一条是最基本的，所有的企业都必须具备。它也包含轮换供应商，了解他们可以提供的运力、航线、模态选择、客户订单等，这样我们就可以了解到底哪些客户受到了影响，在哪里出现了问题，以及影响的程度有多大。

但是如果再深入分析一下，对供应链各环节的绝对了解还只是第一步，我们还需要这种了解的及时性，以及一旦在哪个环节发现问题，要进行实时提醒，这才是关键。这就需要我们分析反馈结果，并依此给出智能建议。

2. 计划和评估

下一步就是比较并评估各类计划。这就要求先做出一份计划初稿，然后在此基础上根据实际情况的反馈做出相应调整。对于大多数企业来说，重要的是迅速对计划做出评估。如果某一家企业可以在最短时间内找出解决办法，那么它无疑将处在一个优势领先的地位。

对供应链各环节的了解固然重要，但是我们还需要知道它对客户订单或合作伙伴订单的影响。

另一个因素是供应的替换选择，这就意味着有更多选择。要做到这一点，我们首先必须要有一个正确的采购计划，而这个计划要事先考虑减轻风险的因素。

3. 采购与供应商管理

当对供应商进行管理的时候，权衡各方各面很重要。第一个选项是确定不只有一个采购源，以避免孤注一掷。在这里需要考虑的因素是质量、完全到岸价格，以及稳定性。如果这些方面彼此有差异的话，那么需要按递进次序安排好优先考虑的供应商，接下来是次要考虑的供应商。问题的关键是尽量拥有多方采购源，站在采购的立场上看，致力于发展更多的供应商是必要的战略性措施。这方面的评估包括购买的完全到岸价、质量，以及稳定性。稳定性本身不止考虑本地因素，还有运输网络的可靠性（包含运输商和基础设施），以使物流过程顺畅进行。

采购的时候除了考虑完全到岸价格和质量之外，地点的因素也很重要。从供应的角度上看，如果说采购的产品和供应商很重要的话，在另一个地区找到可替换的产品和供应商也是非常必要的。然而，这一点取决于劳动生产率，尤其是主要采购地在低成本国家的话。当考虑替换供应商的时候，这些都是需要权衡的因素。

如果只有一个采购供应商，意味着只有他可以提供产品和服务。这种情况经常存在，尤其当一家企业的竞争优势源于技术优势的时候，并且其产品是独一无二的，或者其提供的服务是独一无二的。

独家采购源也意味着一定的责任。最核心的责任在于，在任何情况下都防止破坏性事件发生，这种责任是一个独家采购供应商所必须要勇于承担的。这种情况一般是双方企业旨在共同发展，或者这家供应商拥有独家专卖产品，又或者双方签署了服务水平协议。

鉴于过去两年火山灰云团和海啸对当地区域的影响，这种责任可能包含更丰富的内容——比如说，在一个新的地区创建可供替代的设施或者存货清单。无论怎样运作，在独家供应商这种特殊情况下，供应协议必须考虑到预先减轻风险的因素。

在管理供应基地的时候，如果时时把减轻风险的因素考虑在内，它的好处是当破坏性事件意外发生的时候，我们拥有替代方案，可以从容地采取应对措施。“弹性供应链”需要的第四大核心因素是执行力，它可以把之前提到的三种核心因素有机地联系在一起。

4. 及时的执行

每家企业的执行力各有不同。在弹性供应链的背景下，我们所讨论的执行力是一种基于异常情况的“合作执行力”。关键在于预先建构一个合作执行力的框架，这样一旦做出有关优先选择决定的时候，就可以得到迅速并系统性的执行。在有些情况下，需要面对面交流或电话交流。但是如果想提高效率的话，需要把视野放得再远一些。如果预先建构这种“合作执行力”的框架，其好处是具有较大的机动性，同时解放了一些供应链团队的人手。

以上分析了支撑“弹性供应链”的四条核心因素，接下来我们讨论一下一家企业应具备哪些相关的能力。

三、“弹性供应链”中应具备的能力

大多数企业都有一条中央供应链。然而，当我们深入分析时，会发现拥有关键因素的企业为数不多，并且其比例已下降至20世纪60年代时的水平，这种趋势令人担忧。让人鼓舞和欣慰的是，很多企业都已发现了这方面的不足，并且已开始着手弥补这方面的差距，有望使比例恢复到20世纪八九十年代时的水平。

与以上描述的弹性供应链四大核心因素相比，大多数企业都已具备供应链所需的以下核心竞争力：

- 搜集制定决策所需的供应链相关数据，这是了解供应链各环节的一部分。具备这项能力的被调查企业比例达69%，有此方面计划的企业比例达25%。

- 更好地权衡提供更优质的服务水平与投资存货这两者之间的关系。这一点对采购策略、缓冲和减轻风险都非常重要。具备这项能力的被调查企业比例达66%，有此方面计划的企业比例达22%。

- 完善的异常状况管理预案非常重要。具备这项能力的被调查企业比例达65%，有此方面计划的企业比例达20%。

- 了解终端至终端供应链数据并掌控整个流通过程，了解破坏性事件对客户造成的影响，并采取最优的补救方案。具备这项能力的被调查企业比例达62%，有此方面计划的企业比例达30%。

- 规划并执行供应链的闭合一体化，监控反馈结果，与其他企业积极合作。具备这项能力的被调查企业比例达61%，有此方面计划的企业比例达21%。

以上所有这些调查结果都表明，大多数企业都已了解应具备哪些相关能力，尽管还有三分之一甚至更多的企业尚未完全具备这些能力。然而，当把速度和风险因素加进来的时候，以上这些能力的具体执行力度会有所下降。

实时了解及全盘审视供应链表明企业可以及时将相关数据和流通过程同步。另外，实时因素和无缝衔接非常必要，当然，要做到这两点，难度也很大。关键在于，要根据实际需求，结合流通过程的速度进行同步。

经调查，55%的被调查企业可以对意外事件造成的干扰进行实时监控，其中39%的企业把它纳入到产品管理的轨道中来。确认需求是这个过程的第一步，而具体的实施还需要时间。

四、改善流通过程

这里有几点因素：

- 首先是管理存货清单。其存货数量过多过少都不宜，适中即可，以利于战略性缓冲，减轻风险。
- 紧随其后的是对供应链各环节的了解，这个我们上文已经强调过，它是维系一条“弹性供应链”的最基本因素。在这一方面，其完整性和及时性在每家企业都不同，但是在被调查企业中的47%已把它作为考虑的首要因素。
- 最后是销售和运营规划与供应链合作。它们的内容是进行规划，应对异常情况，评估风险。

通过以上分析，我们可以看出一家企业在技术上的投资重点在哪里。当真有大事件发生时，采取应对行动固然紧迫；但是如果平日里就能未雨绸缪，积极改善，评估风险，做好应急预案，才能体现一家企业的真正决心。

五、技术投资重点

技术投资重点其实与以上讨论的改善流通过程四因素是一致的。很多情况下可能技术都到位了，但是各企业之间的能力差距在于企业的成熟度和流通过程的成熟度不同。

首先，最多的投资普遍在对供应链各环节的了解这块。反映了企业知己知彼的需要，不仅要了解自己，还要了解供应商与合作伙伴、运输网络、港口等。

其次是管理存货清单。这反映了多家企业已认识到经验法则远远不够，需要使用技术工具使存货数量合理化。当然，这样挑战性就更大了——管理一条跨越广阔网络的多梯队供应链明显比管理徒有四面墙的传统仓库复杂得多。

最后是销售和运营规划。必须使流通过程规范化并纳入其他体系，以全盘把握供应链。

六、总　结

鉴于最近的灾难性事件屡屡发生，大多数企业已察觉到拥有一条“弹性供应链”的重要性。一家企业供应链的弹性度取决于它的相关能力。为了改善“弹性供应链”，企业应找出差距，寻求提高这些相关能力的方法途径。重要的是以下几点：

- 最基本的一点是要了解供应链的各个环节，一定要重视起来；
- 坚持做好计划和记录，以为异常情况管理提供数据参考；
- 与供应商及合作伙伴合作，寻求提高执行力的效率；
- 在供应基地任何一点发生失误，都应及时反思和进行更新升级；
- 使存货数量合理化，以作为缓冲，抵御风险；
- 将风险因素纳入销售和运营规划轨道中。

一旦发生自然灾难和人为性事件，所有企业都会深受其害。能否及时地做出反应取决于供应链的敏捷性。要想拥有一条最为弹性的供应链，就需要我们现在立即采取行动，应对无止境的挑战。随着外界情况变化，供应链也会随之变化。我们要时刻保持警觉，永远努力做得更好。尤其要做到以上提到的四条核心因素，以抵御风险，使供应链更加灵活。

[文章作者] Bryan Ball，美国阿伯丁集团.

[文章出处] Analyst Insight (2012－2).

[译者简介] 穆育枫 (1976, 2)，女，北京物资学院外国语言与文化学院讲师，硕士，研究方向：文学。E-mail：muyufeng@bwu. edu. cn.

真正有效的供应链风险管理策略三要素

田　甜　译

（北京物资学院外国语言与文化学院　北京　101149）

提示： 如果把风险管理计划的重点放在意外或海啸上，那就是南辕北辙了。

引　言

当你听到风险管理一词时，首先想到的是什么？一般来说，第一反应是飓风、火灾或政治动乱。当然，这些意外与天灾会对你的供应链造成明显的干扰，并且必须在总体风险管理策略中考虑进去。但是，如果风险管理计划只考虑此类意外事件，那么对你事业竞争力造成最致命的风险因素就被忽视了。

那些时刻准备着快速有效应对瞬息万变市场的公司，运用建模技术为他们的点对点供应链建立实时模型，当预测变动或意外事件发生时可以重新设计或优化。

什么是真正的风险？

思考一下：风险因企业而异，即使是同一种企业，不同的生产线面对的风险也不一样。举例来说，为了保持竞争力，一个消费电子公司需要在旧产品上压缩成本，同时，在那些有较高利润的新产品上则需保证服务水准和实用性。而当宏观经济环境改变，可支配消费收入减少时，这两类产品的策略则与之前正好相反。

任何决策都是有风险的。对几乎所有公司来说，最大的风险并不是供应链意外断裂，比如洪水或火灾；真正的风险是，日常基础行为不如市场上的其他公司更有竞争力。其他的公司是否：

- 提供更好的服务或送货更准时？
- 点对点供应链成本更低？
- 对客户与产品定位更准确而能获得最大利润？

- 以应急计划对关键性市场变化保持敏感性？

“比竞争对手表现更优异”的难点可能是市场条件、产品类型、地理特性或经济环境。如何使你的公司在各种不可见因素前反应敏捷洞察先机？

真正做好准备的公司运用实时供应链模型

在当前瞬息万变的全球市场现实下，供应链设计成为一项至关重要的企业功能。有远见的企业在不断重新设计与改进他们的供应链，使用建模技术来检验供应链在各类市场条件和假设下的表现，且在成本、服务与风险之间权衡。维持这样一个点对点供应链实时数字模型的企业，具有在变幻莫测的市场条件下重新设计与重新优化供应链的能力，并可测试关键假设的敏感性。因而这些企业可通过管理自身供应链操作来纾缓商业风险，进而取得显著及持续的优势。

有效供应链风险管理策略三要素

通过建立一个企业供应链的实时模型，可以获得供应链风险纾缓的三个基本要素：

（1）视野：当前供应链结构与货物流情况如何？

（2）方案分析：如果使用另一方案，成本或服务会受什么影响？

（3）快速反应：对意外事件应当如何应对？

当前生产（现有供应分析）		未来生产（新项目策略）
视野	方案分析	快速反应
当前供应风险如何？	这样做如何？ 这种情况发生怎么办？	如果意外发生应当如何应对？
供应链风险分析平台 风险概况–采购跟踪–生产流程–运输模式–存货安置		
云数据服务 政治稳定–贪污腐败–人力成本 自然灾害–基础设施–税收成本	企业供应网络数据 零件–材料账目–成本–设施 供应商–需求–交货周期–生产量	

供应链风险分析平台应由一系列建模技术组成，包括：网络优化，存货优化，流程优化，模拟，路线优化及其他。此外，必须补充不包含在当前企业ERP系统中的使用另一供应链的基准数据及风险指标。

为了有效规划未来的操作，企业必须对当前的操作有完整的设想与理解。纾缓风险的最佳办法就是持续设计供应链，并考虑最大风险发生时的应急方案。下面将详述三个基本要素是如何发挥作用的。

一、视野：当前供应链中货物结构与货物流如何？

对于“今天做了什么”这一问题的视野是供应链管理最基本要求，这回答了问题：“当前供应链结构与货物流情况如何？”

供应链建模技术，运用来自多种渠道取得的自有数据，使你可以建立已有网络的基线模型。一旦有了实时模型，便可以各种方式如地图、图表、图片的形式可视化显示，并可建立交互面板来解决模型中的具体问题或极端情况。

1. 消费电子公司运用建模技术了解供应链风险承受能力

某消费电子公司想更好地了解自身供应链风险承受能力，便着手建立一个包括所有产品供货商位置、生产及分销的供应链点对点模型。所有的站点均经过测地编码以便产品流的可视化并辨识出哪种产品依赖于单一来源。该公司同时将供应链风险系数额外标示于地图层上，该系数包括物流基础设施指数、腐败与政治稳定性、自然灾害史、核设施距离等因素。这项工作使得关键区域可视化管理及短期纾缓策略制订成为可能。

2. 供应链视野杜绝低效并为化工企业节省大量开支

某大型化工企业将其供应链结构与货物流简单地可视化显示后，便轻易找出了某产品流的问题所在。该企业将其销量最高的25种产品辨识出来，并对各地缘市场按销量与成本排序，于是他们注意到一件奇怪的事：菲律宾是成本第三高的区域，但是其销量却非常低。为什么？调查显示很多年前一项决策规定运输到此区域的货物采用空运，哪怕运的只是日用乳剂，此项规定一直沿用下来。将运输方式改为更经济的方式后，该公司省下了大量开支，并降低了利润减少的风险。

二、方案分析：如果这么做……假如那发生了……

一旦有了供应链数字模型，便可针对不同情况制定预案，这取决于你认为在某一时刻对于企业来说最大的风险是什么。这种方案分析是风险管理策略的关键要素。

开始计划策略时，必须假设一些因素如需求、成本、交货周期及实用性。使用建模技术，使得在上述假设下建立成本最低的供应链网络变得轻而易举。但假如上述假设中任意一个改变了呢？这个成本最低的设计还是成本最低的吗？如果有供应链的数字模型，就可对这些假设的敏感性进行测试。举例来说，可以测试如果需求假设偏移5%或10%或15%，当前供应链设计是否还是最佳设计。

通过调整变量测试效果建立各方案的敏感性，不但可以找到成本最低的情况，也可以确定什么情况下成本会提高，预见任意环境下的结果，从而制订最佳应对策略以使风险最小化。敏感性分析使得企业可以在数字环境中预先决策，不必在“万一”时去现实世界测试理论。下面是一些针对最大风险情况使用敏感性测试来建立应对计划的安全：

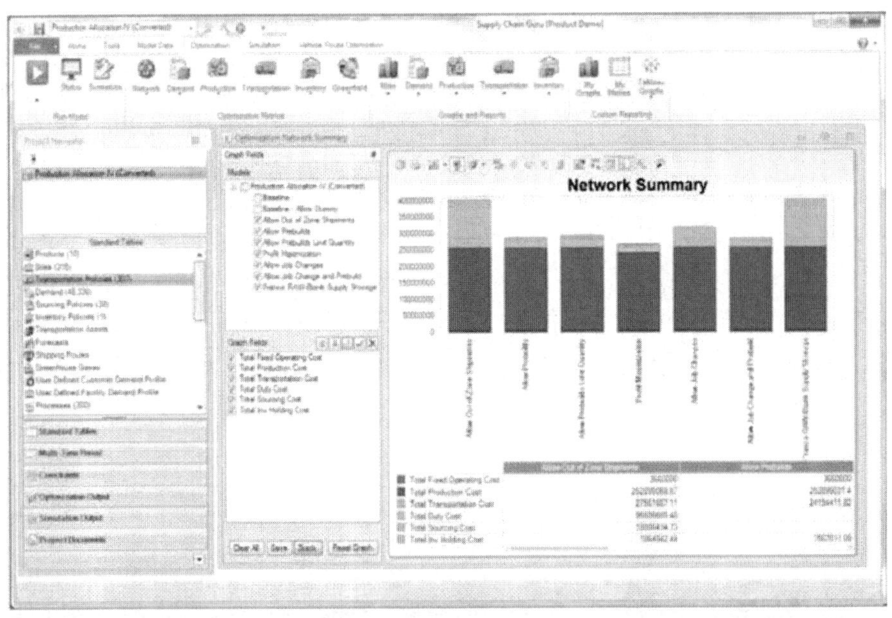

优化供应配置	评估替代策略	完成模拟分析
· 单一来源VS.多个来源 · 低成本VS.本地 · 高风险VS.低风险	· 运输模式选择 · 生产追踪 · 货物存储地点及数量	· 交货时间波动 · 供应中断 · 需求增长或减少 · 燃料成本变化

1. 大型零售商通过降低缺货与滞销风险降低成本

某大型零售商早已建立其供应链操作的实时模型，并可由此评估进入某特定市场的货物流。该公司获知其产品的65%是来自美国以外，而95%的客户则是美国人。目前，该公司使用位于加利福尼亚的一个主要口岸来进口货物，想评估通过巴拿马运河转移一部分产品到新泽西的可行性。由于体量减小，而手续增多，可能会提高成本。但考虑总到岸成本后——包括补给、需求特点及最终投递成本，事实证明长滩港的任何交货时间延迟都可能导致缺货或滞销，从而改变了总体成本图像。因此测试了其他采购方案后，该公司决定加入新泽西港以降低总成本并减少缺货与滞销的风险。

2. 高技术企业使用敏感性测试评估离岸制造地点

某高技术企业已在中国沿海进行离岸合同制造15年，制造商发现有必要将制造设施移往内地以降低成本，于是该企业决定仔细考察其他采购方案。移往内地可以降低劳动力成本，但也会增加交货周期并导致额外的运输时间。当然，当企业移往内地，谁也没法保证那里的劳动力成本不会上升。该企业关心的问题是："什么情况下，移往内地不值得考虑?"通过运行敏感性分析，不仅考虑了人工成本，也考虑了燃料成本与税费、关税等，该企业准确地评估了中国内地与其他可能的采购区域如拉丁美洲和墨西哥的情况。

三、快速反应：如何应对意外事件

到目前为止，已经针对任意时刻各种最大风险的情况制定了各种应对预案，你已准备好应对各种意外事件或者自然灾害。当意外发生时，只需将其简单地加入方案并快速、聪明地应对。

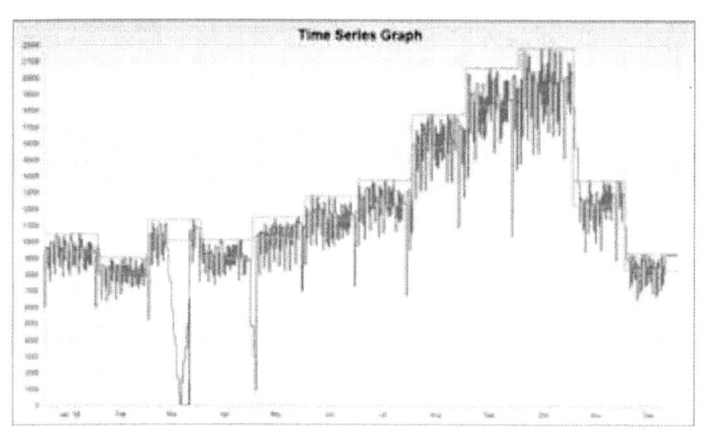

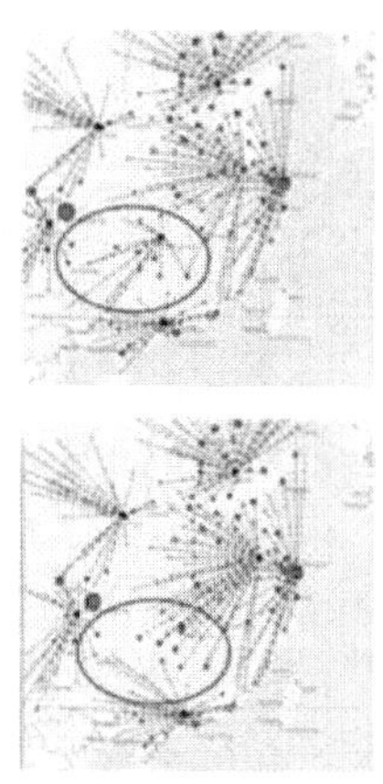

运用模拟来测试不同应对措施来纾缓各种意外事件：

（1）使用供应链模型评估应急预案；

（2）根据需求变化平衡生产与采购；

（3）当供给短缺时需求优先；

（4）成本假设不成立时重建。

四、硬盘制造商在洪水后迅速提供其他渠道

当企业将其当前供应链可视化并将其最大风险做针对性预案后，便可对意外事件作出迅速反应。某硬盘制造商恰好有这样的模型，并评估了确保到岸成本最低的方案。当洪水爆发后，一个主要供货商受到重创，在数周的时间内丧失供货能力。该公司用缓冲库存来服务所有客户。运用当前供应链模型，他们迅速测试了各种方案并确定给定交付周期下缺货时间及最佳替代服务方法。该公司因而迅速地向客户提供了这些替代产品，避免了不确定因素及交付时间拖延。

结　　论

风险计划循环过去每两到三年才进行一次—假如不是根本不做的话—但现在商业环境几乎每时每刻都在变，企业已不再有额外计划和反应时期的奢侈了。如果某企业不能在成本、服务、复杂性与风险间取得平衡，就不会有竞争性，离破产就不远了。

运用建模技术使得企业可以建立点对点实时模型，来可视化其当前供应链，并针对各种风险测试相应应对方案，从而快速应对各种意外事件。设计正确的供应链，是真正有效的风险管理策略的基础，确保任何市场条件下—哪怕天灾发生—都有持续的竞争力优势。

[文章作者] LLamasoft，Inc.

[文章出处] LLamasoft，Inc.（2012）.

[译者简介] 田甜（1983，10），女，北京物资学院外国语言与文化学院讲师，硕士，研究方向：英语教育。E-mail：tiantian@ bwu. edu. cn.

如何打造高效的供应链

田　丽　译

（北京物资学院外国语言与文化学院　北京　101149）

一、引　言

如果用同一种运输和存储方式对待公司旗下的所有产品，那么最终将导致供应链成本上升和服务水平的下降。面对此情况，我们该如何应对？即便以最低的价格采购到原料/产品，但却最终伤害了您的整体利润，其原因何在？

您的供应链在实现最好的服务和最低成本中起着绝对作用：为了在行业竞争中胜出，企业需要提供优质的产品、一流的服务和具有竞争力的价格。一流的企业们会将他们的供应链转化成"最有力的武器"，使他们能够始终如一地提供比竞争对手更好的产品、更好的服务及更好的价格。

因此，您必须找到供应链中采购价格和数量，以及下游流通成本间的平衡点以提供令人满意的服务水平并最大限度地提高盈利能力。许多零售企业可以通过实施详细的供应链网络设计项目来显著提高他们的盈利能力。Supply Chain Guru ®软件能快速建模、分析，并优化企业的整个供应链。同时，它对您的网络结构、供应链策略，和整体运营进行评估，以权衡成本、时间和运营能力。最后，它将调整您的布局或产品流，从而最大限度地降低总成本。

一个合格的网络优化可以在您现有的企业供应链中识别高达 10% ~20% 的成本节省，甚至显著提高您的客户服务水平。对于大多数企业而言，这相当于数百万美元的现金流！

本文将研究世界领先企业的最佳实践供应链设计。这些战略包括：

供应链差异化产品细分；

正确的库存设置；

产品流的路径优化；

入站合并；

静态的多站路线设计；

商店—配送中心分配；

客户服务水平优化。

有的战略可以产生“速赢”的效果——利用现有资产，有选择性的进行优化，在短时间内创造利润并节省成本。

其他策略可能需要一个更深层的改变（如：配送中心/设备搬迁或增加吞吐量），但他们往往是大幅度改进供应链的关键。

无论是立竿见影的效果还是潜移默化的改善，建立完善的供应链体系是让企业保持持续竞争力的必要投资。

二、设计成功供应链的最佳战略

战略 1：供应链差异化产品细分

（1）商业问题：

大多数企业为客户提供尽可能多的产品种类（或货号种类）以确保能满足顾客需求。然而，根据产品的大小、颜色、地理区域、价格、季节性和可用性，客户的购买模式存在很大的差异。许多零售/服装企业忽视了这些独特的购买模式，通过单一、固定的模式进行产品流的规划，导致高需求量或高利润的物品发生货物短缺，而销售不佳的货品却库存太大。

（2）优化方法：

供应链产品细分，或称差异化研究，是您设计一个差异化供应链的最佳方法——它能更好地满足个别产品的库存与交付需求。通过检查单个产品的特点，如利润率，流通速度和可变性，您可以识别产品趋势及相似产品的“集合”，如低流通产品与高流通产品区分对待。每个集合可能需要不同的采购和供应策略，例如，设置一些相似产品独特的服务和库存目标或者将产品直接送到零售店，而不通过配送中心。您可以建模、测试，并实施每个细分产品组的供应链，以达到最低的运营成本和最佳库存和运输效果。

（3）范例：

一个大型零售/服装企业拥有20,000种不同产品（货号），所有产品都需流经一个二级分销网络。

——几个大型配送中心负责整体采购；

——然后，这些大型配送中心将整合后的产品运输至区域配送中心；

——每个区域配送中心为其地理范围内的零售店输送产品；

——根据产品的流通速度、利润率和需求变化，厂商划分了10个独特的产品组合来细分供应链。

为每一个细分后的产品组合供应链提供独特的策略，例如：

- 高需求和高利润的产品供应链得到优化，上架速度提高，减少了因为缺货造成的销售流失。
- 低需求和低利润的产品集中放置在几个区域配送中心，减少这些产品在货架上的摆放量和时间，降低成本。
- 为高需求和高利润产品创建新的点到点运输路线，使商店内频繁断货的产品能在1小时内上架。从而，减少销售流失并同时减少库存成本（通过规划这里的节省将超过周期性补货的运输成本）。

战略2：合理配置库存

（1）商业问题：

如上战略1所述，不同产品的利润率和流通速度在整个供应链中的差异很大。相较于其他产品而言，有些产品对您的盈利能力更为重要。定义您的供应链产品细分将为服务水平或为产品补货上做出更有效的决策。然而，客户需求量与采购商供应量的多变性使人们难以确定正确的库存量。当供应链有很多层级，而您必须在每个层级上决定每种产品的库存时，问题就变得更复杂了！

（2）优化方法：

一个多级库存优化能确定：在每个供应链层级（以SKU为单位或产品类别为单位）及设施位置上必须持有的库存量（在哪里库存，库存多少）。而这样的库存配置又可以用最低的成本提供所需的服务品质。

这种分析融合客户需求和供给方在供应链上的变化性，从而识别出能满足每个产品需求的最低总成本库存解决方案。在这种方法里，您需为每个产品与地点定义服务要求，例如，“在芝加哥商店中货号333的商品需要有99%的可能性在所需时间内受到补货”，在能满足此需求的情况下，库存优化技术决定放在每个层级和位置的产品的最低库存量，从而最小化库存成本。

（3）范例：

某连锁商店有 7 个区域配送中心用来放置产品库存，并向全美 500 家门店送货。占有总销售额 70% 的 1500 种商品被储存在所有 7 个配送中心。根据产品的特点，该公司建立了 7 个从 85% ~99% 之间不同的配送服务水平。

多级库存优化分析了每个产品/地点组合的需求和交货时间的变量。尽管许多地方需要较高的库存水平，多级库存优化为该连锁商店的供应链成本节省了 500 万美元。在特殊情况下，3 ~4 个区域配送中心增加了产品库存，而其他配送中心的库存量则减少。

由于库存成本的减少及相应下降的采购数量使公司大大节省了开支。

战略 3：产品流通路径优化

（1）商业问题：

从采购产品到将产品送至客户手中——整个产品流通过程中存在很多变量。这些变量包括：供应商的选择、购买的数量、购买频率、运输方式、入境港口、配送中心、承运商、运输路线以及订单/运输时间。所有的这些变量意味着在整条供应链中将产生无数的流通"路径"，可以将物品以众多不同的方式从起点运输至最终的零售点。

（2）优化方法：

您的目标是通过为每种物品确定一条最佳的产品运输流来最大限度地降低总的流通成本并仍然能达到预期的服务水平。这种类型的分析向我们展示每个产品是如何被运输、被分配的。您可以在每个产品层级或产品组合的层级模拟产品的流通。

通过选定合适的供应链网络配置，公司可以以最低总成本的形式大大节约供应链成本。（注：正确的库存设置和产品流通优化将影响总的供应链成本。正确的库存设置决定的是最佳的生产和存放地点及生产和存放量；优化产品流通则能确定合适的产品在供应链网络中的流通路径）。

（3）范例：

一家全球消费品公司要评估他们是如何将商品从分布在欧洲各地的 10 个生产基地运送到他们在西班牙的客户。90% 的商品首先输送至位于西班牙东北部的一个单一配送中心，而后通过陆路货运的方式进行配送。在执行产品流通优化时，他们的分析团队在模型中加入了几十种其他运输选择，包括添加新的多式联运中心，新的配送中心，内陆运河运输和短途海运港口，及多种不同的交通模式（铁路、短途海运、内陆运河、和第三方物流）。他们还设置了服务水平限制以确保每种方案依然能满足高要求的客户服务水平。这些变量创建了成千上万种潜在的产品流通选项，而优化后的结果为每种商品选择了最低成本的供应链流通方式。结果表明，在西班牙中部开设第二个制造厂能将超过50%的产量转移到新的配送中心，且利用更多的铁路运输能创造出最佳解决方案。新方案当然会导致新的工厂建设和运营成本、库存持有成本，但是这些成本将被整体运输成本的大幅度降低所抵消，从而使该公司的总供应链成本下降1500万欧元。

战略4：采购整合

（1）商业问题：

如果供应链网络中的每个配送中心都单独补货，那么产品成本会因为配送中心频繁地订购小批量产品而上升（首先因为量少，折扣就低；其次频繁地非整车配送会造成更高运输成本）。

重新建立一个配送中心（也许在最接近供应商的地方）作为一个采购集散中心也许可以大大节省成本。所有从供应商处出的货物先运输至新建的配送中心，然后在必要时适当转移一定数量商品到其他配送中心。虽然这么做会为分销网络增加了第二层装卸、运输和再分配成本，但由于更有效地利用了运输资产和因大数量采购带来的折扣最终会带来经济效益的显著提高。同时，预购库存成本也因此被降到了最低。

（2）优化方法：

您的目标是通过在供应链中加入第二层配送以显著降低整体供应链成本。

该模型用满车运输首先运至整合中心，再以货物分配的方式来替代少量多次的直接运输模式。模型基于端到端成本及服务水平要求建立了最佳流通计划，还囊括了再分配中造成的额外装卸费用及存储费用。它优化了采购计划，使其能利用供应商提供的批量折扣，同时又最大限度地减少配送中心里的预购库存量。优化模型通过评估与均衡所有的费用，再识别出能达到最低总成本的方案。

（3）范例：

某大型零售商从芝加哥市场购买了大量的产品，并将这些产品分发到美国南部和中部大西洋区。若直接出货运输，产品将在小于整车装载量的情况下被运送至目的地。

为了找到一个最佳方案，该公司模拟了他们现有的供应链结构，并比较了将现有的一个配送中心转化成交叉转运/再分配中心的潜在方案。优化完成后，该公司发现，使用在美国马里兰州的配送中心作为转运中心并以此进行大批量采购与再配送运输能替公司每年节省超过一百万美元。

通过优化的方案降低了以下的成本：

整体运输成本（满装载使运输成本降低）；

整批量购进的进货成本（供应商因整合订购简化了订单和运输）；

库存成本（即使在整合转运中心产生了额外的装卸费用，但是下游的配送中心库存量得到了下降）。

战略5：战术性运输路线优化

（1）商业问题：

如果您频繁小批量地运输货物，运输成本将上升。如果您定期检查您的递送记录，您会发现其中整合运输的机会，而这将降低整体运输成本。这些重复出现的机会越多，您就越应该考虑在未来建立一个静态的多站式运输路线。

（2）优化方法：

运输路线优化能识别出重复运输的规律，并考虑将其整合——如从同一个配送中心运输到同一家零售店较小的出货量、同一个配送中心到同一地理目的地的订单、去相同地方的订单。您的目标是通过将小批量货物整合到整车运量来实现最低运输成本。您的运输频率将降低，而每次的运输量将增大。

您可以通过结合所有替代运输方案和关键变量，如成本、时间、容量，及交付参数等来模拟您的整个供应链网络。最终，您可以确定网络的最佳组合或运输资产的最佳数量及这些资产的地理位置。您也可以仿真模拟路径策略来预测实际成本和服务水平。

（3）范例：

某办公用品零售企业位于康涅狄格州的配送中心承担配送到美国东北部零售店的业务。从历史数据上看，由于在新英格兰地区很难设置整车运输（道路狭窄，道路限时开放及频繁的道路封锁），配送中心会单独向每家零售店直接发货。

优化历史运输模式将许多直接送货的路线转换成多站式停靠的整车运输路线。根据道路限制条件建立起新的卡车运输路线被证实非常有效。这次的整合及运输路线的改变为公司每年节省了超过50万美元的运费。

战略6：配送中心到零售店的运输方式

（1）业务问题：

分销网络必须随着需求量的增加而改善。配送中心只具备有限的容量，而分销运输的能力又受合理交付距离的限制。如果通过在战略地区添加更多的配送中心能让您的网络结构得到优化，降低总的供应链成本，对这个方案进行详细的评估就会是非常有益的。即使其他设施的费用增加，平衡各配送中心的工作量并减少运输距离实际上仍然能替公司节省大量成本。

（2）优化方法：

您的目标是通过确定每个配送中心合适的服务领域以实现最低的供应链成本——哪个配送中心为哪些零售店运输？优化模型能平衡配送中心的容量与运输及卸载费用。它同时还考虑在战略地区增加新的配送中心将会缩短运输路线，并平衡配送中心的容量带来的影响。至于采购整合，配送中心到零售店的优化模型会通过评估和权衡所有的费用来识别出最佳的平衡点，然后确定最佳的供应战略。

这种评估的另一种变形能用来决定何时应用直接配送是合适的（而不是通过配送中心分销）。这个决定可由供应商或SKU来做。

（3）范例：

某全国性零售商用位于休斯敦、波士顿和丹佛的三个主要配送中心，和位于芝加哥、洛杉矶、旧金山、西雅图的外包配送中心来为其网络内的所有零售店服务。然而他们意识到，有些供给线过长得不合理（如位于丹佛的配送中心却向密歇根州供给，而位于休斯敦的配送中心却向俄亥俄州和佛罗里达州北部供给）。通过优化他们的供应链网络，他们发现，在亚特兰大增设一个新的配送中心，并增加芝加哥配送中心的运营能力和采购能力将使他们缩短、合理化运输路线，并平衡配送中心的容量，从而大幅度节省运输成本。通过确定合适的供应链网络配置来向零售店提供供给，公司实现了最低总供应成本。每年净节省了$620万美元。

三、LLamasoft智模软件公司优势

许多零售商都专注于降低产品价格，而目前相对高昂的供应链成本才是他

们最关心的问题。有些公司已经从最小化总供应链成本的角度发现了平衡的方法，并且以此做出决策。对他们而言，通过采用多样化供应链网络设计的举措可以降低供应链成本并提高盈利能力。

LLamasoft 智模软件和其客户的供应链团队通过运用 Supply Chain Guru ®已经实施了所有 7 个战略。许多零售商使用 Supply Chain Guru 找出其采购、配送、运输、库存环节的关键改进之处。

Supply Chain Guru ®软件集成多个运筹学算法、解算器，和数据可视化工具，针对许多最具挑战性的供应链零售商的业务问题提供有价值的决策方案。通过 Supply Chain Guru ®可以提高您的盈利能力，重新配置您的网络，尽可能减少固定费用和可变费用。以渐进的方式让您在不实施结构性变化条件下，找出可以节省的地方以实现速赢。这为管理层更快地向前发展提供了坚实的基础！

智模软件公司用零售业实践得出的最佳解决方案支持 Supply Chain Guru ®软件（针对每个特定供应链而打包的方法和模型）及一支能帮助您改善供应链网络的经验丰富的服务支持团队。您有多个选择 ：自己完成项目或让智模软件公司为您效劳。您可以直接购买 Supply Chain Guru ®软件，智模软件公司将提供专业的培训使您的小组可以将先进的技术带回自己的企业，从而迅速应用到正在进行的项目中。您也可以视智模软件公司为合作伙伴，把供应链网络设计项目外包给智模的专家团队。最后，您还可以实施一个混合模式：让智模软件公司的专家团队为您的第一个项目带去及时的收益，然后在初步成功的基础上将优化模型、技术，及专业技能传授给您的团队。

智模软件公司已开发出一套完整的处理方案来与企业内部进行顺利、无缝的结合，以完成零售优化项目。这种方法通过设置期望与目标，执行谨慎地管理来防止项目变得过于复杂，并规避失败以管理风险。此外，智模软件公司强大的零售个案研究库将为您提供项目模板与项目建议。

[文章作者] Llamasoft 美国智模软件公司.

[文章出处] Llamasoft 智模软件公司（2012）.

[译者简介] 田丽（1980，8），女，北京物资学院外国语言与文化学院讲师，硕士，研究方向：商务英语。E-mail：tianli@ bwu. edu. cn.

供应链人才管理：解决人力资源断档问题

韦美璇 译

（北京物资学院外国语言与文化学院 北京 101149）

概 要

CTL 在 2010 年出版的白皮书上提到的供应链技能缺乏的危机引起了巨大的反响，激发全行业广泛讨论“该行业如何开拓出更加有效的人才渠道”。然而，这个难题的一个至关重要的部分却仍然没有得到重视：人力资源管理者的角色。这些专业人士在招聘、培养和稳定供应链管理从业者（SCM）的公司中战斗在前沿，需要在极其不确定的市场中保持竞争力，不断成长。但是，他们在供应链管理人才的辩论中却没有发言。

之所以缺乏参与的一个原因可能是，人力资源部门通常被视为一个官僚职能部门，往往处在战略决策的边缘。另一个原因可能是，直到最近，供应链管理仍被视为一种低级别的活动，用不着专门的人力资源。这在一些企业中仍然是主流观点。

但是，越来越多的企业正在重新塑造供应链管理的战略角色，而这个行业也随着不断变化的商业环境不断发展。这些变化需要新的技能组合，尤其是在目前绝大多数行业都面临缺乏供应链关键领域合格工作人员的情况下。

满足这些需求——特别是在那些以供应链管理为核心能力的公司里——是人力资源的一个难题。如果经验丰富的供应链从业者要获得他们需要的才能都非常艰难，又怎能指望很少接触到实际问题的人力资源管理者填补人才的不足？

一个明显的答案是，这两个学科应一起合作找到解决方案。但是，首先，供应链领导者需要更多关于目前人力资源的支持角色的信息，他们必须认识到这种支持必须改变成什么水平和类型。作为这个学习过程的第一步，我们向人力资源和人才管理专家咨询，了解他们在三个关键领域中的作用：

- 目前人力资源和供应链管理之间的关系，特别是关于供应链人才管理问题；
- 要增强他们的供应链管理职能并维持一个更有效的人才输送管道，人力资源经理需要知道什么；
- 人力资源如何能够获得必要的供应链和物流领域的专业知识或技能。

本文的主要目标是向您介绍我们的研究结果，鼓励更多的人探讨人力资源部门如何参与更广泛的供应链管理人才辩论。

当前关系

由于供应链管理仅仅是人力资源部门的众多功能之一，因此各功能之间的关联方式没有标准模板。出于研究目的，我们选择与专门致力于供应链管理的人力资源专业人士谈话。这些人在他们的企业里只负责或几乎专门负责与供应链管理团体一起工作。并不是每个企业都需要一个专门从事供应链管理的人力资源人员。在许多企业中，为运营部门提供合格人才填补职位空缺的责任属于总体的员工招聘/保留职能之一。业务部门的领导要负责让人力资源经理明白自己的业务单位在哪些时候需要什么特定的技能。

“这可能取决于供应链对这个企业的重要性。”一家著名时装公司的人力资源副总裁说。在该公司，她直接向负责供应链的高级副总裁报告。“供应链管理越复杂越广泛，有专门人员负责就越重要，因为有这么多重要的运动中的部件，这么多每时每刻都在变化的东西。”她说。

迅速增长的国际业务已经使她公司内部的供应链功能在最近几年里变得更复杂，从而使得他们设置了（供应链）副总裁这个专门角色。

对一个任职于价值数十亿美元的机械制造公司的高级人才管理经理而言，为供应链配备专门的人力资源人员的正当理由是“与公司的愿景紧密相连”。全球性增长是势在必行的，因为该公司已经着手进行了一个雄心勃勃的3～5年的扩展计划。“我们也在着手改造供应链。”她说。作为战略的一部分，公司在供应链管理职能内设置了一个人才管理的位置，负责支持世界范围内的人才招聘和部署。

她承认这种方法不是每家公司都采用："但如果你要成为一个全球性的经营者，你必须专注于供应链——在我看来这就是转变之所在。"

一家主要的工业设备制造商已采取措施，将人力资源和供应链管理部门融合在一起。"功能融合，因为对人力资源团队来说，我的作用是顾问，这样关系更加密切。"这位已经加入人力资源团队，目前致力于专业人才发展的供应链经理解释说。其结果是，这家企业能更好地"将应聘者与供应链企业的实际需求对应起来，"他说。

一位全球微处理器制造公司的资深供应链总经理在被招募来提高内部MBA循环项目后，采取了类似的途径进入了人力资源部门。"我的供应链背景使我转到这项工作中，因为这是一个人力资源的供应链。"他说。在接任领导职务之前，他已经创建了一个特殊的供应链轨道，为该公司供应链专业人士职业道路的发展做出了贡献。

人力资源知识的不足之处

这些专职人员被特别安排来评估为了支持供应链管理，人力资源专业人士需要什么样的技能，还有哪些方面存在知识缺口。以下是他们的一些看法。

何为供应链?

人力资源经理需要进一步了解供应链管理在企业中到底是做什么。即使操作人员也可能无法定义属于供应链管理范围内的所有工作，无法解释供应链管理功能与其他部门的关系。

"根据我的经验，人力资源人员没有多少机会去了解什么是供应链管理。依照他们的经验，他们可能把它理解为与传统的功能，如物流、采购或制造相关的一个时髦术语。"一个专业的开发经理说。

越来越多的学科声称其属于供应链管理的一部分，其中不乏与供应链管理之间联系很微弱的一些学科（见附录中的命名），这使得（供应链的）概念变得更含糊了。再者，作为一个桥接功能，供应链管理与众多的企业活动有关联。

概念含糊不清不仅使人力资源经理们困惑，而且也使评估简历和面试应聘者这样的日常工作变得复杂。不能正确理解供应链管理角色的经理们可能难以提出有关候选人是否适合的查究性问题，无法准确地指出某个特定职位所需要的专门知识或技能的类型。

即使是在制造业拥有丰富经验的资深人力资源从业者可能也不熟悉供应链管理。“大约 6 个月前我开始制订招聘计划，但却一直犹豫不决，无法实施。我问自己为什么，因为我知道如何运行招聘流程。真正的原因是我缺乏供应链管理的最基础的知识。”一个承认缺乏供应链管理基本知识的高级人才经理回忆说。

缺乏详细的供应链管理知识在工作层面上也导致困惑。作为一个在制造业信誉卓著的人力资源经理，她非常熟悉（自己）适合人选规划者的角色。但是，当职位说明书的结构改为以供应链为中心时，她“不理解他们今天正在做的工作有什么不对的地方，需要做什么改变，不知道我们能从中得到什么好处”。

全球维度

当涉及国际性工作时，这些问题被放大了，因为有必要聘请除了必要的供应链管理技能以外，还具有地区性专门知识和技能的专业人士。理解像印度和中国这样的国家的商业环境如何变化，对追求国际化发展的企业来说至关重要。与公司的全球化扩张计划同步是必需的。“如果我不了解我们业绩不断增长的地方在世界的哪一部分，什么地方需要（人力）资源，我就不能制订有效的计划，比如安排工作轮换。”一个人力资源管理总经理说。

另外，所需技能的结构随着任务的类型而变化。例如，一家全球服装制造商刚刚在韩国取得一项业务，这时它所需要的去完成最初过渡的供应链从业者的类型与该业务成熟时所需的专业人士是非常不同的。因此，公司在过渡期选择了派遣在美国和欧洲的现有员工去执行短期任务。这战略比通过咨询顾问提供人才成本效益更高，但它仍然需要一个明确了解何时何地需要何种技能的人力资源团队。

学院困惑

大学校园是供应链人才的一个重要来源——对于人力资源部门而言同样也是一个困惑的根源。美国的大学倾向于开设有特定侧重的供应链课程，如采购、商务、物流和运输。这种偏见大多“来自于这些课程开设的方式”，一位高级人力资源经理评论说。在不同的大学里，这些课程还开设在不同的学院，有的在工程学院，有的在商业管理学院，这使得事情更为混乱。

这种分隔在最近几年中已经变得不那么清晰了，并且有转向更综合的课程的趋势，他认为。然而，“他们仍然有一个专业领域”，人力资源经理在作出聘用决定时应该熟悉这些差异。人力资源经理需要知道他们正在寻找人选以填补的供应链管理职位需要的是通才还是专家，知道他们的企业能为新入职的成员提供什么程度的提升培训。招聘人员可以通过了解什么学院提供这些课程来大致感知该大学提供的供应链教育的特点；比如说，该课程是商业还是工程的管辖范围。此外，供应链管理一般是研究生专业，作为本科生主修科目的情况很少。

需求管理

供应链人力资源经理必须保持供给和需求平衡，这与商品供应链经理们实现这种平衡的方式大致相同。“作为一名人力资源人员，我控制着劳动力。我与管理层一起决定劳动力组成，劳动力多少目前暂时取决于高峰和低谷。”一位人力资源副总裁说。她的团队与供应链密切合作“到了一个劳动力也不多余的地步”。

人才的需求预测向来都不容易，这在供应链领域变得更加复杂，因为供应链专业要随时适应全球化和更具竞争性的环境。人力资源从业者需要采取更好的方法来管理供应链管理技能“存货清单”。他们需要掌握“如何利用灵活的劳动力，计算出这样做的合理方式，而不是凭空制造数字”。一个专业开发经理说。

有趣的是，一些人力资源专业人士正在寻求将“销售和运营计划”——这个由供应链经理开发出来的需求管理过程运用于人才输送渠道。

获得知识

人力资源专业人士如何能够填补他们有关供应链管理知识的缺口，在恰当的位置，恰当的时间，更好地提供高质量的专业知识和技能?

提供适当的培训和教育课程是一个办法。“我相信当代供应链培训绝对会对人力资源专业人士有好处。”一个高级人才管理经理说。

教授有关供应链管理的基本知识是有益的，她说，但特别有价值的是有关供应链和其他学科的联系的知识。作为举例，她讲述了一名人力资源经理的事迹，该经理最近从一个制造工厂出来协助实施公司的供应链管理人才管理计划。虽然他是一个经验丰富的人力资源从业者，但是对“类似采购这样的角色为什么会出现在供应链管理的大标题下”很难理解。

另一位人力资源副总裁完成了供应链管理基础的大学课程，她感觉课程非常有用，特别是从财务的角度评估（供应链）职能的价值。“你确实需要一些训练，尤其是如果你将要致力于供应链人才管理的话，这确实是有意义的。你不一定要获得一个供应链学位，但学习基本课程——只是为了解供应链是什么，做什么，能做出什么贡献——真是非常重要。”

非正式的培训是人力资源专业人士应考虑的方式。“我学习的方式是吸取他人的智慧，坐在会议室里聆听，去工作现场。”副总裁说。举例来说，她参观了一个挑选线以便更好地理解“这一切是如何搭配在一起的”。

用来说明企业内不同供应链功能之间的相互影响的案例研究可以帮助人力资源专业人士理解供应链管理如何与企业相结合。诸如“啤酒游戏”之类的模拟游戏也为人力资源人员发展潜力提供了学习训练。

给人力资源专业人士教授供应链不仅仅只是帮助他们了解供应链的角色。“它也可以提高对他们企业内部现存的冲突的理解能力，并识别与利润最大化不一致的动机。”一位专业开发经理说。

未来的挑战

在未来 5 ~ 10 年时间，那些已经造成的人才需求和供给之间的差距扩大的变化不太可能减弱。全球化是这种差距的主要推动力之一。

例如，服装公司预计未来几年的增长大部分在亚洲，这种趋势正在修整公司的人才管理策略。目前，从欧洲和美国调过来的供应链从业者正在提供公司在亚洲所需的大量专业知识和技能。但是，这种方法在未来数年将变得更加难以维持，因为该公司在美国将需要这些技能。

一个反复出现的问题是人力资源从业者如何确保供应链经理们非常了解应该在全球范围内的什么地方从事经营。对不同地区和国家税法的评估是一个显著的例子；将经营地点设置在节税的地方，可以节省公司数以百万计的美元。

如果供应链团体要建立人才输送渠道以支持国际性增长，那么一个与人力资源挑战相关的更具战略性的观点就是必需的。“我看到自己正在将注意力集中在未来五年人才的更高水平。不再那么集中在工厂，集中在制造业，更具战略意义，更善于分析，而且很可能集中在美国以外。”一个人才管理领导说。她认为该公司将制定一个基于“控制塔或地区办公室”结构的更全面的人力资源基础框架。

人力资源专业人士也需要更多地考虑他们提供给预计会在日益动态的竞争环境中工作的供应链管理人员的培训项目。一位资深人力资源经理认为，“我们正在趋向于更通用的 MBA 供应链人员”，这样的人员拥有广泛的基础教育，但依赖雇主提供更加专门的训练，例如，一个具体类型产品的国际物流。他指出军事训练新兵的方式是一个可能的模式，训练过程中每个人经历一个精心设计的程序，从基本训练开始，随着个人的进步，关注焦点越来越精确。“我们需要用同一种思维构建供应链培训——你需要的基本技能，然后是专业的提升项目。”他说。

总之，人力资源经理需要成为供应链人才管理解决方案的一部分。只是为他们提供具体职位的工作规范无法解决长期危害供应链完整性的人员配备问题。毫无疑问的，一个更有效的途径是教授人力资源人员有关供应链管理的知识，并促进两个功能部门之间更紧密的结合。

供应商要求

第三方供应商在供应链整体中是关键成员。虽然他们所面临的人才管理的许多方面具有代表性，但与托运人相比，仍然有一些重要的差别。我们邀请一家主要的第三方物流服务公司的供应链解决方案业务部的人力资源副总裁介绍他所面临的一些挑战。

他的公司招募拥有供应链智慧的人才来为顾客提供第三方解决方案。人力资源团体还协调开发和协助进行一些面向供应链管理专家的特定功能培训和领导才能培训。

作为人力资源专业人士，他需要什么（知识或技能）来履行这些责任呢？一个要求是具备供应链管理的基础知识。然而，由于他的部门还招聘销售人员，招聘人员应该能够识别出应聘者对供应链管理基本要素的掌握，清楚地说出公司产品所提供的价值，副总裁解释说。

“我不认为人力资源专业人士需要更多的有关供应链专业的培训和知识。”

他说，尤其是在有招聘、绩效管理和培训交付作为辅助的情况下。他认为，供应链管理领域正在演化为“一个业务部门内的一项关键职能，因此，人力资源专业人士必须随时更新能力，满足供应链管理领域的需要”。

附　录

供应链管理功能已经在地理层面上和企业组织结构上扩大了范围，因此为供应链管理职位招聘和培养人才已经变得越来越复杂了。这个职能不断扩展的明显迹象就是供应链管理职位头衔的增加。这些职位头衔成百上千，从初级到高级的管理职位都有，涵盖许多相关学科。随着该领域的不断发展，无疑会出现更多的变化。下面是一些供应链管理职位头衔，可以反映这种多样性：

首席采购官
首席供应链总监
公司全球运营副总裁
企业供应链管理能力领导者
客户、物流和规划
客户服务及材料规划师
客户解决方案经理
业务连续性规划总监
合同制造总监
分配总监
实施工程总监
全球分销及仓储总监
全球供应链总监
全球供应链和采购管理总监
物流总监
采购流程再造总监
共享物流及供应链服务总监
运输主任
预报经理—分布
供应链发展总经理
全球总监—物流规划
全球总监—供应网络运营
全球供应链战略经理
集团经理，客户物流
集团副总裁，客户、物流及新业务
分销及客户服务主管
全球采购和供方主管
全球产品供应主管
卓越运营集团主管
联运经理
国际货运经理
物流策略分析师
物流战略规划经理
快递物流经理
卓越运营经理
战略与采购经理
供应链分析及分布工程经理
供应链工程经理
供应链整合经理
运营经理

业绩度量领导
规划人员
分配计划及工程项目经理
销售和运输合同管理者
高级需求经理
物流高级主管
供应链发展高级总监；
物料管理高级经理
采购及海关高级经理
供应链安全高级经理
高级运输分析师
物流及仓储高级副总裁
运营与质量高级副总裁
全球供应链战略采购经理
供应链管理经理
供应链计划优秀主管
分销及物流高级副总裁
营运高级副总裁
第三方物流经理
价值链成本竞争力经理
高级采购副总裁
实施运营副总裁
全球物流副总裁
全球供应链副总裁，
全球供应链管理工作副总裁
库存管理和供应链计划副总裁
物流工程和计划副总裁
销售规划副总裁
供应链与物流副总裁
供应链业务解决方案副总裁
供应链管理副总裁
供应链管理和首席采购副总裁
北美地区供应链副总裁
供应链运营和规划副总裁
供应链战略副总裁
供应链转型规划副总裁
仓库经理

关于我们

关于麻省理工学院运输与物流中心：

麻省理工学院运输与物流中心在过去三十多年里一直是世界供应链管理研究和教育的引领者。通过将尖端研究与行业关系相结合，中心的企业延伸服务计划将创新研究转换为赢得市场的商业应用。在教育方面，麻省理工学院在物流和供应链管理的商业课程中一直稳居首位。

［文章作者］Ken Cottrill，Global Communications Consultant Mit Ctl（麻省理工学院运输及物流中心——全球沟通顾问）；James Brice，JR，Deputy Director

Mit Ctl（麻省理工学院运输及物流中心——副主任）

［文章出处］Mit Ctl White Paper, Winter 2012（麻省理工学院运输及物流中心白皮书 2012 年冬季）

［译者简介］韦美璇（1972，11），女，北京物资学院外国语言与文化学院讲师，硕士，研究方向：大学英语教学，双语教育。E-mail：melissawmx@sina. com.

提高仓储效率*

张 玲 译

（北京物资学院外国语言与文化学院 北京 101149）

摘 要

降低成本对仓储公司而言是一个亟待解决的重点，公司的管理者们一直关注着如何降低成本以实现最大的效益和更好的业绩。寻求同第三方物流公司的合作，利用其专业化的服务进行公司程序和系统的改革不失为一个快速有效的解决办法，该文章介绍了优质第三方物流服务公司——传世物流（Legacy）以及其如何为客户公司提供特定的供应链降低成本方案。[1]

一、仓储业绩

仓储业绩不佳的情况时有发生，这往往归咎于货物短量，客户服务不到位，成本过高或生产力低下等原因。这种情况通常是由于管理者不思进取，墨守成规造成的。例如，在有些地方，尽管仓储的要求和条件已经发生了翻天覆地的变化，可是，仓储运作却从未适时而变。

或许仓储运作并非贵公司的核心业务，但是它肯定是保障并及时满足消费者需求的关键环节。通常情况下，使仓储管理达到低成本的最优状态是很困难的，甚至稍加改进都耗时耗力。

很多公司在人力和技术上的短缺使他们很难进行可持续的仓储运作改善计

* 本文系 2012 年北京物资学院青年科研基金项目《物流英语翻译研究》的阶段性成果。

[1] 摘要为译者加。

划。在现有的配送设施基础上进行改革很难，例如优化配送环节，提高配送效率，寻找适用的政策、程序和技术等。

这样的提高效率的方式往往意味着巨额的资本投入，那么公司，尤其是中小型公司，将很难投入如此巨大的费用来真正改善他们的运作。

以往，提高效率的计划多着眼于某一仓储环节的改善。现在，着眼全局的效率改善计划已经启动，这个计划更加节省成本，并且能够在半年到一年内迅速见效。

接下来您将看到的就是传世物流公司的仓储运作分析和效率改善策略。

二、三步走的提高仓储效率方案

为了在您现有的仓储设施上实现更佳的运作效率，您需要遵循一个严格的指定程序。传世公司开发出了一个高度结构化的解决方案，该方案的快速测评体系可以测评现有的人力、程序和系统能力。

快速测评体系将对现有仓储运作的各个方面（业绩、生产效率、服务，质量和系统）加以测评，以确定其潜在的改善空间。这将快速确定您公司的发展前景和机会。该体系能够为您的公司带来巨大益处，增加价值，节约成本，提高效率。

该策略包括相互协作的三个部分：

（1）制订公司发展规划以提高员工素质和生产效率；

（2）确定最佳操作程序和系统运行计划以提高准确度并减少浪费；

（3）拟定关键操作指标以检测和改善效果和效率。

该策略旨在提高仓储业绩和效率，同时在半年到一年内实现可持续的投资收益率（ROI），效率增加额在第一年为 10% ~30% 之间，以后每年递增 3% ~5% 。

三、人员培训

建立适当的企业文化对仓库节约能力有很大的影响。人力成本占到仓储成本的三分之二，是节约仓储成本中最重要的环节，也是最容易被忽略的环节。

改善公司的文化比改善公司运作程序要难得多，比实施一个控制工作规划的系统要复杂得多。它需要测评和改善员工行为，培养新的工作方式，实施改善行为的刺激计划，同时改进公司各个管理层的交流。

测评将在公司各个层次进行，整个公司需要建立一个以工作绩效为基础的测评体系。这样的测评体系能够激励员工积极高效地解决问题。测评的结果不但能提高工作效率，还能从一定程度上降低员工的流失率。这一体系将快速见效并有可持续性。

该测评系统能够在公司各个管理层进行常规测评，除此之外，该体系还能够确定预期效果、工作模式，明确责任和测评标准。该系统急需建立一种常规性的小组会议体系以保证随时深入探讨工作中的问题，规划工作业绩，同时明确责任义务。

该体系之所以能够奏效，取决于如新技术培训，管理才能开发，内部培训监督等的关键环节。员工激励计划必须要和公司的核心任务相连。确定合理的行为模式。按照关键绩效指标（KPI）进行测评和奖励，将绩效顺利转化为利润。

以工作绩效为基础的测评体系为仓储运作营造了注重效率的氛围。员工们工作起来积极主动，并且很享受工作过程。经理们也会发现积极的员工更便于管理，更有效率，同时更有改善公司运作的主动性。研究表明在员工管理方面加大投入并信任他们的创造力是改善仓储服务、减少成本的有效途径。

四、程序和体系的改进

改进程序比空谈公司发展更加客观具体。新程序的使用可以使工作模式更加优化。运用新的仓储系统能够加强控制和提高效率，从而更好地管理整个进程。

程序改进方案针对不同的操作阶段提供不同的解决办法。例如，逐件分拣的操作和逐箱分拣的操作就非常不同。同样，对某一部分的操作和针对全局的操作也很不一样。

该改进方案必须持续进行才能可持续地节约成本。改进操作的初期行动非常关键，需要及时测评，最先显效的部分要特别关注，例如，那些投入少周期短却能够最大限度增加生产效率和节约成本的部分。通常需要最先改进的环节包括：削减可能出现浪费的活动，减少运输距离和时间，减少不必要的纵线运作，以及将高速流通的产品单独放置等。

接下来需投入资本的改革项目分别是：货架的最佳摆放，材料装卸设备以及分拣系统的改进。一旦以业绩为基础的文化贯彻到整个运作中，那么，能够最大限度提高生产效率的系统改进计划就可以顺利执行。

五、检测标准

可持续的改进需要你提前确定主要检测标准，这些标准关系成败。标准确定下来之后需要按照这些检测标准规范整个改革过程。这些检测标准代表了改革的最佳效果，随时检测改革进程才能有效地保证改革的效果。

在快速检测阶段，每个部分都应该建立一套由多个关键业绩指标组成的检测体系来确保改革的最佳效果。这些指标包括：客户满意度，预算分拨情况、生产效率、成本增减、服务质量、损坏产品数量、准确度、程序改进状况以及安全系数等。

大多数情况下，一个独立的检测指标之所以被使用是因为它能够反映一个项目的成败，例如成本（每个产品系列）或者生产效率（每单位时间）等测评效率的指标。

改革成败的关键在于能否保持可持续性，加强员工的培训，持续改善仓储程序和系统，同时持续测评关键数据以确保改革成功。

六、以快速测评为起点的改革

如果您既没有相关经验又缺乏改革工具和相关资源，那么最好的办法就是求助专业公司帮您操作。业务的外包可以让您腾出手来专注于您的核心业务。同时帮助您实现现有设施的杠杆效应，迅速帮您建立起更有效的运作系统。

我们可以帮助您培训员工，改善工作流程和系统运作。而您在降低成本的同时还能确保对整个流程的监管和控制，这些监督通过在展板上公布的检测数据来实现。我们的测评体系会预先确定可能出现的问题，提出解决办法以降低成本。我们的创新点在于我们专注公司的整体发展，同时强调企业文化的作用，这让我们在行业中具有较大的竞争优势。

我们的技术优势和供应链管理经验以及丰富的程序改进的专业知识能够为您公司带来程序的快速改进和可持续性的运作优势。我们能够集中管理整个改革进程，同时确保程序运作的不断改进。

我们的服务绝不仅仅是在日常操作中节约成本，我们不同于传统的外包服务供应商，我们不会简单地减少浪费甚至解雇员工，我们还提供许多其他的服务。我们的目标是为您削减成本以获得更大的竞争优势，从而使您能更专注于更能创造价值的核心业务。

我们有能力将我们的服务快速融入您的公司运作，也绝不会中断您的业务，更不会影响您公司的客户服务。我们非常乐意提供我公司之前操作的成功案例以供参考。

使用我公司的服务，您将享受到专业的管理团队快速实施您的解决方案，以最大限度提高贵公司的工作效率。我们的企业文化和规模使我们能够为您提供高规格的特殊服务，或者说最理想的、质量最高的服务。

七、传世物流服务公司简介

在过去的35年中，传世物流公司作为一家领先的整合供应链服务供应商致力于全球供应链更高效的运作。公司业务涵盖配送和仓储管理、国内运输运筹、全球多式货运、通关代理、供应链技术和零售业务。该公司运用独特的创新模式改善供应链运作，多式运输经验丰富，同时触角遍及全球，具有独特的企业文化，致力于提供低成本、高质量的供应链优化服务方案。该公司将普通员工纳入决策体系的模式塑造了注重业绩、注重成果的企业文化。

［文章作者］Thomas M. Rouen, Jr, author of Fighting Against Excess is the President and COO of LEGACY Supply Chain Services（托马斯．罗恩，英国，传世物流服务公司总裁兼首席运营官）.

［文章出处］www. LEGACYscs. com.

［译者简介］张玲（1980.7），女，北京物资学院外国语言与文化学院讲师，硕士，研究方向：商务英语教学。E-mail：zhangling@ bwu. edu. cn.

把仓库效率提升到新水平

张　娜　译

（北京物资学院外国语言与文化学院　北京　101149）

过去几十年来，利用技术来驱动仓库和配送中心（DC）的自动化一直是不变的主题。由于对更高效的物资搬运和整个供应链解决方案（如条码数据采集、RFID、移动电脑）的需求，无线网络与仓储管理软件共同作用来保障更加无缝的仓库操作。

当今的仓库效率测量

尽管仓储曾被预测在不同情境下结束——很大程度上作为实时管理（JIT）、直接配送（DSD）和快速响应的结果，但事实是仓库在今天的供应链中继续发挥着举足轻重的作用。然而，面临的问题是，仓库正在从荣耀的仓储中心发展成为技术先进的仓库及配送服务商的一个新品种。

仓库和配送中心对供应链运行效率的影响是相当大的，其中的关键是巩固给客户的货物运输，降低运输成本以及提供范围广泛的增值服务，如包装、标记、分类和逆向物流。对仓库和配送中心来说，最终的目标是对企业的优化策略产生影响，并影响产品的定位、选址与配送，这是一个关键的竞争优势。考虑到这些策略是一系列复杂的变量，例如，对运输与劳工资本设备间成本权衡的优化，更不用说对被存储和配送的产品类型的影响。

最终，仓库和配送中心的主要作用是在正确的时间以有竞争力的成本提供给正确的客户正确的产品。考虑到仓库运营的性质，众多方式都能测量仓储的性能。然而，在我们的经验中最为关键的包括以下几方面。

- 完美的指令：择选精度的复合测量、及时交货率、航运无损伤、订单输入精度；

- 填充率：行运与订购；
- 船运承诺：填补的及时性；
- 顾客保留：进行降低客户流失的活动；
- 仓库容量利用：存储及搬运能力的有效利用。

虽然企业愈加倾向于测量和跟踪仓库和配送中心的主要效能指标，但很多企业却不能在一致的基础上衡量这些变量。除了 10 个企业中有 8 个跟踪及时运输与定购填充精度这一指标外，许多企业都不主动跟踪其他关键指标。令这一点尤为重要的是，在仓库和配送中心操作效能方面，领先者和落后者之间的差距表明了需要改进的重大机会。最严重的效能差距表现在这些方面，如丧失销售（SKU 缺货百分比）、码头库存周期时间、延期交货及劳动力流动。

从根本上说，数据和信息是任何仓库操作成功的关键要素。获取及时信息不仅有利于对长期的需求量做出决定，而且还可以对劳工及空间的需求及时做出决定，以满足季节性的需求。信息技术的使用——从移动和无线数据采集系统到仓库管理解决方案的使用（WMS）——既是开发准确合理的信息的关键，又是优化仓库效能的关键任务。

仓库自动化技术：入门

仓库自动化解决方案已经在过去的 20 年发生了很大变化，物流发展了高度个性化的软件解决方案，通过使用条码扫描技术和无线基础设施管理物资和劳动力。随着 20 年的快速发展，仓库管理软件已经演变成了由最好的支持软件、ERP 厂商等组成的 10 亿美元的市场。此外，2011 年花在手持设备和叉车安装电脑上的钱（这在今天的任何仓库都很普遍）超过了 9 亿美元，而在自动识别解决方案和无线基础设施上的投资又额外花费了几亿美元。VDC 粗略估计，今后五年中在仓库/配送中心方面移动计算系统的收入增长平均为 7% ~9% 。

支持仓库自动化系统的主要解决方案涵盖数据采集技术和无线网络系统，及主要的仓库管理系统应用软件和数据库。影响每个解决方案的一些主要趋势有如下几个方面。

移动电脑

• 今天在大多数仓库中，工人正在使用某种类型的移动计算机。这些设备通常是手持或可安装在叉车上的。

• 移动电脑的设计要能够承受严酷的仓库操作环境。移动电脑要具备坚固的承受能力，如液滴的规格，灰尘和水进入保护（IP）。对安装在叉车上的电脑来说，承受振动的能力也是至关重要的。特殊的仓库环境，如冷库，可能需要能承受低至零下 5 华氏度极端温度的特殊设备，以及内部加热元件来应对冰霜和冷凝。

• 除了支持各种自动数据采集的系统，许多移动电脑有键盘来输入数据。然而，为了减少低效率的击键，仓库使用了更多的接触中心接口。反过来，这驱动了对显示器的更大的需求，尤其是在这些环境中戴着手套来操作键盘成了一个关键的需求。

移动软件

• 移动设备管理（MDM）软件支持移动设备的集中和远程管理，包括软件配置、远程故障诊断等，这成为一个不断增长的为各种规模的移动仓储进行部署的需求。根据 VDC 的研究，这种软件每个用户每年减少的支持成本高达 200 美元。

• 使用于仓库环境的是坚固耐用的设备，如 Windows Embedded CE 与嵌入式手持系统。下一代更友好的用户/消费者的移动操作系统不可能很快影响保守的仓库市场。

自动识别与数据采集

• 自动数据采集技术不仅对确保物资搬运的效率极为重要，而且对保持库存的精确度也十分关键。大量的数据采集技术，从传统的条码扫描器到声音采集系统和无线射频识别技术（RFID），都在起着重要作用。

• 条码扫描是今天仓库使用最普遍的自动识别技术。仓库的一个独特的需求是远距离扫描（使用反光标签扫描距离远至 45 英尺）。由于二维条码变得更加普遍，区域成像技术也可以支持长距离译码，传统的激光扫描仪、条码成像也开始进入仓库。

• 无线射频识别技术（RFID）被越来越多地应用到仓库中。这种技术可用于许多常见的仓库和配送中心库存管理业务，包括接收、上架、择捡和运输程序。无线射频识别技术（RFID）具有投资潜能的高回报，它的应用以其读取优势克服了以前的限制，使新的业务流程成为可能。

- 可携戴计算机日益应用于大容积仓库中。使用语音识别和语音合成的语音科技使工人与库管理系统（WMS）的交流成为可能。这个系统包括一个无线可携戴计算机，一副耳机和麦克风来接收语音指令，并口头确认返回系统的行动。最常见的应用是订单拣选，这为提高精度和生产效率提供了一种快速回报。其他应用包括货物接收、托盘收起和放下以及盘点。

印刷和标签系统

- 标签打印机在仓库中广泛应用，可生产各种运输标签、托盘标签和箱子标签等。大多数打印机是固定的，位于包装线的末端或是由行式打印机直接代码。

- 提高生产率的方法之一是能够在活动进行中打印和粘贴标签，如在移动箱子、运输托盘、接受订单或是接受库存时标记货架。因此许多仓库都在使用移动打印机。

无线基础设施

- 任何仓库自动化系统的关键是有强大的无线通信基础设施。根据仓库的布局、规模以及仓库内外的覆盖需求，可以采用多种无线系统。

- 最常见的无线系统是标准的 WiFi 802.11 网络。然而，仓库里有高高的天花板和钢货架，无线干扰是糟糕的网络设计的一个主要挑战。在无线网络设计中，使用备份的及网状的网络，是避免覆盖和干扰问题的关键。

- 在特殊环境中，如大码头和港口设施，使用私人授权的无线网络。这些系统除了提供技术保障，还可以用来在如此大的区域克服 WiFi 覆盖的挑战。

企业软件平台：ERP，WMS 和 TMS

- 企业软件平台，如 ERP，WMS 和 TMS，代表任何供应链和仓库管理的重要中枢。每个平台有各自的目的；然而，很多功能开始重合。

- 以其最简单的形式，仓储管理系统（WMS）可以在生产过程中追踪产品以及在现有的 ERP、WMS 系统间充当翻译和信息缓冲区的作用。今天仓库管理不仅仅是在一个仓库的范围内进行管理；它更加广泛，超越了其物理边界。库存管理、存货管理、成本管理、IT 应用和通信技术都与仓库管理有关。

- 受更大、更复杂的操作需要进行最佳管理的驱动，仓库管理系统正在变得更加智能。其中的一个方面体现在仓库管理系统（WMS）与其他平台如运输管理系统的集成。

- 运输管理系统（TMS）通常是位于企业资源计划（ERP）或传统的订单处理和仓库/配送模块之间。一个典型的场景包括入境（采购）和出站（船运）的订单由运输管理系统（TMS）规划模块进行评估，为用户提供各种运输路线的建议。链接回到企业资源计划（ERP）（订单变成最优货运后），有时又回到仓库管理系统（WMS），与企业资源计划（ERP）整合，这也是常见的。
- 除了运输管理系统（TMS）的集成，具有仓库管理系统（WMS）的劳工管理一体化标志着另一个重要的发展，这有助于仓库管理系统（WMS）做出更好的决策。这方面的证据是，复杂的 WMS 系统能够调度命令到特定的仓库区，以更好地跨越拣货区平衡工作。

虽然仓库技术日趋完善并不断变化，高效的仓库管理可以提供显著的运营优势及竞争优势。在过去，这对仓库自动化来说是一个“一刀切”的解决方案。今天，数据采集的各种先进方式提供了不同的解决方案。它不是简单地提高效率的数据采集技术，而是多种自动化平台的拓展，通过使用恰当的技术来增强这些益处。

多模块系统的应用对仓库操作的影响

仓库的功能目前正在进行改变。其中一个最重要的发展是仓库已从一个单纯的成本中心转变为一个潜在的价值创造的场所。有超前思维的企业不仅在考虑如何修改和优化仓库内的工作流程和过程，而且考虑这种功能如何在企业内整合。最重要的是认识到接收、储存、配送产品的质量直接对生产、营销及销售量产生影响。在今天日益自动化的仓库环境中，这些工作流程正顺利地、不间断地运行。

近来最重要的一个趋势是仓库和配送中心中多个应用程序（多模块系统）、各种数据收集、无线及自动技术的应用，使得更高的运行效率成为可能。更有甚者，我们观察到先进的企业以独特的仓库工作流程从自动化技术（如语音技术、RFID、二维成像和/或传统的线性条码扫描）中获得了增益值。换句话说，具有特定的数据采集和自动化技术的工作流程（从船运和接收，分期配套和交叉对接）是紧密排列或优化的。运行效益的实现创造了仓库效率和整体效能的新水平。

仓库和配送中心操作中一些效率最为低下的行为，是错误的使用技术来解决特定的工作流程的结果。例如，在暴露于阳光的环境中使用激光扫描仪，或在进行大批量择捡的应用程序中使用扫描枪，或使用线性条形码来识别可回收资产，这些都是现实生活中的场景，是使用的技术与特定的工作流程不相符合的例子。考虑如下的现实生活中仓库应用的场景及技术解决方案：

应用场景和问题	主要解决方案
有限空间内使用条码进行远程扫描的需求	• 最初的解决方案是采用无需长距离读取的小型/密集的一维条码仓库货架。这需要叉车操作员离开叉车进行扫描，效能较差 • 最终的解决方案是使用高效的二维条码和二维长距离成像技术，这使拣货效率有实质性的改进
在阳光直接照射的院子里对户外库存进行条码扫描	• 最初的解决方案是将仓库内使用的长距离激光扫描仪进行户外应用。然而，在明亮的阳光下激光扫描仪效率低下，导致解码速度令人难以接受 • 最终的解决方案是使用远程成像。经验证明，在阳光直射的环境下这种方法不会降低效率
汽车配件经销商仓库中择选的性能和精度	• 最初的解决方案是使用手持式条码扫描器收集必要的择选信息。问题是，择选操作者需要使用双手，使用扫描枪会干扰择选效率 • 最终的解决方案是使用可携戴的语音技术系统，利用语音识别和语音合成，方便操作者与仓库管理系统（WMS）沟通。择选的性能可提高40%，而精度可提高21%
利用可重复使用的资产（如托盘和鼓）及资产管理绩效的问题	• 领先的零售商拥有超过500万件可重复使用的资产（托盘，鼓，容器等），他们使用线性条码来识别和跟踪回收这些的箱子。使用静态条码追踪这些资产，并将他们与特定的客户货物合并进行运输有着严重的局限性 • 最终的解决方案是将无线射频识别技术（RFID）运用于可重复使用的资产，并以独特的客户标识符编码。这可以使零售商跟踪它们的行踪，与特定的客户货物合并进行运输。由此，可搭建一个准确的信息平台，回收更多的资产，并对它们进行有效地管理

依靠多模块的方式，仓库自动化技术的应用与联合对运营效能正在产生实质的影响。事实上，我们正在目睹的最重要的业务改进是在仓库，即将一个多模块的方法引入仓库解决方案中。表现这些益处最重要的指标是指令性能的完

美改进。这个指标是一个复合的计算，可以测量择选精度、准时交货率、航运无损伤、订单输入精度。平均而言，当企业以合适的技术优化自己的仓库和配送中心的工作流程时，这种指标的改进程度约为39%。上述情形的复合影响是巨大的。除了完美的指令，其他主要指标（如库存准确度、客户的忠诚度与客户保留）的改进也是非常重要的。这些益处不仅可以降低运营成本，而且可以使企业更加有效地竞争。

拥有大量成熟的自动识别技术，仓库人员能够更有效、更准确地从事他们的业务，这不仅能节约大量的成本，而且有助于极大地提升企业的竞争力。仓库运营商的部分机会，是把仓库和配送中心当做工作流程的合并，并且为每一流程采用最适当的技术：从语音技术应用于快速择捡，到无线射频识别技术（RFID）应用于资产管理与跟踪，再到二维条码在信息中的应用。随着供应链不断延伸至全球导致成本增加，仓库和配送中心自动化解决方案的广泛应用对实现效率和绩效目标以及创造一个更加智能的技术环境将是至关重要的。

［文章作者］Intermec Inc.

［文章出处］www. supplychainservices. com.

［译者简介］张娜（1977, 4），女，北京物资学院外国语言与文化学院讲师，硕士，研究方向：英语语言学，英语教学。E-mail：zhangna@ bwu. edu. cn.

如何使仓储管理系统的作用最大化

董时雨　译

（北京物资学院外国语言与文化学院　北京　101149）

摘　要

仓库管理系统（WMS）有着复杂的规则和逻辑，实时的无缝整合使之与商业应用、简单的操作界面自动化设备和移动通信技术相吻合。仓库管理系统在技术上的各个方面都存在着巨大优势，但却在实际工作中不能得到很好地应用，问题在哪里？关注库管理系统的功能和能力，很多已经证实可以获利和节约，使仓库管理系统得到最大化的收益，发挥仓库管理系统还没有最大潜能。

早期的仓库管理系统瓶颈出现在基础环节——跟踪环节，仓库进来了什么货物，运出了什么货物都要靠工人手动查询。从那之后，技术进一步成熟，将原有的接受、挑选和运输等核心功能扩大用以支持和执行仓库和分销中心可能出现的每个任务。

仓库管理系统

随着仓库管理系统有着复杂的规则和逻辑，实时的无缝整合使之与商业应用、简单的操作界面自动化设备和移动通信技术相吻合而产生。但是，虽然仓库管理系统有着很多技术上的优势，但是大家仍然不愿意使用。“市场流传的规则建议使用者使用的系统不要超过同时期仓库管理系统功能的60% ~ 65%。”供应链和圣－昂奇（St. Onge）公司物流总监约翰希尔说。

加思（Garther）公司研发和顾问副总裁德怀特·克莱匹什（Dwight Klappich）说，仓库管理系统的名称应该做出改变也许更合适。“我们叫它仓库“管理”系统，实际上我们应该把它称作仓库“执行”系统，因为它实际上反映了公司用它来做什么的——执行具体的仓储任务。”

在接下来的文章中我们将进一步关注仓库管理系统的功能和能力，很多已经证实可以获利和节约，使你的仓库管理系统得到最大化的收益，所以你如果觉得你的仓库管理系统还没有发挥最大潜能，那就赶紧准备好做笔记吧。

在没有进行交叉任务讨论之前，任何关于最大化仓库管理系统部署的讨论都是不完整的。众所周知，作为双循环，交叉任务包括可以使系统指导工人选择最优任务，最优任务的运行依靠正在使用的运行路径和具体的搬运设备。

虽然这是仓库管理系统中典型的标准，但是这种功能在很多分销中心还没有得到广泛应用。使用者在培训和使用仓库管理系统中额外标准时需要注意，特别是被培训用来做此工作的工人。

如果操作得当，系统可以通过避免空置运输提高工人运输效率的20%。例如，一个工人需要挪走A21号位的货板。他不需要空置调头回码头，仓库管理系统的交叉任务功能会指导工人补充货板给A23号位。仲量联行（Jones Lang LaSalle）房地产公司的物流方案及供应链高级副总裁鲍勃·西尔弗曼（Bob Silverman）建议到，诚然任务交叉功能实际效率很高，但是功能的运行需要保证同时多方向的运输活动。如果计划和控制不得当将会导致运输拥挤，效率降低。

劳动力管理系统（LMS）整合

通过与仓库管理系统建立联系，劳动力管理系统可以跟踪和监视每个工人在分销中心的工作情况。

他是怎样工作的呢？仓库管理系统会跟踪每个工人的一些重要数据，例如，单位选择数量和订单完成数量以及选择一个订单的用时。劳动力管理系统会提取这些数据用来与已经建立的劳动标准数据库中的数据进行比较，来判断工人的工作。

在此工作标准之上的表现可以得到奖励，反之较差的表现会被评估是否存在提高生产力的障碍因素。“系统提供了对工人工作表现的衡量标准和奖励，”西尔弗曼说，“因此你会提高劳动生产率。”

此外，通过仓库管理系统对未来工作量的预见功能，你还可以精确地估算出所需要的工人数量，通过这个解决方案你还可以获得更准确的预算。

但是克莱匹什提示劳动力管理系统只占市场的20% ~25%。很多感到难以完成因为劳动标准起初需要在粒度化级别得以发展。他推测，更多的管理者在压力之下将提高生仓库产效率，劳动力管理系统将得到更多的使用。

ARC咨询公司供应链管理部客服总监史蒂夫·班克（Steve Banker）报道说，劳动力管理系统特别是依赖于设计劳动标准的，实际上处在很不错的收益期。“鉴于仓库管理系统的收益期大概在两年左右，到达了供应链应用的平均标准，不过对于劳动力管理系统，收益期通常在一年以内。”班克补充道，劳动力管理系统的收益率在不断提高，即便是一些小仓库，一些成本较低的方案也是同样情况。

运输管理系统（TMS）的整合

仓库和运输管理的关系变得越来越密切，鉴于此种趋势，大量增长的仓库管理系统供货商或者增加系统的运输能力，或者为目标增加无缝物流能见度的兼容性。

但是为什么使用者不采用这种先进的整合？对一些货主来说是规模问题。克莱匹什说：“如果我有10个船位和5个码头，我就不需要这个系统，”“但是如果我有200个停靠点25个码头每天有大量的拖车进出，那么码头工作表和场地管理模块也许就很必要了。”

许多货主采用了这种先进的整合方式，在从挑选到拖车装载的过程中分流出站产品。已经印好的船务文件和挑选好的标签随着完成的订单被挑选就立刻按照承运人的车道发送。

西尔弗曼说：“通过互相的联系仓库管理系统和运输管理系统可以在货物到达前做出决策，承运人和客户有权在装载货物挑选和运输前事先查阅相关信息。”

装　　箱

如果挑选不同数量、尺寸和重量的货物订单，你需要知道合适的装箱规格。很多在仓库管理系统中的装箱模块还没有被用到。适合的装箱取决于已选订单货物的尺寸重量。根据圣－昂奇公司的希尔（Hill）说，不是每个货主都需要装箱，但是他们总是忽略了装箱的可能性。“我不认为货主忽略了装箱，他们也许认为无论什么原因装箱都太过复杂。我见过的装箱运行的好处是难以置信的。”

装箱开始于你要为订单货物选择一个尺寸合适的箱子，最小化空运数量可以降低运输成本。适当的箱子还可以降低所需要填充物的成本，减少运输中的损坏。Hill 建议，弄清之前运输过的货物的尺寸和重量用以决定之后货物的尺寸和总重量，这样所有的箱子尺寸比较容易掌握。“如果出现 50 或者 60 种尺寸的箱子，那么这种模块的意义就不大了。”希尔补充道，“但是大多数货主都使用 8～12 种不同尺寸的箱子。”当连续的订单出现，工人就会收到信息为下一批订单准备适当的箱子。每次出现订单，系统会自动选取合适尺寸的箱子节省人工挑选的时间。“这是众多不被人们使用的仓库管理系统功能中的一种，但却会对市场有着巨大贡献。”

性能事件管理系统

性能事件管理可以把仓库管理系统收集来的各种数据转换用于实时商业智能中，运用于短期和长期的决策。

现实的情况是，虽然大多是系统可以提供的性能事件管理或者分析，但是使用者通常不会花费大量的时间看所有的选项来决定哪个是最合适的。例如，一个仓库管理员会关心今天他可能完不成哪个订单。“今天的仓库管理系统设置以后会通过控制面板通知仓库管理人员所有需要处理的订单。”克莱匹什说。仓库管理系统甚至还为管理者的移动设备提供了多种应用软件——提示板、智能手机、手提电脑，所以潜在的 20 个订单要来不及时，管理者会被提醒。

“管理者可以选择提醒然后查看出现的问题，而过去管理者会有一张非常密集的表格来用作提示。”

库　　位

库位决定了如何最优的管理存货，而这取决于产品周转速度。出货比较快的货物放在离码头近的、易于获取的地方，而那些不常卖的货物则放置在仓库后边的高架上。可惜的是，事情往往不是那么简单。把所有出货快的货物放在通道会导致堵塞，倒不如把总是一起卖的货物放在一起更有意义。因为此种操作的复杂性和大量的数据需要通过库位优化软件来完成，使用者通常购买库位优化模块作为仓库管理系统中的一部分，但是却没有使用。根据希尔的说法，当库位优化软件使用得当，一个好的优化方案将会减少拾取路径，增加拾取速率，提高生产力。储存空间的合理利用同样也可以降低货物拾取中的损坏，提高操作安全性。“如果可以保持相对静态存货不产生周期性变化，并且可以做好对未来的预判和计划，市场不会产生剧烈变化，那么库位优化也许就不那么重要了。”希尔说道，“而如果不是这样的话，那么最好一年之内检查1 到2 次你的快速移动货物是否放在离仓库出口最近的地方。”如果忽略你的仓库或者分销中心的设备的尺寸和复杂性，希尔建议每次在仓库管理系统设置和升级之后，都要做到完成后的审计。“使用者应该明确自己的需求，”希尔说，“审计应该针对这些需求来比较仓库管理系统的功能，只有这样才能做到真正的最大化仓库管理系统功能。”

［文章作者］Maida Napolitano.

［文章出处］www. ryderscs. com.

［译者简介］董时雨（1983，11），男，北京物资学院外国语言与文化学院助教，硕士，研究方向：英语语言文学翻译方向。E-mail：dongshiyu@ bwu. edu. cn.

降低成本　减少浪费*

张　玲　译

（北京物资学院外国语言与文化学院　北京　101149）

摘　要

高效的物流管理对多数公司而言都是一个严峻的挑战，如何降低成本实现最大的效益和更好的业绩困扰着公司的经营者们。寻求同第三方物流公司的合作，利用其专业化、体系化的服务解决自身的物流业务困扰，无疑是最有效的解决办法，该文章为您介绍了优质第三方物流服务公司——传世物流（Legacy）以及其如何为客户公司提供订制的供应链解决方案。

引　言

为了保证供应链完美运转，物流管理者们面临着网络驱动和客户要求主导化的物流服务发展趋势所带来的前所未有的压力。及时准确、完整确认的订单被称为完美订单，这已经成为一个非常重要的关键业绩指标（KPI）。忽视了这一指标，公司轻则失去顾客，重则造成对供应链的永久损害。

我们一直认为，没有详尽的计划和时间财力的大量投入，仓储管理效率的提高难以实现。然而，很多削减成本计划却在有限的资金支持下得以实现。这取决于是否有经验丰富的公司来操作。所以，同优质的第三方物流公司的合作是高效率物流运作的保障，物流业务的高效性也能够很好地保证公司核心业务

* 本文系2012年北京物资学院青年科研基金项目《物流英语翻译研究》的阶段性成果。

的利润。

同第三方物流公司合作的重要性

第三方物流公司可以为您提供多种客户问题解决方案，从简单的小变化到大规模的修整，以整体提高仓储效率。这些解决方案包括：

- 仓储低效的原因多为对空间的不合理利用，这种不合理的后果就是公司持续增加仓储空间，造成浪费；
- 第三方物流公司可以为您提供最大限度利用空间之道，如：使用货架、增加夹层、使用传送带、增加层次等以降低存储的总成本；
- 使用存货定位系统和及时充货系统等，以保证在定位产品和补充存货上不会浪费时间。

虽然上述问题看似司空见惯，但正是在这些问题上最浪费时间和金钱。多亏了训练有素的第三方物流公司能够帮您找到问题并用高效的方法解决这些问题，从而实现成本的节省和良好的投资回报。

方案 1：改善包装方法实现效率最大化

第三方物流公司能够通过协作式的实践精简仓储操作从而削减仓储成本。一次成功的精简操作中反映出的物流公司能力足以说明一个为客户订制的包装方案是精简仓储和运输成本的最实用、最有效的方式。优秀的第三方物流公司将评估现有的程序并在此基础上为客户订制包装方案。

- 增加存货红利；
- 增加配送中心的免费货架；
- 缓解收货部门压力；
- 增加装卸卡车的空间利用率；
- 减少包装箱的周转时间；
- 将手工包装时间最小化；
- 减少操作富集时间；
- 优化包装设计程序；
- 减少包装产品中的触点。

与第三方物流之间高信任度的关系能够帮助公司保持长期的高收益率，这决定在将来的五年甚至十年内公司的盈利与亏损。

方案 2：交叉转运以降低成本，同时更好地服务顾客

很多公司把运输能力、客户需求、内/外部物流看作当前物流行业的几个重大挑战。第三方物流公司多使用交叉转运的方法来应对这些挑战带来的问题。食品物流行业报告对交叉转运的描述是：收货区收到的货物未经存储便立即转到发货区发货，交叉转运已经成为仓储管理的主题了。转运的整个过程做到了使用最少的人力、最节约时间和空间，很多公司的物流实践也证明了这一点。

一次交叉转运操作通常由三个部分组成：

- 内向物流货物的收卸货；
- 货物按区域整理，方便运送到相应的装货区；
- 产品被运到外向物流承运人手中，准备进入配送环节。

食品物流工业报告中显示接近 43% 的公司在过去的五年中改善了他们的交叉转运操作。其中包括沃尔玛，作为该操作的拥趸，沃尔玛受益匪浅。据马萨诸塞州立大学艾森伯格管理学院的报告，超过 85% 的沃尔玛物流都是通过交叉转运实现的。这帮助沃尔玛节省了销售成本的 2% ~3%，这也成就了沃尔玛赖以生存的低价策略。

虽然交叉转运已经被多数第三方物流技术人员挂在嘴边，但是很多对供应链管理操作不熟悉的公司却很少了解交叉转运操作给公司带来的机会。已经和第三方物流公司合作的公司或是自己操作交叉转运的公司也能够通过使用更节省的办法获得更高的效率。如何判断你的交叉转运系统的运力是否还有上升的空间呢？可参考的标准是，货物在仓库停留不应超过 24 ~48 小时。如果您可以实现这一操作，说明您的转运系统运作良好，如果超过这个时间，那说明您是时候该寻找一个能够为您量身打造转运方案的第三位物流公司了。

方案 3：对退货的有效管理能带来超额的回报

对退货的不当处理往往会带来时间和金钱的巨大浪费。反向物流协会把逆向物流定义为：产品/服务经过销售之后的一系列活动为逆向物流，其目的是优化售后市场的活动，提高效率，节省成本，同时保护环境。逆向物流的成败对公司的运营能力的影响是巨大的：

- 福布斯杂志显示，全美企业每年在逆向物流上的花费 1000 亿美元，处理的退货价值占公司总销售额的 7%；

- 北卡罗莱纳州立大学的研究显示，逆向物流的成本仅占公司总物流成本的 3% ~4%；
- 公司若能够把每年物流成本的 10% 节省下来，便可以打造一个高效的逆向物流系统，这些节省下来的成本中 20% 来自人力成本的节省，另外 80% 来自运输和仓储成本的节省。

节省成本并不是高效管理逆向供应链的唯一目的。对退货的有效管理能够很大程度地增加顾客满意度，这就意味着对退货的不当处理会造成顾客的流失。为了保持公司的健康运作，很多公司开始寻求同经验丰富的第三方物流公司的运作。

订制解决方案的价值

改善供应链运作的方式多种多样。代客包装、交叉转运和逆向物流仅是其中几种。很多小公司关心的并不是用什么样的方式，他们关心的是如何在订制方案中优化这些方式，以实现供应链的最佳效果和最好的投资回报率。通常，解决这些问题的能力超出了公司所有者和管理者的能力范围，所以需求第三方物流公司的专业帮助，同第三方物流公司合作势在必行，但对第三方物流公司也要慎重抉择以实现最佳的合作效果。

精简的供应链运作对每个公司而言都至关重要。某些特殊业务的公司如需要配送季节性产品、促销产品给顾客，需要特殊仓储货架；生产套装产品和零部件需要高运量的配货，频繁的日常存货补给等，对这些公司而言，重中之重就是和优质的第三方物流商合作，将产品快速高效地送达到顾客手中。物流管理的成功外包能够使公司享受到第三方物流公司的订制服务从而更集中精力于公司的核心业务。不要轻易选择第三方物流合作伙伴，你有责任为你的公司选择行业内经验丰富的物流公司合作。有了优质的第三方物流公司相助，您的公司一定能够实现长期的低投入、高收益。

传世物流服务公司简介

在过去的 35 年中，传世物流公司作为一家领先的整合供应链服务供应商，致力于全球供应链更高效的运作。公司业务涵盖配送和仓储管理、国内运输运筹、全球多式货运、通关代理、供应链技术和零售业务。该公司运用独特的创新模式改善供应链运作，多式运输经验丰富，同时触角遍及全球，具有独特的企业文化，致力于提供低成本、高质量的供应链优化服务方案。该公司将普通员工纳入决策体系的模式塑造了注重业绩、注重成果的企业文化。

[文章作者] Ron Cain，author of Fighting Against Excess is the Chairman and CEO of LEGACY Supply Chain Services.（罗恩·凯恩，英国，传世物流服务公司董事会主席兼首席执行官）

[文章出处] www. LEGACYscs. com.

[译者简介] 张玲（1980，7），女，北京物资学院外国语言与文化学院讲师，硕士，研究方向：商务英语教学。E-mail：zhangling@ bwu. edu. cn.

迎接全球零售业的挑战

左 雁 译

（北京物资学院外国语言与文化学院 北京 101149）

引 言

零售商在应对消费行为与经济力量变化上正面临着前所未有的挑战。就在很多零售商计划开新实体店的时候，经济衰退、燃料与食品价格上涨、政府财政紧缩，导致世界范围内的开支大大减少。同时，由于网上购物的迅速崛起，许多零售商争先恐后地把自己的商业活动拓展到网上。

进军新兴市场，实行电子商务对零售业的持续增长至关重要。那些积极开拓海外市场的美国零售商尤其需要了解全球贸易以及开新店和运输货物到国际市场的合规意义。

全球贸易管理系统（Global Trade Management，GTM）可以在进行全球贸易时简化和自动化业务流程，包括允许性审查（admissibility reviews）、受限方筛选（Restricted Party Screening，RPS）和到岸成本计算（landed cost calculation）等。

本书考察了零售商需要面对的三个不同的挑战，探讨来自琥珀之路的全球贸易管理系统如何帮助他们走向成功之路。

在美国以外建实体店

尽管互联网已经改变了人们的购物方式，很多消费者还是乐于享受实体店购物的乐趣。商店因此成为公司品牌的表现，品牌的每一个元素必须在世界的每个地区保持一致，保持强有力的企业形象。

下面的例子来自巴黎的亚伯克朗比及费区（the Abercrombie & Fitch）商店里成百上千的顾客排队等候进场，“墙、天花板和地面都漆成黑色。一对对儿的舞蹈模特站在店里，全穿着统一的服装（男士：格子衬衫系在牛仔裤里；女士：薄开衫牛仔裤）。他们的语言也都是统一的，用同样的招呼语迎接顾客，话语中都带着浓重的法国音。

像亚伯克朗比及费区这样的零售商已经建立了一个庞大的品牌。任何大牌零售商在出口自己产品到国际市场时必须经受的挑战主要包括：

建筑和展示材料采购——有丰富经验的零售商，比如亚伯克朗比公司、蒂芙尼公司（Tiffany & Co.）、苹果公司（Apple），都会与为公司供货的展示材料供应商保持长期的联系，比如照明设备、货架、收银台、标牌等美化商店的项目。从其他地方采购这些产品可能无法保持品牌。采购商与供应商的可靠性以及质量可能都会是问题。

零售商可能需要将所有项目从现有的供应商运到他们在世界各地的新店里。这对物流与合规性提出了挑战，尤其是在压缩施工进度和盛大庆典的开幕之际。

供应链分段——零售商依靠不断扩大的全球供应商网络，可以按时生产自己的品牌商品，满足商定的质量水平。在每个季节准时把货物送到不同的国家，零售商必须建立供应链段来适应顾客不同的喜好、交货时间和合规要求。

销售点（point of sale，POS）系统和其他可能有出口管制的项目——零售网点必须能够处理付款、记录交易和跟踪库存。大多数情况下使用电脑销售系统与总部进行电子联接。然而，许多国家对电子设备有出口许可证要求，还可能对看似无害的商品有其他出口管制。特别是美国限制了某些数据处理设备的出口，这些设备仅限国内使用。

其他国家的进口管制——向海外运送货物仅仅是一个方面，产品被目标国接受是另外一个问题。很多美国零售商认为没有问题的产品也许不适合或在其他国家与文化中得不到许可。许多国际零售商选择使用采购代理与供应商接洽，确保考虑到进口法规以及目的地国家的文化敏感性。

为国内专卖店进行国际采购

主要进行国内贸易的零售商需要通过不同的供应商采购商品，因此在管理上游供应链关系时也会面临挑战。他们必须决定采购强调质量还是速度，是本地还是海外供应商以及在产品与范围的复杂性方面平衡战略。

对服装零售商来讲，反对库存多余与库存短缺是个值得重视的问题。如果从亚洲进货，可以有长达九个月的交货时间。

零售商还必须应对不断变化的法规、政府机构、进口/出口要求，以及多个第三方物流提供商（third party logistics providers，3PLs）。执行过程中，他们必须掌握同一产品多个供应商的信息，以及世界各国进出口的规约与分类要求。

此外，执行多国采购策略的美国零售商还必须考虑：

季节性 —— 很多零售商对受季节影响、上架期短的商品发动持续战斗，比如节日装饰、食品、服装和礼品等。保证这些商品准时到货与管理库存水平对避免季后降价尤为关键。

供应链弹性 —— 脆弱的供应链很容易受到自然灾害或人为力量的干扰，无论是竞争威胁、外部经济压力，还是有限的资源。自然灾害，如洪水和地震等对供应链是一个明显的威胁。然而，经济下跌导致供应商被迫关闭工厂，供应链中断更有可能发生。

供应商的道德和劳动实践 —— 今天很多知情消费者和政府都明确表示，他们不会容忍自己购买的产品涉及不道德的或不公平的劳动。例如，2010 年颁布的“加利福尼亚供应链透明法案”（California Transparency in Supply Chains Act）的目标就是“保证大的零售商与制造商向消费者提供确保他们的供应链中完全没有奴役与贩卖人口方面的信息”。

此外，社会媒体的速度与范围能让顾客快速了解商家的做法，对零售商做出评判。零售商要保住自己的名声，必须确保从事的不是社会或法律方面的问题实体。

世界各地的网上购物

福瑞斯特调查（Forrester Research）指出：“到 2016 年，美国的网上购物者一年将花费 3270 亿美元，相比 2012 年花费的 2260 亿美元增长了 45%，到 2016 年，电子零售将占零售总额的 9%，与 2012 年和 2011 年的 7% 相比有很大程度的增长。”而且全球电子商务销售增长也非常迅速。

零售商需要充分利用这一增长，然而很多人迟迟没有采取技术与业务流程把自己的产品推向海外市场。

国内海外市场零售商面临的主要挑战包括：

国际航运困难——有过国际运输经历的人都知道国际航运要求正确的海关报关单。假设每天进行上千上万的货物航运，在线零售商不仅要准备合适的报单，还要清楚每个目的国家的具体要求。他们同时需要具备一定的物流能力，使海外运送成本高效。

矛盾的数据隐私和保护法——目前，欧洲的在线数据保护和传输规则，如“安全港”法（the Safe Harbor Act），迫使美国零售商为适应欧洲国家修改数据收集与传输的方法。除了那些拥有投资资源的大零售商们，正常法律条件下进行市场拓展非常困难。欧洲继续完善着一套统一的隐私规则，法律仍然是严格的。

遵守国际市场法规——每一个涉足国际贸易的国家都有自己的贸易规则实体，决定是否允许产品进入这个国家或是否有其他限制条件。其他限制包括关税或税款，甚至是由美国或其他政府发起的对目的国的禁运与制裁。在线零售商在运送货物时必须了解这些国家的进口管制、关税和配额。

最终价格中体现到岸成本——最后，海外运送货物的费用会传递给买方，直接作为附加费或间接地体现在价格上。来往世界各地的网上零售商要准确地计算出总到岸成本，必须在给买方的价格中显示出来。当然，到岸成本计算主要取决于产品、分类以及目的地。

管理网上购物体验—— 零售商们仍然在探索如何巧妙地阻止网购者完成交易。也许将客户放在受限方的名单里，也许是这一目的地国家的产品不予受理。很少有零售商愿意给顾客传递信息说“对不起，我们不卖给你”。为了保护公司和品牌，零售商正在苦思拒绝的最佳方法。

琥珀之路的全球贸易管理系统解决方案

这套全球贸易管理系统旨在帮助零售商进行全球贸易时面对挑战，解决一些问题。琥珀之路的贸易自动化方案对进出口合规、物流与供应链的可视性以及完整的交易管理提供了重要模块。

支持多采购的全球产品控制

全球进口商不会对众多项目依赖单一供应商。供应链弹性需求与维持库存水平的现实必须要有多供应商。对于全球性的零售商，从单一供应商采购所有产品既不现实，也不可能。

琥珀之路的全球产品控制系统（Global Product Master，GPM）是一个集中的产品信息源。它的一个重要特点是能够在单一的产品记录上存储多个产品来源。零售商针对单一项目可以通过多个供应商做大订单，这是一个执行上的突破。这一系统允许为每个产品，为该产品的每个变量，对产品的每个来源集中管理数据。

其他主要功能包括：

- 储存产品及变量的整个目录；
- 依据海关编码分类指定有效期；
- 执行复杂的海关编码分类，比如对工具和餐具等；
- 在合作伙伴表中链接产品与供应商；
- 保持一套全面信息，如产品分类、计量单位和产地国；
- 产品数据同步；
- 执行货币和度量单位转换计算；
- 国家代码、端口位置和交通工具的正常化；
- 在一定范围的交易中，在整个系统中重复使用系统信息；

进出口合规，授权和允许性审查

进口产品要接受各种合规性要求，决定一个项目是否允许进入该国。这些控件包括由海关和各级政府机构执行的对标签、内容和文档的控制。不符合受理标准的商品，可以拒绝入关、扣押，甚至在进口后被召回，导致成本增加与时间浪费。

除了所发生的每一笔交易的合规性检查，琥珀之路的全球产品控制系统使企业能够在合规和许可审查的基础上进行战略采购决策。这一系统为每种产品存储了多个国家的进出口组合并在产品水平上进行初步检查。这意味着，只要你将产品输入系统，便可以提出任何问题和要求。

这些检查利用了我们广泛的贸易体内容，促进知识的全球合规管理及许可审查过程。你可以选择哪些项目应进行分析，并选择大的标准和细小的分析。

例如，可以检索符合信息的海关编码信息、进/出货日期、运输方式、原产国等等。

通过在全球产品控制系统进行检查，琥珀之路的贸易自动化导入解决方案确保系统中创建的订单在向供应商发出之前已经合规。

当然，根据交易细节，使用额外的验证和规则，每一笔交易也能筛选出合规。这个过程可以：

- 确保产品分类准确而且符合贸易和监管要求；
- 确定政府机构报告要求，进口许可证书，关税配额和发反倾销/反补贴税；
- 确定产品在现有特殊贸易计划中是否享有优惠待遇；
- 创建兼容采购订单，简化采购过程；
- 审查出货量以决定出口许可证要求或海关编码、进口国、出口国和其他交易数据；
- 确定多段装运并指定在哪里执行进出口控制分析。

受限方筛选

在这个强化安全性的时代，无论对个人、公司或组织进行贸易限制都是必要的。为确保符合政府相关规定，出口商必须保证他们的货物不被出售给不良的实体。

琥珀之路提供了一个安全的、综合的方法来实现受限方筛选过程的自动化。它保证出口企业快速筛选，从客户、供应商和其他贸易伙伴中筛选超过200个来自世界各地政府机构的限制名单。

使用集中式的合作伙伴资源库，零售商可以存储和访问信息贸易伙伴。合作伙伴可以链接到他们的母公司或附属公司，以及多个个人接触。每个伙伴的记录可以包含合作伙伴经营国家的相关信息。

筛选可以通过合作伙伴表或经过特别选择。琥珀之路的限制筛选解决方案利用智能算法和业务规则，可以帮助精确配对。低误报率意味需要手动点击检查的记录更少，也可以配置商业规则来调节为特定合作伙伴检查的列表数量与列表类型。

配对时，高度可配置的工作流程允许使用路由、警报和升级。具有高准确率，员工可以专注于结算货舱和超速的出货量，而不是研究各种配对。

关键功能包括：

- 选择或取消列表中项目以进行更有效的筛选；
- 调整筛选精度；
- 每日按更新的国际受限方名单筛选；
- 收到新数据时指定重新筛选的合作伙伴或交易；
- 对地方方言、缩写提供多种选择的匹配词；
- 建立自己的限制方“黑名单”；
- 依据筛选结果、升级和尚未完成的任务配置无限量的工作流程对用户发送自动提醒；
- 配置所有结果和升级等信息。

到岸成本计算

由于涉及各种成份变量，项目到岸成本的手工计算复杂而且容易出错。进出口商必须对到岸成本的价格有个清晰的认识，进行准确的采购决策，选择合适的交通方式。

琥珀之路包含了到岸成本计算的所有成分，如关税、税款和世界各国政府所收取的费用。我们的到岸成本计算使用了不断更新的全球贸易内容并且在我们的全球知识数据库中保存。

使用到岸成本计算工具，零售商可以：

- 比较不同来源到多个目的地的总到岸成本；
- 为货运计算到岸成本，涉及责任、消费税、增值税、地方税、利润税、统计税、报关费、港口费及所有其他的进口税；
- 为每一种场景显示税收公式；
- 包括估计的运输和保险费用。

结　　语

今天的零售商在国际贸易中会面临复杂的不断变化的场景。由于贸易规则以及网上销售的不断扩大化，零售商在市场运作中必须充分考虑合规性。

简单地说，零售商通过部署自动化和简化国际贸易程序的全球贸易管理系统来增加竞争力。

通过管理各种水平的产品信息，允许多个数据源，琥珀之路的贸易自动化套件无需多产品记录，极大地降低了交易处理时间。在产品层面的自动受理与合规性审查也确保问题项目得以标记，并在它们阻碍关键交易之前得到解决。

琥珀之路的贸易自动化保证产品不被送到或是被受限实体使用。自动合作伙伴与客户筛选功能保证标记的交易在进一步检查之前不会获得通过。

最后，根据最新的全球贸易内容所做的成本计算有可能使零售商作出明智的定价和采购决策。

琥珀之路的贸易自动化套件将在全球贸易管理方面为零售商引路。

[文章作者] Amber Road，USA.

[文章出处] http：//www. AmberRoad. com（2012）.

[译者简介] 左雁（1971，4），女，北京物资学院外国语言与文化学院副教授，博士，研究方向：社会语言学与英语教学。E-mail：zuoyan@ bwu. edu. cn.

运输系统最优化的三项原则

——澄清物流行业错误认知，帮助企业获得运输管理系统投资的最大效益

王　茹　译

（北京物资学院外国语言与文化学院　北京　101149）

摘　要

现在的公司越来越多地考虑如何使他们的运输方式和物流运作成为自己的竞争优势。同样地，对于先进的运输管理系统的需求也在呈上升趋势。高德纳（美国咨询）有限公司推测运输管理系统市场将在2011年以两位数的速度增长，并且五年内复合年增长率将达到9.4%。面对降低成本、控制发展速度、减少碳排放与精简生产程序的各种压力，物流企业在寻找一种灵活、敏捷、功能强大的运输管理系统，因为这样可以帮助他们实现最终的服务目标。然而，对于一些公司来说，找到最优解决方案几乎与在对的地点、对的时间以最低价格获得优质产品一样困难。运输方案供应商使用不当或者过度使用最优化这一词汇，都使得探索过程更加困难和复杂。

运输方案供应商在15年多的时间里一直在兜售他们的最优化能力，声称他们的方法能够做出更加完善的计划并顺利执行。事实上，最优化技术在运输管理方案中的应用的确被证明能够帮助企业实现绝大多数商业价值。然而，并非所有的最优化策略都是同样有用的，这就是困惑之处。

运输方案供应商常常只专注于优化一种功能，从而导致弊大于利。一个简化的优化方案，可能会促使某一承运商仅仅因为考虑成本而挑选了另一个运输公司，但是，通过一个全面的优化方案，我们或许会发现后来选定的运输公司

并没有足够的卡车或者码头用于承载。

随着运输管理系统市场的不断扩大，已经到了需要澄清错误认知并揭晓最优化常规做法的时刻了。现如今，承运商必须慎重选择运输公司，在考虑费用之外，依照如下三点主要原则实现最优化：

（1）量体裁衣；

（2）细节关乎成败；

（3）并发机制最当道。

三项最优化的关键原则

原则一：量体裁衣

运输中要考虑的限制因素和变量很多，所以，找不到某一种方法可以解决所有的运输问题，这些运输问题可能会在瞬间变得很严重。为了在最短的时间内找到最佳的解决方案，企业必须同时采取启发式与确定性的方法，在考虑运输网络约束的前提下，做出一系列合乎逻辑与常识的决策。

运输管理系统应该根据每个企业的独特策略设计灵活的配置、相应的运输网络约束以及变量。对于每一个运输问题，不可能应用完全相同的五个步骤来解决。运输管理系统应该支持多种数学求优方法，允许用户全面纠错，然后基于当前的需要和要求进行不断完善。

那些遵循最优化常规做法的企业总是不断监测和调整自己的策略来应对在他们的运输网络、供应链、市场和客户需求上的任何变化。例如，企业能力往往随着经济的兴衰而变化，承运商必须做好准备，调整自己的战略来充分利用市场机会。承运商必须寻找不同的方法来为他们的业务增加更多的价值，而不是让运输管理系统在无人看管的情况下自己运行。

“百事可乐物流有限公司（Pepsi Logistics Company, Inc.）挖掘找到针对于每一个客户需求的解决方案，提升了企业的信誉，为公司节省了费用，在已达成协议的运价基础上提供了最佳的运输方案。”

——马克·惠特克（Mark Whittaker），百事可乐公司运输部副总裁

原则二：细节关乎成败

错综复杂的策划与执行过程使得运输功能在其他供应链功能中变得独特。

承运商无法做到提前策划，更不用说提前几个月就预测并应对随着装运的临近而产生的各种变化。订单交期可能是数周、几天甚至只有几个小时，所以进行策划与执行几乎是同时进行的。这就是为什么所有的相关细节必须要熟练快速地考量到的原因了，这一点非常重要，需要考量的细节具体包括运输网络、码头调度、资产能力和运价精算等。前期工作做得越多，企业的策划就会越好。为了高效执行方案和使价值最大化，承运商必须在第一时间做出最佳决策，因为不可能有第二次机会。确保所有细节的准确性和可见性，帮助企业不要错失任何可以以更低的总成本获得同样的运输结果的机会。如，对于一般的卡车承载的路线，一笔运输业务会产生相应的费用，如里程费和收费站通行费，也有些杂费，前期预见这些费用是至关重要的。

一个公司也必须在承载细节上具有可见性。当采用简单货盘时，如果需要运输散装货或不规则形状的产品时要怎么处理呢？这时，企业需要改换集装箱制定负载方案，注意选择合适的间隔尺寸，而不应该唯恐导致额外成本或干脆停工。

“我们的运输管理方案可以在很短的时间内提供达到最优负荷的方法，使客户能够直接执行优化方案，而不再需要专注于亲自创建优化方案。我们正在执行同类比较，评估我们按客户需求达到预想结果的能力。我们已经可以做到不仅满足客户的需要，而且确保萨奥尔 C. F. （C. F. Sauer Company）的最高运营效率，最大限度节约成本。”

——罗比·格林伍德（Robby Greenwood），
萨奥尔 C. F. 公司运输策划部经理

原则三：并发机制最当道

承运商必须依靠一个优化引擎，这个引擎会考量涉及的所有因素，包括策略、细节以及粒度级别，最终得出最佳方案。引擎如果分解问题，依次解决各个需求，它是不会得到最优结果的，反而可能会导致高昂的代价。

例如目前市场上某一运输管理系统，它根据一般运价去优化承载量，并把详细评级与选择运输公司作为第二步骤。这一方法上的缺陷可能导致在第一步就因为没有提前考虑所有相关细节建立了错误的负载量。当承运商进行到第二步时，它可能通过评级选择了一个最低成本的运输公司，然而这个运输公司能达到的承载量却是不正确的。在这种情况下，正确的方法应该是在优化引擎制定方法策略的同时考虑评级。最佳的运输管理系统应该可以同时考虑一个问题的所有方面，包括评级、行程安排、调度以及容量限制。

另一个优化的最佳做法就是在连续的时间内采取迭代方法。当承运商接收到新的信息和订单时，他们应该每一天都根据这些去不断完善方案。企业可以在某一天接收并优化1，000个订单，但其中只有一部分需要应客户的要求当天就执行。承运商应该把剩余的订单加入到策划篮中，把它们与现有订单和新订单进行混合。

在不断进行调整与逐步优化订单的过程中，承运商必须对已经执行的订单及时回顾。这使他们能够不断超越网络约束，督促运输公司更好地履行职责，也可以确保他们拥有所需资源，尽量快速、高效地实现最终的服务目标。

成功案例：安贝夫集团优化运输，致力于降低成本和提高客户服务

安贝夫（Ambev）是拉丁美洲啤酒制造业的巨头，拥有着美国以外百事可乐最大的装瓶机，它可以作为成功运用最佳运输和物流管理方案来使得业务进入到更高层次的典型实例。

关于安贝夫集团的背景简介

安贝夫集团及其子公司生产、配送和销售啤酒、碳酸饮料、非碳酸饮料、非酒精性饮料等产品，在美洲的14个国家开展经营，包括阿根廷、巴西、玻利维亚、加拿大、智利、萨尔瓦多、厄尔多瓜、危地马拉、尼加拉瓜、巴拉圭、秘鲁、多米尔加共和国、乌拉圭和委内瑞拉。

该公司生产众多世界闻名的明星产品，啤酒品牌包括南极洲、博浪、波希米亚、世傲、时代，碳酸饮料品牌包括瓜那拉南极洲、苏打水、百事可乐、Sukita，并通过授权生产的形式生产佳得乐运动饮料。

日益增长的业务量促使寻求新的解决方案

在经历了一次订单量激增之后，安贝夫集团开始寻找更好的运输解决方案，以应对业务量的增长和日益复杂的客户需求。除了成本与效率之外，安贝

夫集团还需要确保客户服务水平要跟得上日益增长的客户需求。因此，公司在努力确保未来可持续发展的同时，还要提高资产利用率，改善运输环节。

在对市场上现有相关系统进行评估之后，公司决定采用行业领先的运输物流管理技术替代原有系统，以更好地规划和管理它的运输网络。

优化成本、资产和服务水平

运输物流管理技术的实施远比预期的更迅速，安贝夫集团在短短不到一年的时间内实现了百分百的技术投资回报。公司通过效仿多元运输模式，综合考虑线路优化和承载量，优化运输网络，最大限度利用生产能力。公司还可以同时进行运输策划并执行，突破了运输网络和库存的约束。公司制定最好的方案来分配它的团队，优化利用旗下 380 辆卡车，大大降低了成本。一般情况下，码头调度以前都是手动完成的，现在也可以由新系统完成。

企业效益

- 在一年内实现了百分百的技术投资回报；
- 扩大了运输网络范围可见性；
- 提高了资产利用率；
- 加强了码头调度，从而缓解了码头拥堵情况；
- 改善客户服务的同时降低了成本；
- 改善整体运输效率和情况。

“我们的运输管理系统能够保证我们最大限度地利用我们的资产，确保承载量，在载重限制范围内最大限度地发挥我们卡车的运力。因为我们可以有效地进行码头调度，从而简化了码头业务流程。另外，我们不再担心费收管理，因为我们知道一定可以为每一次运输选择到一个可以提供最优运价的运输公司。”

——埃里克诺瓦埃斯·阿尔梅达席尔瓦（Erik Novaes de Almeida Silva），

安贝夫集团运输与项目部经理

十项运输优化功能

不论一个公司是在运费上每年花费上千万美元，还是预算几百万美元建立国际综合物流网络，它一定希望这一运输管理系统方面的投资可以满足它现有的和未来的发展需求。这意味着要选择一个合作伙伴，这个伙伴可以提供更加灵活的、可伸缩的、专业的、功能强大的运输方案。

美国JDA软件集团公司（JDA Software）列举了其排名前十位的优化功能，以更有效地控制成本，减少路程，提高利用效率：

（1）找到最合适的策略，发挥运输网络的价值；

（2）评估运输公司实际运价，包括估价员费用；

（3）创建详细的运输网络进度表，协调安排各种运输方式；

（4）模拟码头容量，创建详细的码头时刻表；

（5）私人资产和专用资产同时投资于商业货运，例如住所、拖拉机、拖车；

（6）利用集装箱化算法使负载效率最大化；

（7）在连续的时间内采取迭代方法进行策划；

（8）考虑资产能力和责任限制，进行多元优化；

（9）动态考虑路线方案，包含基于枢纽站的多交路线路，多次接送、接力配送策略；

（10）针对长期、大量的货物，在合理的时间规划内，利用整个网络完成运输。

结　　论

在当今这个注重盈利能力和资金周转的时代里，企业如果不能从运输和物流方面得到最优回报是不会满足的。如果某一行业已经非常依赖运输管理系统并且已经形成了一些常规优化做法，那么这个行业中企业间的竞争将更加激烈。正确的物流解决方法可以提高业绩，并且提高企业竞争地位。这些复杂的运输管理系统是高度可配置的、灵活的，能够同时控制运输过程，并且可以提前预见所有相关细节。

美国 JDA 软件集团公司运输和物流管理的解决方案

在过去的二十五年中，JDA 软件集团公司一直在协助世界领先的零售商和制造商改进他们的全球性综合物流网络。JDA 公司运输和物流管理解决方案覆盖面广，功能强大和伸缩性强。这些综合解决方案中包含了一些行业领先的方案，它们由 i2 Technologies 公司和 Manugistics 公司研发，可以有效管理整个封闭运输过程，兼顾长期战略、运营策划和日常执行。JDA 公司的集成模块化方案组已经被证实可以帮助企业改进采购，策划、优化效果，提高运输可见性和支付效率，进行技术性能分析。

关于 JDA 软件集团公司

JDA 软件集团公司（美国纳斯达克股票市场上市公司，股票代码：JDAS）是全球领先的集成软件和专业服务提供商，在 60 个国家拥有大约 6000 多个零售、制造和批发业的客户。基于 JDA 稳固的市场地位和雄厚的财力，公司投入了巨大的资源改进 JDA 产品组合解决方案，它管理和优化了从商品成品到顾客付款结账整条需求链的过程，是同行业中最优秀的领先产品。这套产品组合解决方案被证明能够帮助零售商和供货商改进所有业务，提高日常运作和供应链的效率，改善客户关系。

JDA 提供的产品组合涉及零售过程的主要方面，包括：品类管理系统、门店操作系统、空间管理系统，分配补货系统、计划预测系统、商业信息系统、数据分析系统、客户管理系统等，是同类产品领域中最好的解决方案。

［文章作者］Gartner，Inc.．

［文章出处］www. jda. com（2009 -9）．

［译者简介］王茹（1975，10），女，北京物资学院外国语言与文化学院讲师，硕士，研究方向：国际经济合作。E-mail：wangru@ bwu. edu. cn.

运输管理系统发展的五种趋势

李海英　译

（北京物资学院外国语言与文化学院　北京　101149）

顶级供应链软件分析师解析了促使运输管理系统（TMS）市场在未来几年保持稳步增长的影响因素。运输管理系统可以为不同规模、行业的公司提供运输方案、决策、追踪和测算服务。依靠这种得天独厚的优势，运输管理系统即便在经济低迷时仍保持了良好的销售势头，并在2012年实现了增长。

归功于这些系统能降低运输费用，创造前所未有的效率，到达一种吸引人的软件服务业态，很多运输管理系统供应商在最近萧条的三年中保持了盈利。

“2010年，运输管理系统的市场增长率大大超过了通货膨胀率，大致有6.1%，我们预测一直到2015年运输管理系统市场更可保持年均6.8%的增长。”阿克（ARC）咨询集团供应链管理服务主管史蒂夫·班克（Steve Banker）说：“看起来，这个市场增长态势非常好。”

班克指出，计划与执行系统是运输管理系统市场增长最大和最快的部分，这些点对点的解决方案被那些通过运输公司来转移货物的货运商广泛使用。班克还说，目前市场最需求的就是网络化的SaaS解决方案，它可以促进与合作伙伴之间的电子化交流，能够快速寻找合作伙伴，能提高运输采购效率，并支持运费审核与支付的改进。

本文将介绍2012年有助于巩固和加强运输管理系统在供应链软件中增长地位的5个关键趋势。据我们分析，对系统的升级需求、联合运输的增长以及“大数据”需求新焦点，有利于保持运输管理系统市场的健康发展。

一、旧系统亟待更新

眼下，一个主要的运输管理系统市场驱动因素，就是许多系统已经过时这一现实。今天，许多正在运行使用中的运输管理系统，都是 5 ~ 10 年前安装的——那是个平板电脑和移动技术尚未广泛运用于商业的时代。

班克说，这就为 2012 年的运输管理系统全线升级铺平了道路。“传统供应链应用程序很难升级，”他说，“但是有了运输管理系统，就有了很多不同的途径来节约成本。”比如，班克介绍说，固定的参数有利于运输管理系统的升级，包括发现理想的运输公司并达成定期合作，或通过谈判和策划取得理想的采购地位时实现的资金节约。

运输管理系统也可以在其他方面提供帮助，如车辆的满载、运输路线和行程方案的优化。对于今年要进行系统升级的公司，班克说，在开展这项工作时，首先要聚焦于其境外运输（装载整合、路线优化等）。“然后转向采购谈判以及其他别的供应链应用软件所不能提供的先进的产品特性。”

二、联运模式的兴起

手工的老旧的运输管理系统，也许能解决货运商整装运输和零担运输的选择问题。但如果加入一些复杂的中间环节，那么公司想要有效管理供应链上下游货物的流转显得十分困难。

联运模式的发展，包括在一个特定的行程中采用超过 1 种方式的运输手段，就会使得形势更加复杂化。“我们看到越来越多的公司采用联运方式进行运输，”高纳德咨询公司研究副总裁 Dwight Klappich 说，“这些公司过去使用的很多系统都不能适应联运方式运输。”

例如，当传统实体制造商开始网络销售时，将很可能发现他们现有的供应链模式很难适应这种新的营业方式。“若想在运输线上增加小包装运输，他们的运输管理系统就处理不好。”Klappich 说。

全球发展的货主想要管理多样化的铁路、公路和海洋运势时，都将面临着相同的挑战。Klappich 预测联运方式在 2012 年将延续其发展势头，“联运方式对于以前未接触过的企业来说，将是一个复杂的过程，”他说，“我们肯定可以看到其应用越来越广泛，同样，也需要功能强大的运输管理系统与之配套来处理其多元化的运输方法。”

三、运输管理系统供应商将走在应用之前

在凯捷咨询公司的《2011 年运输管理报告》中，列示了构成典型运输管理系统执行方面的各种单元和计划方面的相同点。

运输管理系统功能参考模型和范围

战略	运输采购	绩效管理	网路设计	合同管理
战术	能力管理	资产和车辆管理	资源管理	费率和关税管理
运营	整合运输和装运/行程计划	订单输入和整理	整体物流执行关税和运输单据	运输公司/转包商发票结算
		调度		
	装载量设计	货场管理		客户对账单
	路线计划	执行监控	车辆管理	货运单据审核
	车辆（船）和驾驶员计划	订单状态信息	路线计划	运输成本分配
	装载工具选择	包裹管理	通信	时间和劳动力
	计划	执行	运输工具	财务

基础执行功能单元包括：订单输入与整理（登记、批准和订单管理）、调度（运输公司和驾驶员确认）、订单状态信息（与货物相关的整理、收集和交付的信息记录）、全球物流执行（通关和运输材料）、现场和包裹管理。

凯捷公司说明，这些基本功能对于货主是有帮助的。但许多生产商利用这些基础功能开发出了新的应用，使得他们的系统功能得到升级。麻省理工运输物流中心执行董事 Chris Caplice 说道："最明显的趋势之一，就是运输管理系统正在尝试超越执行系统软件的角色。"

"基本上，运输管理系统是将获得的数据与历史路径相匹配，然后链接承运人并确保链接稳定。它的优势在于可以提供多渠道信息，帮助货主做出最佳选择。" Chris Caplice 说。比如，运输管理系统可以直接获取市场动态信息，筛选后输送回系统。"此外，这种自动实时市场监控功能帮助货主免去了每年 1 ~2次的招标过程，也将运输管理系统的定位超过了普通执行软件。"

四、运输管理系统系统具备处理“大数据”的能力

数据集，它的大小已经超出了传统数据软件工具获取、储存、管理、分析数据的能力。因此，在当今商业环境，得“大数据”者，得天下。根据麦肯锡环球研究院的分析，2010 年，全球的公司储存了 7 exabytes（2 的 16 次方）字节的新数据。据悉，随着公司业务的持续开展，这一数字将继续增大。

管理数据的确不是易事，然而麻省理工的 Caplice 指出，运输管理系统的制造商们正致力于如何升级平台，挖掘已收集的“大数据”的价值。“运输管理系统绝不仅仅是个招标系统。”Caplice 相信运输是产生丰富交易数据的最好办法。

五、更多的整体解决方案

为了专注于给他们所服务的货主提供一站式服务，今天的第三方物流提供商（3PLs）把运输管理系统作为他们所承诺垂直一体化服务的一项重要补充。

“我们看到越来越多的第三方物流提供商正设法提出他们的客户能实行的运输管理系统，”埃伦·陈，凯捷咨询价值工程管理（MOVE）执行负责人说，“那些客户能通过和其他的货主或供应商一起联合使用和‘共享’那些系统来节省资金。”那些走第三方物流路线的货主，也可以从一套成熟的运输管理系统上获得好处，这些系统不必维护和管理。陈说，有一个趋势融合得不错，即通过更大范围地促进，推动由一家企业（在同一屋檐下）整合创造出一个整体运输解决方案，取代由一家卖、一家装、一家管理的多家供应商方式。她正在和一个供应商一起发展一个“一刀切式”的运输管理系统，面向中小型企业，这些企业需要完整的功能又不必承担高的购买和维护费用。

“我们看到越来越多的货运商发出对整体运输解决方案的需求意向，”陈说，“他们需要费用不过分的条件下更深入、更广泛的解决方案，并且他们视其为达到目的的一个方法。”

看好运输管理系统供应商在未来几年内取得 6.8% 的增长率的能力，ARC 咨询集团的班克（Banker）说，还有另外一个趋势，就是现在推动这个行业的是来自于从非传统产业对运输管理系统的需求。

“过去的情况是运输管理系统的销售高度集中于生活消费品、食品、饮料、零售品和电子产品，”班克（Banker）说，“现在其他行业正对运输管理系统感兴趣，也认识到哪怕是运输管理系统只能带来适中的5%成本的节省，那么投资于这种类型的软件就能带来相当不错的回报。”

［文章作者］BRIDGET McCREA.

［文章出处］Logistics Management，January 2012.

［译者简介］李海英（1972，2），女，北京物资学院外国语言与文化学院讲师，硕士，研究方向：英语语言文学。E-mail：lihaiying@ bwu. edu. cn.

港口物流：往事并不如烟

张晓雁　译

（广西交通职业技术学院基础教学部　广西南宁　530023）

我们生活在一个日益全球化的世界，各类商品在世界各地来往穿梭、源源不断，以满足全球各地的不同需求。当供应链运行时，确定好港口在你的计划中所应发挥的作用，显得非常重要。也许你应该考虑将港口置于整个行动的核心地位。本刊记者罗布·柯斯顿（Rob Coston）带你去了解一种被称为“港口中心物流”的概念是如何重新焕发青春的。

方式越多，问题越多？

在英国，倡导港口中心物流这一概念的主要执行者是 PD 港口（PD Ports）公司，其主要从事海运服务、港口服务、提供供应链解决方案和能源解决方案等业务，从业地点包括提兹港、赫尔港、费力克斯托港以及泰晤士河等。

这家集团公司投资超过 1670 万英镑用于基础设施建设，供主要的进口企业如阿仕达（Asda）、泰仕科（Tesco）以及位于哈罗盖特（Harrogate）的太乐仕（Taylors）等公司使用。此外，在今年的英国多式联运物流展览会上，这家公司还推出了 PD 港口中心物流企业，彰显了该集团执行这一运营概念的决心，并展示了参与这一概念运作而获利的大牌企业的相关情况。

简而言之，港口中心物流是对传统物流方式的一种替代方式，这种方式一般是把货物运到一个中心物流枢纽，然后进行配送，使顾客可以直接将货物从 A 点配送到 B 点。这种方式可以节约时间、金钱并能显著降低对环境所造成的影响。从效果上来看，港口将与你的生产设施或商业网站一起，在整个物流过程中发挥着重要的作用。

何以得名？

英国多式联运物流展会举办的其中一场研讨会，内容包括了港口中心解决方案、合同与协议，鉴于 PD 港口公司在该领域的专业能力突出，因而由其业务开发经理杰奥夫·利比特（Geoff Lippitt）主持本次研讨会。

“如果我们在三年半前参加这个研讨会，所谈到的港口中心物流可能只不过是一个概念而已，但现在它可是千真万确的事实，”他评论道，“我们在提兹港一带的仓储运营有 350 万平方英尺的仓库使用了这种模式。”

“港口中心物流需要被当做设在港口的大型仓库来看待，但市场正不断发育成熟。从我们的经验来看，最大的困难是如何协调四、五家企业之间的合作，这包括货轮公司、第三方物流和生产商，而不仅仅是有关各方与对方各自签订一份协议这么简单。”

研讨会详细说明了实施这一概念对于有关各方的要求。“在另一方面，港口中心物流并不算什么新鲜的东西。早在几十年前，其重点已经移向内陆的配送中心。而现在的趋势是其重心再次回到港口，但如何合理配置，使物流产能在整个供应链中发挥最佳作用，才是万变不离其宗的问题。”一家专营合同法的富利佳莱律师行（Freeth Cartwright）的雷蒙德·乔伊斯（Raymond Joyce）如是说道。

港口中心解决方案的优势在于它具有灵活性——特别是如果你正在和一家集团公司合作，而这家公司又掌控有多个港口的情况下，这种灵活性更能得到充分的体现。但这一点在乔伊斯看来，倒是把问题复杂化了。“通过改变，你就有可能节省开支，但你越有可能节省开支，那么也就越有可能产生风险——风险在这里是指，一旦相关的计划已经安排妥当，你若再有其他想法，但也为时已晚，你也只能身不由己了。”

“目前一些公司尚有合同在身，要从港口中心物流业务中获利，自然会有所迟滞。但如果这些公司看到他们的竞争对手从这种模式中获利，而自己受困于现有的合同，他们又会怎么做呢？”这很有可能让他们产生去毁约的冲动，比较理性的做法是，在乔伊斯看来，他们会去寻求专业的法律服务来保证毁约过程进展顺利。

皮尔港口公司（Peel Ports）的业务开发主管史提芬·卡尔（Stephen Carr）详细说明了创造这种解决方案的实用性。“我们所开展的工作，其中一部分是提高生产线到港口的路线效率。我们实验使用不同的模式，比如曼彻斯特轮船运河、集中提高货物进出港口的效率、提供临时性的中转仓库等措施。这主要是为每个顾客创造一种特制的解决方案。”

与此同时，来自 DP 世界公司（DP World）的皮特·沃德（Peter Ward）详细说明道：“刚开始时，我们主要是开发可供用户共享的各类设施来看看市场反应如何，我们现在所开设的仓库也是由此应运而生的，目前供不应求。我们现在还根据市场情况，开设了可共享的具有温度控制的仓储设施。”

除此以外，沃德也认为第三方物流发挥了重要的作用。“第三方物流的出现促使了这一进程的产生，今后也会在发展港口中心物流方面发挥越来越突出的作用。第三方物流承诺向顾客提供交货的灵活性，而港口中心物流能够让第三方物流做到这一点。”

利比特则进一步阐述了一些优势：“港口中心物流在商业和环境方面所产生的利益实实在在。每一年，我们的顾客可以节约用于供应链的成本、运输里程等方面的数百万英镑，也可以有效地降低碳排放量。”

“我们已经为各种不同产业领域的企业提供了服务，包括服装行业和食品行业，产生了实实在在的效益。”

旧瓶新酒

参与研讨会的同时，PD 港口公司也在英国多式联运物流展览会上进行了“PD 港口中心物流”（PD Portcentric Logistics）的品牌推广活动，包括推出了他们的“P 计划”（project P）推广活动，主要是推介港口中心物流事业，并帮助解释这个品牌带给企业以及社会各界的好处，其口号是“让物流从善如流”（making logistics logical）。

法国人有想法

早在 2011 年本刊就报导了在加莱港的相关开发情况。十八个月过去了，本刊记者海伦·西尔维斯特（Helen Silvester）到伦敦去了解最新情况。

这个港口一个主要的开发项目是“加莱港 2015”。这个雄心勃勃的项目几年前就已经推出，其目的是使港区面积翻倍，并提高渡轮和货物的吞吐量。这个计划包括建造 2500 米长的防波堤来保护 100 公顷的码头区域，90 公顷新码头，建设集装箱岸桥码头。基础设施计划于 2014～2017 年之间开工建设。

港口委员会副主席兼商会主席安东尼·拉维斯（Antoine Ravisse）评论道：“加莱港正在不断变小。如果我们想要适应要求，我们就需要扩展。如果对一个港口不增加投入，那么它最终就会消亡。”

加莱港地理位置非常理想，与伦敦、巴黎和布鲁塞尔只有一个小时的距离。优良的道路、铁路、水路条件和英吉利海峡隧道使其能与欧洲各主要枢纽通过多式联运进行物流连接。

由 DCB 国际公司（DCB International）的首席执行官迪迪埃·考达·布莱叶（Didier Caudard－Breille）担任负责人的加莱主项目，选址就在该区域内，介于港口与英吉利隧道之间，可提供 116 公顷场地用于开发仓储等业务。

“在法国，就像在英国一样，几乎不可能找到一块大的场地可以用于大型的物流枢纽。所以当这个机会出现，可以在这个地区工作的时候，我们发现这个地点不错，而港口将增加其吞吐量这一点也非常重要。”考达·布莱叶说道。

他没有正面说明目前有哪些公司正与加莱主项目进行洽谈使用这些场地，但他有可能今年晚些时候会介绍一些详细的情况。

加莱主项目将会是第一个拥有有轨车道（由德国卡戈宾默公司（CargoBeamer）管理）的物流园区，这将使得一列 500 米长的列车可以在 10 分钟内卸下 25 节车皮。

按照卡戈宾默公司所制订的计划，这个具有风险性的项目的发展目标是为物流行业创造一个更好的可持续发展的机遇，并将使 60% 以上的半挂车退出欧洲道路运输市场。

这个离伦敦只有一箭之遥的仓储空间会不会给英国的港口和仓库带来竞争？论坛的发言多次强调，英国应该把加莱看做是一个“友好的港口”而不是一个直接的竞争对手。

夸特扎尔港

格鲁普公司（Grup TCB）是一家全球海运业务管理的模范单位，将在危地马拉太平洋沿岸地区夸特扎尔港（Puerto Quetzal）开设新的集装箱码头，并在今后25年合同到期后还可续约。为了提高服务水平和集装箱业务运作的效率，公司将投入2.5亿美元用于新的基础设施建设。

夸特扎尔港集装箱码头的开发建设将分两期进行。第一期将投入1.2亿美元建设水深12.5米的突码头100米，堆场面积13公顷。第二期将扩展堆场面积达到21公顷，并建设水深14米的突码头540米。基础设施还包括配置4台岸边集装箱起重机，1台港口起重机和12台轮胎式集装箱龙门起重机。

在推出了夸特扎尔港集装箱码头后，格鲁普公司加强了其在集装箱码头管理领域的领先地位，进一步使资源配置得以优化，来提升其管理的码头的吞吐量。TCQ是该公司第十二家码头子公司，也是在美洲开设的第五家子公司。这也是除了在哥伦比亚设立的TCBuen公司以外，该公司在太平洋沿岸所开设的第二个集装箱码头。

根据拉丁美洲和加勒比地区经济委员会的数据，2012年上半年，夸特扎尔港中转货物达到了150，779标准箱。通过开设新的集装箱码头，夸特扎尔港港务局（Quetzal Port Authority）谋求提升港口的竞争力，并增加货物吞吐量，以适应近年来当地经济的持续发展水平。

2012年危地马拉的国内生产总值增长了3%。根据这个中美洲国家的货币委员会的预测，今年的增幅将达到3.9%，而在2011年也确曾实现过这一增幅目标。海上贸易是该国经济发展的重要推动力，主要集中在食糖和咖啡等产品进出口业务上。另外，危地马拉与墨西哥接壤，而墨西哥也正成为一个新兴的经济大国，2012年其国内生产总值增长了4%。

格鲁普公司的首席执行官哈维尔·苏切尔隆（Xavier Soucheiron）介绍说，“将危地马拉的这个港口纳入我们整体规划之中，将使我们能够拓展与东亚和美国西海岸的大型海运企业间的相关业务。我们对这个协议感到非常满意，这也充分说明了我们对集装箱码头以及港口基础设施措施得力，管理高效，在全球处于领先地位。”

［文章作者］Rob Coston，英国，《物流业务》杂志记者。

［文章出处］Logistics Business Magazine，May 2013，P8－12，或 http：//www. logisticsbusiness. com/eMagazines/May2013/（2013－5）.

［译者简介］张晓雁（1970，11），男，广西交通职业技术学院基础教学部教师，副译审/讲师，硕士，研究方向：英汉翻译和高职英语教学。E-mail：leiying598@ sina. com.

掌控运输力

——为未知的运输市场做准备，实现产能和效益双赢

唐　棠　译

（北京物资学院外国语言与文化学院　北京　101149）

今天，从零售商到制造商，每一个依赖快速有效的船运来降低成本的公司都因当前运输能力的不足面临前所未有的挑战。最近的经济衰退迫使许多企业开始考虑整合其船队和其他运输资产，以保持精益求精，尽可能有利可图。因此，今天我们处在一个严重的运输能力不足的时代。当然，也许随着经济的回升和客户信心的增长，零售商和制造商们能让他们的产品重新进入码头和商店。但他们很快会发现他们面临着艰难的选择：要么支付高昂的溢价，要么错过一个重要的销售机会。当然，运输能力不是一次性能解决的问题，而是一个持续的挑战。要求托运人成功地面对并处理一系列意想不到的商业起伏。无论这种变化会带来经济衰退或带来滞后的销量激增，运输业务总是伴有典型的不确定性的特点。虽然许多零售商和制造商试图努力地迎接当前航运的挑战，但他们确实需要一个长远的视点和一个灵活的运输策略，以平衡客户的需求和运输能力的有限性。

一、从战术到战略的转移

运输环节本质上所要求的周期性需要托运人做出重大的、基础性的转变。他们不能采取短期的战略战术，仅仅着眼于“我们该怎样处理未来两三年的运力不足”这样的问题。反而，管理人员需要用更长远的战略眼光使他们的企业能够立足于长期的管理产能过剩和运输短缺等问题。这是任何一个企业都必须面对的重大变化，同时，也是为不确定的未来做准备的唯一途径。他们必

须不断学习和改善运输的有效性，以一种积极的姿态使自己获得竞争优势。随着他们重新规划新的、更敏捷更灵活的流程和技术解决方案，他们提高了他们的供应链能力，为自己未来的运输需求建立了密切的监察体系和转变能力。而在这其中，智能战略帮助他们实现了盈利能力和业绩的双赢，即使在运输短缺时期。例如，如果智能战略分析表明，运输能力不足，运输任务迫在眉睫，货主们就可以提前规划和进行运输环节预案工作，以确保可能出现的额外货运的顺利进行，并通过货运分配技术整合不同领域的运营商。其中，最重要的是通过整合这些运营商，形成闭合产业链来提高供应和运输能力。虽然每个公司都是独立的，并针对自身运力不足进行独立研究，解决并制定不同的措施，但有效的交通管理是一套组织紧密、环环相扣的闭环过程。这个闭环包括一套先进的管理业务流程，以确保最领先的技术战略的应用。

第一步，分析和模拟交通网络。通过定义运输成本和运营商，形成解决方案。第二步，获得服务水平和能力的承诺。这一步为下面的策略执行奠定了基础。对运输能力策略性的预测以及运营商之间的合作提出了改进并在执行过程中施加一定的限制与约束。与此同时，对运输容量限制给予最大的优化和统筹，使得即使在客观条件发生变化的情况下也能灵活机动地应对。在执行过程中，现阶段，战略技术解决方案必须得到强化，随时追踪，分析执行过程中出现的问题。而其中最后也是最关键的一个步骤就是进行因果分析。对关键问题进行问答："出了什么错?"和"下一次我们怎样才能做到更好?"就是这几个形成闭环的步骤带动了在这个行业中领先的公司，开发出了功能强大的航运产品。

二、卓越的表现，真实的事例

百事可乐（PepsiCo）公司是一个典型的创新型企业，在这一领域亦是一个成功的案例。在其对运输进行了闭环分析，预估了能力和需求之后，它经历了一个巨大的商业转变。在因果分析阶段，百事公司承认，其业务之一，菲多利（Frito－lay），北美最大的私人管理运输车队，没有得到充分利用。因为它进入了一个管理狭窄的区域。与此同时，百事公司斥巨资在它的许多商业运输的其他产品上。通过智能战略分析认为，该公司可以通过其现有的资产管理完成其运输任务。今天，百事公司自己的内部物流和运输部门所有的资源都在共享其多样化的北美业务——由单一的管理技术解决方案和一套共同运输规划实现。另一位消费产品的领导者，金佰利－克拉克（Kimberly－Clark），却面临着巨大而难以承担的运输费用。因为它的初级产品，包括尿布和纸巾，有大的立方体，但价格却相对较低。其实，运输成本占去该公司每年约6%的净销售额。当对其如此高昂的运输采购成本进行因果分析时，金佰利－克拉克承认，该公司需要更灵活地平衡供应商之间的关系。他们还认识到有必要尽量减少或限制承运人和金佰利签署的运输费用的固定合同。今天，该公司已完成了金额数以百万计的通过废除和供应商之间的固定合同和灵活使用美元达成的运输方案，成为在路线成本方面最低的运营商。与此同时，在采购阶段，通过灵活合同获得价格最低，并成功让其产品准时上市。

作为北美第二大厨房和浴室橱柜制造商，其95%产品需要定做，马斯特布兰德（MasterBrand）也面临着巨大的运输挑战。因为该公司没有预计出其预算和交付表现为30~45天装船后。并且，马斯特布兰德公司无法分析出在运输过程中产生的原因和效应关系。实际上，这是一个完全缺少重要的因果分析的闭环运输管理过程。因此，马斯特布兰德公司不仅需要更及时的数据，也需要在一个装运或假如改变路线会影响整体航运成本和性能的理解能力。有了这种不断的学习和改善进步的心态，马斯特布兰德公司实施了新规划流程和强大的技术解决方案，并采用实时数据完成所有的客户订单。今天，在采购阶段，订单自动生成的阶段，借由载体平衡，达成服务水平最高而成本最低的目标，并确保持续盈利的能力和客户满意度。该公司还通过根本原因分析稳定它的运输能力持续波动问题。从一个新的战略角度来保持其运输单位成本的持续维低。

没有人能否认在面对转变的经济，运输能力的趋势，客户需求的波动，销售的最后期限，销售季节的任务等诸多方面所产生的管理的难度。然而，谁能够掌握运力并将它的灵活性诉诸于竞争优势当中，谁就可以对其公司采取更加积极的应对策略。在此，托运人应着眼于以下这些成功的关键点：

- 共享企业实时透明度。物流和运输代表复杂的活动，是基于一个简单的驱动模式：客户的需求。通过对实时需求信号的侧重以及共享跨业务透明度，托运人的供应链可以识别任何障碍并尽可能早地履行，完成关键客户关系的梳理或利润底线。
- 利用现有的资源实现自己最大的能力。一个公司对其内部和外部运输资源的前期评估可以产生令人惊讶的结果。航运业务全面卡车化吗？如何充分利用自己的船队？订单与订单相结合实现利润最大化？通过对其现有的投资和优化他们的策略，公司往往能避免新的运输开支，形成更多的合作供应商之间的关系网。强大的网络（Web）技术让企业比以往任何时候都更加紧密地合作。通过网络共享详细的采购单、订货单、航运计划并且通过提供实时信息，公司可以评估实际收益。在对其贸易伙伴每天的日常表现的评估中，公司可以不断改善其和所有贸易伙伴的关系，并且达到以最低成本获取最高的出货量的目的。

• 要为意外做准备。意外总是存在，因此一个企业需要具备应付意外的能力。如果在面对运力紧缩的时候，企业能够执行紧急情况运输预案并提前排队避免缴付保费航运的额外收费，将会有利于企业的进一步发展。管理人员也可以减少意外因素，采取长远的眼光，提前两三年寻找市场趋势，而不是仅仅提前一个管理季度或其他短期预案。

• 从错误中学习。运输管理能力关键的一点是一个企业成长的闭环过程。即从历史的错误中吸取教训业绩，并将这些经验教训运用在未来。这里从来没有充足的具体测量数值，一切都是随机的。一个企业必须确保同样的错误不会再次发生。要真正地有效管理，必须执行一套严密的闭环的标准化的流程，并专注于规划执行和实时调整计划。当然，最终的成功因素取决于主动挑战新的运输流程，制定长期战略决定。每家公司都将受到季节改变的影响，经历经济的兴衰，受制于客户的喜好，但受影响的程度差别很大。这取决于它所做的筹备工作和对意外的反应能力。如果一个企业可以采取长期监察体制并形成一个不断学习的企业文化，它是能够具备超越竞争对手的优势的。

三、关于 JDA 软件公司

JDA 软件集团有限公司（纳斯达克股票代码：JDAS），是全球领先的供应连锁公司。它为企业提供供应链管理，卓越的采购和定价解决方案。JDA 为超过 6000 家各种规模的企业做出最优决策以提高盈利能力。在工艺制造、批发配送、交通运输、零售和服务行业都有优异的表现。通过集成解决方案，强大的技术资本为客户提供配置灵活、时间快速、成本降低的技术支持和专业知识。

［文章作者］Mastering the Capacity Rollercoaster，Fabrizio Brasca.

［文章出处］Thought Leadership，www. jda. com.

［译者简介］唐棠（1979.9），女，北京物资学院外国语言与文化学院讲师，硕士，研究方向：英语应用语言学。E-mail：tangtang@ bwu. edu. cn.

通过物流推动经济增长和就业

王　茹　译

（北京物资学院外国语言与文化学院　北京　101149）

自从英国经济学家阿尔弗雷德·马歇尔于1920年，在他经典的《经济学原理》中写到关于产业集群的重要性后，学者和政策制定者们就一直尝试理解和造就可以使工业成功的必要因素。在20世纪90年代后期，业务策略师迈克尔·波特认为，集群使得企业更加具有竞争力，这种竞争力是通过增加创新的步伐和刺激新业务的形成而实现的。国家和地方政府很快接受了这一观点，即一旦他们成立了一个集体，好的事情就会发生：更多的员工和雇主会被吸引到这个领域，这些活动都要靠经济的增长来良性循环。

近几十年来，许多产业集群已经发展到世界各地。其中，一些最著名的知识集群出现在硅谷（信息技术），好莱坞（娱乐）和波士顿（生命科学）。在每个领域，对于公司还有员工来说，知识溢出已经成为最大的诱引之一。强大的集群是一个包含风险资本资源、大学、研究中心、雇主、高技术工人及合作机构的生态系统，比如商会。然而，仍然存在的问题是，经济效益是知识集群本身就可以产生的，这样的集群会成就出高技术的工程师和科学家，在大多数情况下，集群不会去直接解决缺乏教育和培训的工人们的失业问题。

物流集群的益处

许多经济学家认为，西方的制造业将会有一场艰苦的攀登过程，是因为与发展中国家的劳动力成本和灵活性相比，他们处于劣势，但物流产业的集群有着光明的未来。

物流集群是本地的网络企业，他们提供各种物流服务，包括运输、仓储公司、航空公司、货运代理和第三方物流服务提供商；也包括分销业务的零售商、制造商（新产品的售前与售后）和分销商。这些集群吸引企业的是，他们把服务当做是很关键的一部分，也是他们总成本中很大的一部分。近年来，物流集群已经得到了全世界各国政府的支持与赞助，以寻求促进经济的进一步增长。

物流集群是战略性定位，从而实现针对大量人口进行高效运输以及交付服务。通常，他们都被定位在可以改变模式的物流环节上，如繁忙的海港（鹿特丹、上海、洛杉矶），机场枢纽（香港、首尔、孟菲斯）和从列车车厢到卡车进行货运的主要联运码头（如芝加哥、达拉斯和堪萨斯城）。一些世界上最大的物流枢纽，包括新加坡，圣保罗和孟菲斯，他们聚集了多重元素：模式改变服务、就近人口分配服务、转运服务。

一个正反馈回路

物流集群也吸引政府官员，原因有以下几点：在最初的投资之后，他们相对于其他集群产生出了一个自我强化的正面循环过程。所有的产业集群都会产生一连串令人满意的事件：越来越多的公司希望他们的新供应商可以更加贴近他们的客户，以及越来越多的员工可以发展能力来满足产业的需要。这将产生进一步的经济增长，同时，随着集群的不断扩展，他们的影响力也将不断加强，从而使得产生更多有利的政府法规和培训研究中心。

然而，一个物流集群提供了一个特别强烈的正反馈回路的潜能，这份潜能是通过参与一系列经济活动而产生的。随着集群商品流通的不断增加，运输成本呈下降状态，服务水平也在不断上升。例如，较大的车辆相对于较小的车辆来说，在每个运输单位里有着较少的成本，这个结论是根据多年来对于不同型号的卡车，飞机，轮船和火车的比较而得来的。大型运量的物流集群鼓励运营商经营更大的交通工具，因为这样可以减少运营成本。通过物流集群增加出来的那一部分货运量所带来的利益是运营商受益的必然结果。更好的服务吸引着更多的分销商和物流操作团，进而产生更多的货运量和吸引更多的运营商。

一些物流集群独特的增长驱动根植于运输和物流资产之间的互换性中。货物运到不同的地点，而在这些不同的目的地，拣选、排序、装载、运输、跟踪、卸货和交付操作却是大同小异的。此外，运输尺寸与运输能力因为要遵循规定和标准，所以在运输供应商看来是相似的。结果是：加入物流集群的新的分销业务可以利用现有的或者创立一个新的服务和物流集群运输载体，来出售他们的服务，并实现成为全方位的企业集群。还有，当配送中心彼此相近时，企业就可以共享资源，这些资源包括：叉车和仓储空间，允许他们做出高效的回应来改变需求模式。

德克萨斯联盟是一个位于达拉斯以北将近有40分钟路程的后勤中心，占地17 000英亩，有佩罗家族的希尔伍德创建而成，包括货运机场以及伯灵顿北方圣达菲联运公司。这些拥有地区强大公路连接的设施，使得德克萨斯联盟可以通过铁路，从洛杉矶港口接收到散装货物，在税收不增加的情况下增加价值（因为自由贸易区指派），分发货物给同一天内生活在相近地区的四千五百万人。在2011年之前，总的投资为73.5亿美元，其中不到6%来自公共资源，其余的来自私人投资者。到目前为止，德克萨斯联盟已经吸引了260多家公司（包括通用汽车、克莱斯勒、福特、百思买、家得宝、可口可乐、LG电子、埃克塞尔和联邦快递）。自2011年起，它直接创造了超过3万个工作机会，并间接提供了七万三千个工作岗位，经济效益高达406亿美元。

事实上，创造就业是物流集群中最强烈的议论之一。例如，孟菲斯国际机场拥有220，000个工作岗位，其中95%都是与货物操作有关。路易斯维尔国际机场是全球最大的UPS航空枢纽，其中当地雇员人数超过55，000人。物流集群周围成长起来港口提供直接就业超过50，000人次，间接就业超过90，000人次。

物流集群和其他类型的产业集群主要区别是工作范围的不同。与硅谷相比，华尔街和其他知识集群需要受过高等教育的、起薪在前5%～7%的美国工人，而物流集群生成的是一个多元的蓝领、白领和普通工人的工作场所。虽然物流工作似乎涉及相对低技能的活动，如运输集装箱箱和开卡车，但在工作流程和信息技术的使用方面，也是相对复杂和先进的。即使对于高管来说，丰富的操作经验也是很有价值的。因此，许多物流公司已经具有成熟的模式，在组织内或者行业内推广。为了提高员工的整体技术水平，许多公司都会提供机会让员工去获得高端的认证和学位。

联合包裹服务公司的记录正好证明了这一点。埃森哲咨询公司的一份报告显示，大多数在UPS的全职管理员工从非管理层职位复活，还有超过四分之三的副经理原本在非管理层职位工作。在美国的物流行业内，没受过大学教育的员工已经远远超越了那些在制造业上的员工。

物流服务添加值

一旦产品在配送中心，在原位执行有限的增值操作是高效的，以此来满足零售商或制造商的需要。例如，每年有 50，000 辆马自达汽车在送往英国之前，越过欧洲海岸在鹿特丹进行最后加工；在路易斯维尔国际机场航空枢纽维修东芝笔记本，维修周期从两个星期缩短至四天，即减少了服务周转时间。许多在物流枢纽执行的活动，如最后的产品准备、创建促销包和展示等，都需要包括设计师和电子技术人员等附近专家的配合。

需求响应

为了应对变化莫测的市场需求，公司经常推迟最终定制以保持他们产品的灵活性。这就需要一种增值操作的特殊类型，即在发送给顾客之前，由托运人负责修改、定制或增加产品。例如，尼康在路易斯维尔使用 UPS 供应链解决方案，从分布在美洲的亚洲工厂来接收照相设备，在被运送到零售商之前，对产品或者是配件（如电池和充电器）进行改装，或者依照一个零售商最新的店内摆设需求对产品进行重新包装。

提高收益

消费者所购买的电子产品的收益率高达百分之二十，但有一个实际的问题，那就是其中会有百分之五的退款。退款原因很多，其中包括购买者的后悔意识。物流集群在修理和翻新退货方面上发挥着重要的作用。

例如，海王星专门为卡特彼勒翻新二手重型设备，每年它可以处理大约 5，000 件设备。一旦推土机或挖掘机被转卖，海王星即会按照制造商的标准来进行维修，然后运送给客户。为了提供这种服务，海王星除了拥有运输和物流专家，还雇佣了技术精湛的力学家。

吸引其他产业与就业

物流集群需要有效的运输和物流服务来吸引制造业企业，这些企业有时会建立附属集群。例如，印第安纳波利斯有1，500家与物流相关的服务公司，其中包括亚马逊、惠普、美国药品连锁商店CVS Caremark公司。因为拥有四个交叉的州际公路、铁路连接和一个繁忙的机场，所以印第安纳波利斯已经吸引了大量的生物科学公司，包括礼来公司和伟彭公司，陶氏益农有限公司，库克集团，辉瑞以及罗氏诊断。同样，拥有着广泛物流资源的孟菲斯，也已经成为一个重要的医疗设备集群，此外新加坡也吸引了一个航空维护修理和大修集群。

物流集群有能力解决很多经济体所面临的某些挑战，包括对好工作的迫切需要，对外贸易的高水平要求和基础设施的更新。除了创造就业，物流集群切实地提供了对于其他成长型企业明显的好处。除了帮助企业操控全球供应网络外，物流集群还在运输工具可持续发展方面、节能存储方面和运输操作方面起着引领的作用。毫无疑问，它们提高了全球供应链的效率。在这个过程中，他们提升了越来越多的国际贸易和全球贸易流动。

绿色物流——追求一个绿色供应链

这里的关键词是“可持续性”。我们已经听说过许多关于这个词的应用，如可持续交通、可持续的废物管理，可持续仓储等。实际上，它是有关于的企业可持续性。我们都知道，能源成本不断上涨，所以供应链的管理层所需要做的是，确保当能源变得越来越昂贵，并且政府立法要求我们节能减排的时候，我们的企业还可以茁壮成长。

现代供应链变得越来越复杂，在各方面存在着相互依赖的关系。经理必须关注公司能源使用的降低情况、各种交通方式的优势、包装设计和废物处置的成本等等方面。其中每一种都可以解决供应链客户的需求矛盾，这些客户不论对错，总是期待更大的选择余地和更快的响应。这些问题都没有简单的答案，，但可以确定的是，我们早晚将不得不考虑开发一种全新的、节省能源的、保护环境的供应链来作为产业的驱动力。

顾客所需要的"满足流转需要，尽量降低存货成本，尽量减少资金占用"是制造商和零售商所要求的库存管理原则，而且这些原则已经导致一些非常低效的物流实践——很多小的送货车和部分整车在一个国家四处游荡，只为满足一个不合理的念头。有大量的研究证据表明，尽管近些年来，重型货车交通没有总体经济增长的快（长期趋势来看），但轻型货车交通已经大大增加了。我们都知道，车子越小，每英里的碳排放量就越多。

那么该做些什么呢？正如您可能预期的那样，这里没有单一的解决方案。这将需要以下所有措施的共同作用：

1. 教育——大多数的消费者完全没有意识到他们所能够决策的环境的影响，所以我们选择通过标签和清晰的展示向他们介绍这里所隐含的信息。

2. 政府——需要清晰的交通政策，鼓励高效的行为，尽量减少搬迁以及大量使用车辆。

3. 制造商和零售商——需要在负载上给予更多的优先排序政策。

4. 产品范围——消费者似乎愿意扩大零售商的范围，但这将导致效率低下。就像来自德国的奥迪（Aldi）和利迪（Lidl）两家连锁超市所展示的那样，客户会被吸引到一个小的模式里面，其他零售商就会努力效仿这个模式里的样子与方式来工作。

［文章作者］Simon Tomlison.

［文章出处］MIT Sloan Management Review, Fall 2012, Vol. 54.

［译者简介］王茹（1975，10），女，北京物资学院外国语言与文化学院讲师，硕士，研究方向：国际经济合作。E-mail：wangru@ bwu. edu. cn.

交通管理体系
——应对挑战取得成绩

邱林林　译

（北京物资学院外国语言与文化学院　北京　101149）

随着企业对优化供应链的运作越来越关注，物流机构不得不连续做出重要决定，以便创建一个高效的运输管理系统。公司执行采购和运输业务的效率会极大地影响他们的业务底线，因此，公司正在寻找方法来改进他们的运输。企业的各项目标，例如降低成本和开销，增长利润，控制材料和库存，以及提高客户服务，每一个都可以通过运输管理解决方案的实施与高效运作实现。

"物流管理"杂志最近的市场研究发现，运输管理软件（TMS）有利于企业和他们的运输伙伴间进行高效的通信和信息共享。高效的通信和信息共享将通过更好的决策得以实现。它将涉及货运路线规划，载体的选择、安排及招投标，质量控制，法规和准则的遵守情况，报告，审计和货品计价等诸多方面。

这篇摘要意在为年运输费用超过500万美元的公司提供货运运输需求和关注的新视角。我们将探究他们面临的挑战，以及他们应对这些挑战的策略。进一步的研究侧重于采用多模式运输管理系统（TMS）给托运人带来的优势。

研究结果摘要

中型和大型市场托运人期望能够在明年的物流运作过程中进行重要投资。三分之一的托运人（34%）计划在货运服务及运输设备及解决方案方面斥资至少1亿美元；而42%的托运的支出不超过2500万美元。

在这方面比例最高（44%）的受访者计划将在交通管理软件解决方案的实施和升级方面投资。

各公司正在寻求诸多领域的进步，例如，路由、出货率、负载优化、供应商和客户的沟通、运输过程中各阶段的透明度。

除了增加在以上诸领域的效率，托运人进一步规划，设置性能测量标准，建立关键绩效指标。此外，为改进规划和决策，托运人进一步就有效利用数据进行规划。

为了实现这些目标，许多企业要先实现自动化作业。

为了改进关键业务的第一步，各机构利用多模态的 TMS 解决方案。TMS 应用程序能够更好地控制成本，提高物流过程的效率，能让他们为客户提供更好的服务。

货运服务的范围及管理

大中型市场中的企业往往依赖于混合的运输方式。平均来说，大约会用到三种不同的运输模式。大多数运输是以整车的方式（77%）或零担的方式（67%），小包裹运输（33%）和海洋船运（30%）也是常用的方法。

平均而言，这些业务调度超过每月 10 万的出货量；这些货运略多于四分之三是国内运输，而四分之一是国际运输（22%）。

平均而言，大约四分之三的货运由内部员工进行管理；四分之一的货运外包给第三方供应商。

几乎所有的受访企业使用合同承运人。虽然仅有一小部分承运人依靠私人运输车队，许多企业既依赖于合同承运人又依赖于私人运输车队服务，来满足他们的运输需求。

为了更好地实现自己的货运目标，平均而言，这些公司明年在货运解决方案上计划花费近 1.4 亿美元。

许多企业会在 TMS 解决方案、物流人员以及外包服务方面投资。

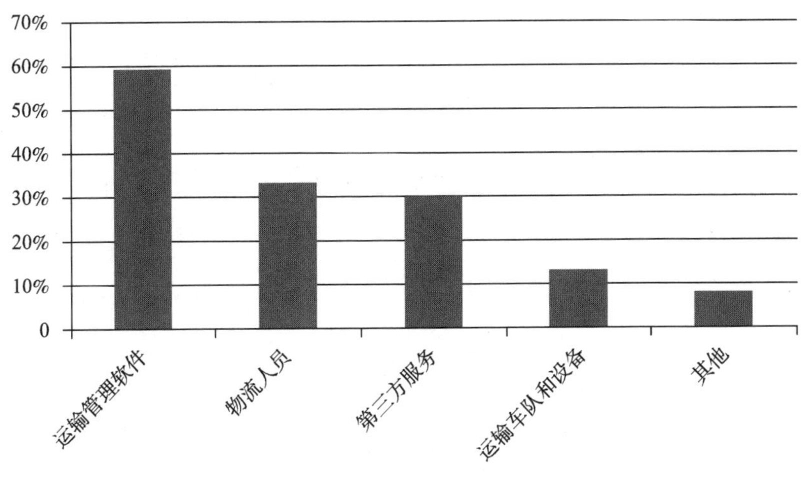

企业将购买的运输解决方案

通过运输业务希望达到的目标

大中型企业寻求改善的重要业务领域以实现从运输到结算更大的实时可见性为中心。实时信息将进一步带来载荷的优化，更好的路由、运营商选择和速率检查，强化关键绩效指标，更智能的决策，报告功能的升级 ，以及发票和付款程序的改进。

希望达到的目标	所占百分比
实现进入发货状态的可见性	59%
建立关键绩效指标	55%
优化/合并出货量	55%
提高决策与规划	54%
接收提供的最优惠的价格	52%
更有效的路线规划与调度	51%
报告功能（显示地图，负载表等）	47%
启用运费支付/审计分析	43%
确定最佳的航线	40%
精确和适当的文件	37%

续表

希望达到的目标	所占百分比
实时的集装箱/货件追踪	35%
优化资源/船队	35%
实现基于互联网的应用程序	29%
提高进口/出口业务	29%
减少路程/二氧化碳排放量	29%
丰富海关通关问题的知识	25%
符合法规规定	21%
启用分段规划，加载策略，拣货作业效率等	20%
最大限度地减少生产线停工	13%

正如已经指出的那样，实时监控和管理物流业务关键阶段的能力，给资源优化、成本管理以及客户满意度带来重要的影响。因此，为了更好地了解运输状况，减轻风险、减少交货问题，促进更好地沟通、跟踪和追踪信息，同时也为了提高效率和质量控制，越来越多的商家把运输合作伙伴的可见性引入到供应链业务中。

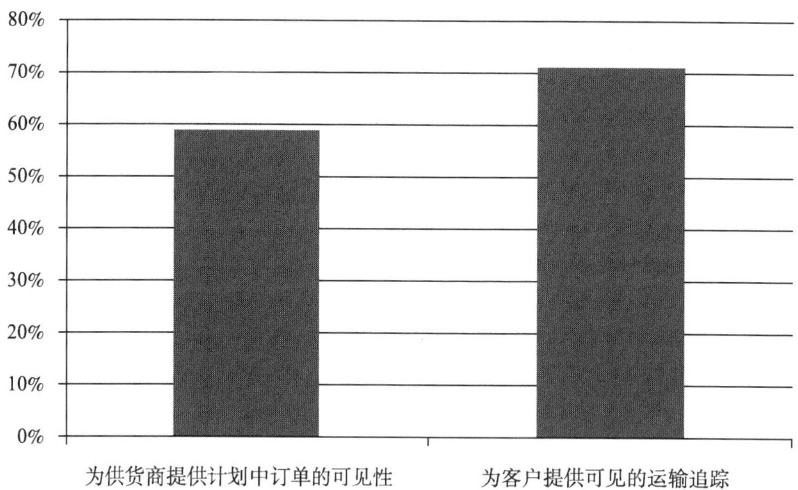

把可见性引入到供应链的企业

运输问题和挑战

物流业务管理者面临的许多问题都十分棘手，例如 ，有关交通规划的决策，过程效率，选择最佳的技术解决和应用方案，以及计费管理。

此外，运输的多样性以及采购运输程序的复杂性需要信息以便对运输方式、路由率和负载的规划进行准确决策。为了更好地管运输业务 ，这些因素迫使企业更加仔细地审视自己的货运惯例，以及随后的目标解决方案。

另外，物流经理还面临着诸多挑战，他们要确保发货准确和及时，还要机智地管理成本和员工，确保风险最小化，以及实时的可见性。只有这样，追踪以及付款和发票状态的功能才可能得以实现。

货运流程处理

有趣的是，只有很少的公司已经实现了这些关键业务的自动化。大约只有三分之一的公司已经完成大部分进程的自动化。进销存和跟踪的功能通常已实现了自动化，但大多数情况下，运输整合仍是手工处理。

和上面的比例类似，大约有三分之一的公司仍然在手动处理这些程序。大致有十分之四的企业要在潜在的劳动力密集型任务上实现自动化，如评级、负载招标和运营商管理。但是，在仍旧手工操作的工作中，有几个被指定进行自动化。大多数现在用手动程序跟踪运输和发票的企业有望在不久的将来实现这些工作的自动化。

虽然如此，关键业务程序未实现自动化的后果可能很严峻。非自动化流程和信息很容易杂乱无章，这可能会导致跟踪误差和运送延迟。质量差的控制可能会导致负荷的运输不完整，资产未充分利用，工作时间生产力低下，或生产率低。这些能力的缺失可能意味着更高的成本和浪费，错过了机会，并失去了收入，或引起客户的不满。

	自动	手动	计划实现自动	没有计划
货运发票审核及付款	44%	31%	18%	7%
货物跟踪	42%	29%	22%	7%
交通数据分析	36%	36%	20%	8%
加载招标	35%	37%	13%	15%

续表

	自动	手动	计划实现自动	没有计划
运营商的数据管理	34%	39%	17%	10%
寻找运营商和最优惠的价格	33%	41%	16%	10%
发货	30%	40%	16%	14%

运用采纳运输管理软件（TMS）方案

为了更好地解决与货物运输相关的问题，多式联运管理软件（TMS）等解决方案正在被评估和采用。他们为承运人提供了一种能提高运输业务效率的工具。

TMS 实施带来的好处被不断地认可

大约有三分之一的企业已经在运用 TMS 解决方案，近一半的企业正在计划在一年内采用或评估 TMS 应用程序。

每当为了采购而评估多模态 TMS 解决方案的时候，决策者着重考虑的是产品的性能，改进控制流程的能力，应用程序的成本和投资的回报，以及与其他 ERP 应用程序的兼容性和整合能力。

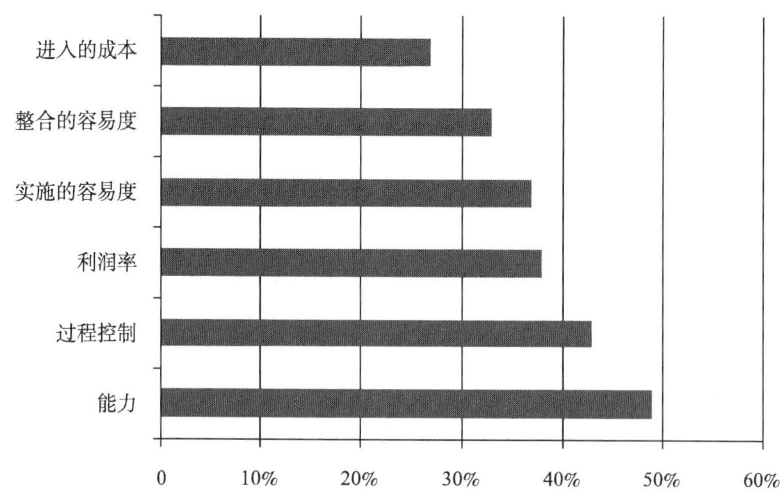

评估 TMS 解决方案时最重要的尺度

决策者声称投资回报率是决定因素。他们估计大约一年后，才能看到投资回报。然而，也有一些决策者觉得看到投资回报可能需要更长的时间，甚至还有一些决策者不确定何时能得到投资回报。

TMS 部署

研究表明，大多数公司目前在现场应用 TMS。同时，也有越来越多的运输者已选择基于互联网按需求运行的 TMS 解决方案（27%）。

通过 TMS 业务获得的商业收益

TMS 解决方案已经带来了众多关键业务上的收益。货主和其他货运服务供应商表示，通过使用技术，他们有能力更好地管理成本，提高运输过程的效率，改善客户服务，实现对供应链的实时监控，实现更高的过程效率。

	所占百分比
控制成本	69%
改善过程效率	64%
完善客户服务	61%
提供供应链和运输业务上实时的可视性	54%
手工流程自动化	53%
生成实时数据	48%
启用实时监控	47%
供应链的可靠性	46%
提高资产利用率	37%
降低人工成本	32%
成为一个更灵活的企业	32%
减少现有库存	23%

续表

	所占百分比
履行绿色/环保责任	23%
资产跟踪	22%
减少废料和浪费	12%

TMS 执行中的挑战

系统的兼容性和集成，IT 企业的合作，用户的抵制，自动化手工任务需要的努力，实现和管理应用程序的资金和资源是否到位，是企业在评估、实施和运行 TMS 应用方案时面临的主要挑战。

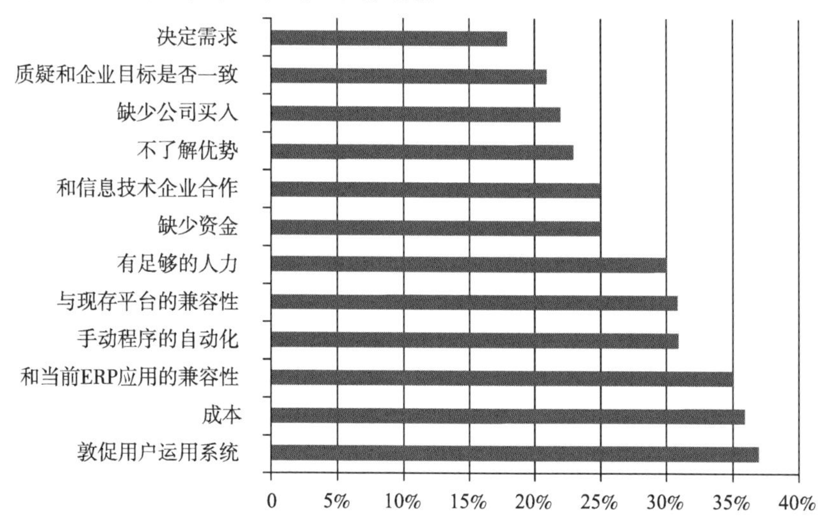

实施 TMS 解决方案时的挑战

此外，购买决策过程也提出了挑战。与其他企业应用相似，评估和实施 TMS 解决方案的过程可能是复杂的、长期的、多层面的。经理代表不同学科——企业管理，IT，供应链管理和运输业务等，每个学科在 TMS 实施时都有重大影响。

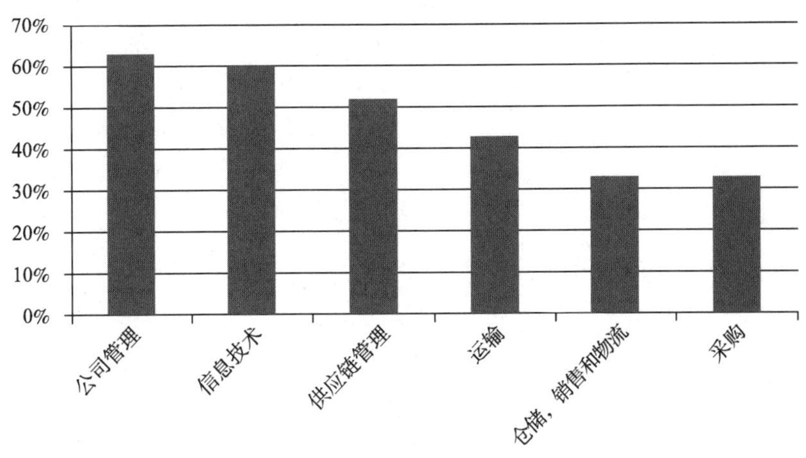

与决定 TMS 解决方案有关的部门

研究方法

这项研究是由“物流管理”杂志为 Mercury Gate 进行的。此研究于 2010 年 11 月进行，并在互联网上物流管理杂志的投稿者间进行。受访者有资格参与调查，因为他们参与决策，为自已的公司或其他的公司评价和应用运输管理软件解决方案。

研究的发现基于从就职于大中型企业（在运输及货运解决方案耗资 500 万美元以上的公司）的 386 位顶级物流经理处收集的信息。受访者主要是物流管理者，配送管理者和运营管理者（46%），高级供应链管理者（27%），执行管理者（7%）和交通专家（9%）。一系列的公司研究表明：三分之一的受访者（36%）在收入为 10 亿美元或以上的企业中工作，有三分之一的受访者（36%）是在收入为 1 亿美元至 10 亿美元的企业内工作，28% 的受访者工作的企业收入在 1 亿美元或以下。研究代表的行业包括食品、饮料制造，化学品和药品，医疗设备和用品，电脑及电子产品，汽车和运输设备，纸制品，金属和纺织品。非制造业企业以及批发和零售贸易需要考虑第三方物流和运输服务。

关于 Mercury Gate 国际公司

Mercury Gate 提供运输解决方案，让托运人、承运人、货运代理和第三方物流服务供应商计划和执行货物运输，分析所有涉及方的表现。

客户对负载、速度和路由负载进行优化，通过私人和公共出价系统标记报价，进行货物招标，追踪运输进行货运发票审核，给在世界上任何地方的客户发送发票。通过一个可定制的工作流程引擎，Mercury Gate 的客户能够运送包裹，以零担（小于整车），整车运输以及更为苛刻的多航段方式进行海运、空运和铁路运输。然后，客户可根据货运结果收集到的信息进行分析，提供关键性能指标，这个指标不仅反映自己的表现，还反映运营商、供应商和供应链中各方的表现。

[文章作者] MercuryGate International, Inc.

[文章出处] www. mercurygate. com. (2012 -6)

[译者简介] 邱林林 (1978, 4)，女，北京物资学院外国语言与文化学院讲师，本科，研究方向：英语语言学与英语教学。E-mail：qiulinlin @ bwu. edu. cn.

无国界经营：电子邮资技术下的国际航运

路文军　译

（北京物资学院外国语言与文化学院　北京　101149）

圣人有言“思考全球化，行动本土化”，这句话用在商业领域实在是再适合不过了，尤其是货物航运领域。据美国商会的数据显示，世界上美国本土之外的大约96%的消费者拥有着世界三分之二的购买力。在线拍卖巨头易趣网称，其注册买家中一半的用户是海外用户。随着电子商务的兴起，互联网使世界变得更小，全球85%的互联网用户在网上购物，企业如果再不涉足网购领域，就会错失赚大钱的机会。

佛斯特（Forrester）研究公司最近发布了一个报告，题为“2010年在线零售业现状报告：主要优点，通道广泛和全球战略”。报告中指出，美国经营国际航运的在线经销商称自己平均约5%的收入来自国外的订单，超过一半的受调查零售商称自2009年以来，汇率一直在上升。2009年，由互联网零售商所做的一份类似的调查显示，14.5%的经营国际航运的受访商家中超过1/4的收入来自海外客户。由于经济衰退，国内航运贸易面临的下滑的趋势，增加国际目的地可以帮助弥补失去的收入和创造增长市场。

尽管奥巴马政府称，在接下来的五年时间会力图促使美国出口翻一番，政府正采取措施推动各国开放贸易，但是在美国本土以外做生意的复杂性使许多企业望而生畏。国际航运纷繁复杂，汇率每年都在变化，关税和税收须以多种货币结算，许多国家拥有不同的运输规则，加上商家要遵守海关文件和报告是需要十分严谨的，后者是商家在经营国际贸易时面临的不可抗拒的大阻碍。对一些企业而言，后者既影响着在经营国际贸易时货船能否准时到达目的地，也是影响经营的一大障碍性因素。即使公司拥有先进的物流管理系统来应对复杂的贸易规则以及简化运输过程，降低对外贸易成本，但是通常，一个公司必须改变其仓库的流水线作业过程才能处理好要发往国外的货物。

毫无疑问，国际航运功能性和技术性的复杂性是真实存在的。然而，通过国际贸易拓展业务的真正障碍是公司对复杂流程的恐惧，是人们对怕犯高昂代价的错误的恐惧，是公司对有效地管理如今整个国际运输过程的可用的解决方案意识的缺乏。

对各种规模的企业来说，也有好消息，有一个高端的但操作简单的技术，能解决这些难题，减少国际航运的风险，那就是电邮。

电子邮资系统是一个软件平台，它能通过计算机使美国邮政服务广泛应用于国内外贸易和航运。邮政服务能至200多个国家，电子邮资技术能使所有规模的企业精简国内和国际运输过程，节约无数的时间和金钱。

今天最好的电邮方案，如达美安迪卡（Endicia）软件，不仅能简化邮资购买流程，而且能同时准确、有效、安全地处理国内外所有汇率的计算及所需文件。他们也处理所有的海关文件和所需的报告文件，包括美国统一电子出口信息（EEI）报告。这些解决方案只基于一个目标，那就是能为小型企业和个人拍卖行提供理想的服务。他们也能很轻易处理大订单以及订单完成管理系统。

国际象棋屋（Chess House™）使用易趣网和其他在线资源来经营国际象棋装置、设备，为个人和世界各地的学校提供教育服务。利用达美安迪卡溢价运输的软件（此软件已并入其流水线系统）使得其国际订单能在两分钟之内完成，包括海关表格的完成。根据国际象棋屋的主人拉斐尔·内夫（Raphael Neff）所说，达美安迪卡每周为我们节省几个小时的时间，这相当于每年能给我们节省数千美元的成本。处理国际订单的便捷性使我们真正变得国际化。”

一、打破国际航运的壁垒

进行国际贸易的方式多种多样，包括短期（2976）和长期（2976A）两种形式；国际组织会有多种价格、多种称重方法和多种运输方式的选择，包括三种流行的邮件类：国际快递邮件（EMI），国际优先邮件（PMI）或一类国际邮件（FCMI），这三种类别的运输方式所对应运费的计算方式也不尽相同。人们也要考虑到多种折扣：对小中型托运人执行基准标价，对大运量货物托运商提供协商好的折扣服务。此外，每个国家对不能运营的货物都有不同的规则和禁令。例如，你不能运可可豆去德国。总之，商家要做无数的决定，万一其做了一个错误的决定或运算，就很容易导致延期装运，甚至更糟，遭到买家退货。

如今，人们越来越了解电子邮资，电邮也使得海外航运变得更为精简，使各种规模的企业都能使用电邮。所有的决策供应机制和高效处理机制都已内置到软件。只需输入地址，选择邮件类别和重量，并说明货物，软件会自动计算费用、选择合适的运输方式、盖上邮戳、印上邮资，把所有必要的文件印在一张单一的标签纸上，就可直接放入国际邮件和国际优先邮件的扁平信封和国际优先邮件小扁平箱包装；或是把一张自动的、可多次进行拷贝的纸张和海关表格，放入其他邮递类型的塑料信封里。人们没有必要亲自去邮局。大多数国际包裹可以由美国邮政通过自由托运商邮递过去或由托运人所在的当地邮局特别安排。只要邮寄了至少一份加快国际快递邮件或国际优先邮件包裹，一类国际邮件就是有效的。

国外航运也非常耗时。在电子邮资出现之前，托运人必须通过一个 800 号来联系美国邮政服务局，详细描述货物，然后等待工作人员来计算邮类和价格。每一种邮寄形式都必须用手工完成的。通常，美国本土以外的航运需要亲自到邮局。即使是对中小型的货物托运人而言，对外航运也会费时花钱。

基于我们自己的研究和客户的反馈意见，达美安迪卡估计，对一个需经常货运的小型企业来说，若使用电子邮资，处理和准备一份普通的国际订单的耗时可以从 20 分钟甚至更多的时间减少到约两分钟。

达美安迪卡软件包括一个叫做国际航运顾问的独特的功能。它能给货主提供成本、重量和尺寸的规格限制，并为所选择的邮件类、目的地提供交货标准。它还会列出该国的禁令，解释它的限制，提出任何有用的意见，并显示在该国提供国际快递邮件和其他邮件类的地区。

达美安迪卡软件还允许托运人在给货物贴标签的时候对货物进行投保。商家为产品和目的地提供最合适的保险选项，包括对不相干国家的建议、如何填写索赔表格等内容。

二、指导客户通过政府规则的迷宫

也许最令人困惑的、影响国际航运过程的是完成所需的海关表格。在电子邮资出现之前，人们必须手动处理海关表格，填写一份特定的海关表格需要遵循好多模棱两可的规则。达美安迪卡是首个能自动生成海关表格的电子邮资的解决方案，为200多个国家建立具体的海关数据提供了解决方案。该软件将通知托运人填写表格并跟进他们的进程。对那些只需一小部分型号的货主，人们可以储存货物型号数据，以便重新使用那些需要提前填写的表格。该解决方案还可以把项目的数据源投入其他使用，如订单处理、库存系统以及预填写海关表格。

电子邮资也能自动满足联邦海关对每个生成的航运标签提出的要求。2009年9月，美国商务部颁布法案，要求将所有的海关数据报到美国邮政局和商务部。达美安迪卡软件能自动将此数据用电子的方式报到邮政局和商务部。它也处理美国统一电子出口信息报告。有了这种功能，人们就不再需要一个外贸专家或全球物流专家来与全球客户成功做成生意。

除了处理表格和邮费，把货物运到海外还需要美国邮局给盖官方安全印章——此章被称为“红圆邮戳”，它会显示当天日期和原产地。在进行电子邮资之前，托运人必须去邮局盖安全邮戳。达美安迪卡是首个提供美国邮局授权的盖“红圆邮戳”的供应商，此项业务已成为其软件的一部分。如今，该邮戳已与剩余的航运表格和邮资紧密结合。

最后，国际航运需要托运人合法签名。电子邮资方案还提供了承运人资格认证以省去承运人签字的需要。对大运量的托运人而言，省去签字这一环节是相当省时省成本的。

墨西哥食品商网站（MexGrocer. com）：总部设在加利福尼亚州迭戈的墨西哥食品商网站产生于2000年。这是一个全国性的在线双语杂货铺，它为世界各地的墨西哥美食爱好者提供超过1500种墨西哥特产。墨西哥食品商网站创始人小伊格纳西奥·埃尔南德斯（Ignacio（Nacho）Hernandez, Jr.）指出，首先，公司的运输模式在处理国际订单时相当费时费力，另外，公司运营国际货物的花费是相当大的。

加入安迪卡之后，墨西哥食品商网站将其处理订单时间成功削减了一半以上。公司的邮政运输量增加了500%，其日邮寄包裹量增加了。使用达美安迪卡的航运技术使得墨西哥食品商网站每年节省高达28000美元的航运成本。

三、可扩展性和可定制性使国际商务大幅增长

电子邮资本质上是一种应用软件，可以运行在笔记本电脑和台式机的桌面以及网站上（达美安迪卡是唯一一家提供 Mac 平台服务的电子邮资供应商）。达美安迪卡软件可以应对几乎任何大小的运输规模。该方案的采用不仅是以客户的选择为基准，同时也提供标准的桌面 XML 接口，使大运量承运人能轻易地将所有电子邮资功能融入到他们已有的终端货物订单处理过程、库存以及供应链管理系统中去，以此来切实消除运输失误的可能性。为了进一步为电子零售商精简国际运输程序，达美安迪卡与 130 多家拍卖管理行和航运伙伴合作以提供完成大订单的界面。这些合作伙伴可以利用一个非常大规模的安迪卡标签服务器应用程序编程接口（API）的优势，通过使用基于简单对象访问协议（SOAP）的网络服务器来使合作伙伴在不要求其用户安装新软件或是改变工作流程的情况下提供 USPS 航运服务。达美安迪卡标签服务器供应系统产生一个集成的标签图像，完成隐形邮资，核实交货/退货地址和服务条码，包括发确认，签名确认，认证邮件，快递邮件，确认服务和海关编号。

即使拥有一个非常简化的综合运输标签功能，处理大量的标签仍然非常低效、费力和昂贵。这就是为什么诸如达美安迪卡这样的一流电邮供应商会提供批量标签打印服务。对运输有限型号的大运量承运人，达美安迪卡会提供专业的“筛选和包装”订单处理服务。这项服务仍会提供综合运输标签，包含所有必要的邮资、文件和报告。

四、协调运输推动效率进一步提高

电子邮资推动运输效率进一步提高的另一种方式是它能利用关税编码表（HTS）快速填写海关申报所需的产品描述信息。关税编码是一个全球通用的代表货物的六位数编码。关税编码通过提供标准化的、全球通用的产品描述极大地简化了关税申报程序。美国商务部拥有一个标准的基于关税编码的产品描述数据库。达美安迪卡软件已囊括了该数据库的信息，所以用户能够为一种货物选择关税编码，然后将此货物的关税编码信息自动传入软件的产品信息描述区。对于大运量的货物，人们可以将其关税编码与产品型号绑定。对于那些已

经将关税编码纳入为产品管理的一部分的公司而言，人们只需使用一个简单的一次性的系统，就能将编码放入达美安迪卡的软件之中。

五、一个非常特殊的外国消费者——美国军事运输

美国家庭和慈善组织将数以千计的包裹送至在国外的家人或是朋友手中。这海外的消费者群体是一个数量非常庞大的邮购消费者群体。寄往军邮局或舰队邮局（APO 或 FPO）的邮件是一个独特的邮件类别，它采用国内邮件的价格，在大多数情况下，需要海关表格和“红圆日期戳”。

电子邮资邮寄之前，邮寄到军邮局或舰队邮局的包裹首先需要送到邮局去盖所需的大红圆戳。由此产生的运输积压会让人们觉得沮丧，让业务经营非常没有效率。达美安迪卡是首个提供到军邮局或舰队邮局的装运服务的电子邮政服务供应商，它提供所需的所有表格、签字认证和盖安全邮戳。

使用达美安迪卡溢价和达美安迪卡专业服务或达美安迪卡网络标签服务器服务的承运人可以以电子的方式生成一个综合的集运输、邮资、报关于一身的标签，邮费和报关标签轴承所需的电子圆戳需要运送到军邮局或舰队邮局。这些包裹不再需要到邮局盖圆戳。相反，邮递员可以拿着邮戳到各地给包裹盖戳，从而省了大量的把包裹运到军事基地的时间。

士兵们的天使——它为部署在海外的美国士兵提供护理套装。通常，它会在一个全职员工、几个社区和军队志愿者的帮助下，每周运 500 ~ 2000 套护理套装给海外士兵。然而，在圣诞前的几周，护理套装订单会猛涨到几乎 18750 份一周，总计在假期会有 75000 套。这时对包裹的需求远远超过供给，因为通常邮寄到军邮局或舰队邮局的包裹必须首先被送到邮局去盖所需的圆戳。

自从人们开始使用达美安迪卡技术，“士兵们的天使”的发货量增加了五倍，在繁忙的假期能达到每天 1000 多套。

六、对外开放，进行全球扩张

有了正确的电子邮资方案，对美国而言，各国正张开怀抱，欢迎那些渴望在不承担更多的责任和协调费用以及管理国际航运的复杂性的情况下增加收入的美国公司。

简而言之，电子邮资采用的是步骤繁琐、纷繁复杂、令人疑惑、高度集中的书面程序。这是一个通过充满风险的、被精简成一组简单的点击和一些基本信息的录入来传达一张简单的经过整合的单子，这张单子囊括了邮资、海关表格、发货信息、退货地址以及所有所需的海关数据，包括产品描述、数量、价格和原产地。

达美安迪卡在提供邮资技术方面已有超过 25 年的历史。通过消除复杂性、简化流程和给国际航运提供全方位的和量体裁衣的专项服务，达美安迪卡的电子邮资使得公司不论大小，都能在世界范围内如鱼得水地经营。

[文章作者] Amine Khechfe, General Manager and Harry Whitehouse, Chief Development Officer of DYMO Endicia.

[文章出处] DYMO Endicia International Shipping White Paper.

[译者简介] 路文军（1963），男，北京物资学院外国语言与文化学院教授，硕士，研究方向：应用语言学及二语习得。E-mail：luwenjun@ bwu. edu. cn.

通过自动运费核算系统控制海运费用[1]

郭亚丽　译

（北京物资学院外国语言与文化学院　北京　101149）

摘　　要

物流企业的营运成本中海运成本比重较大。本文首先讲述了使用手工操作核算海运提单的一些弊病：如核算失误、费用计算失误等问题。针对这些问题，本文作者主要讨论了运用电子自动运费计算系统核算海运提单，减少工作量，提高效率，提高准确率，降低成本的可行性。本文通过一系列的论述最终得出结论：物流企业可以通过自动运费计算系统合理控制运费成本、提高效率、保障资金链的运行。

一、成本增加问题

物流业面临的最严重问题之一就是通过海运运输货物的成本问题。其原因并不仅仅是海运这一运输形式本身亦或整个计算程序的问题。海运产生的运费意味着不断增加的盘存货物的额外开支、清点各种提单时将会面临的各种问题。如果说海运费用是各种物流费用中最大的单笔开支，那么我们不得不承认海运费用直接导致供应链融资产生一定的误差。

因此，物流企业现在亟须的是建立一套自动运费计算系统和程序以简化运费支付及审计管理程序，提高准确率，最终降低成本。

[1] 摘要为编者加。

手工核算成本过高

尽管当今物流业的技术与资源已十分先进，手工核算仍广泛应用于运费核算领域。这种方法不仅效率地下而且费用极高。有关审计数字表明，大约25% ~30% 的提单计算存在错误。而问题不是承运人多付或少付了运费，而是这里的误差究竟有多大。

海洋运输的复杂性通常导致提单计算的失误。而想要改善这一状况又不太现实。这很大程度是因为想要精准地找出出错的地方不仅耗时巨大而且需要非常专业的相关领域知识。即便如此，找到的错误也是九牛一毛。因为仅靠人力从多如牛毛的单据中筛选还要求经办人熟悉各国的税法。这几乎无法实现。因此，为了克服以上种种困难，对运费进行正确的审计，承运人甘愿多付运费以避繁就简。即便费用清单是打印稿，绝大多数统计仍是靠人力手工输入、计算得出的。这一情况对于那些采用更复杂的提单系统的公司就意味着他们将要额外支付更多不必要的费用。即便这些错误产生的费用只占很小的一部分，但是积少成多，长此以往，额外的费用也相当可观。

二、电子自动运费计算系统

最佳运费审计应该不需要用户亲临现场就可计算出所有提单总计的费用。其实，只要拥有互联网，再设计一个基于网络数据运算的管理系统，就能自动将提单与合同中的费用加以比较、分析并最终完成统计。然后，一份标准的海运提单会经网络传送到费用审计管理系统中。据此，承运人就可以拥有一个更加高效、准确的电子运费单据审计系统，更完善地进行审批与付款的步骤。

电子运费计算系统要件

1. 电子信息整合

物流业依赖电子数据处理系统而生存。这些系统以不同的种类与形式为物流业服务，如 EDI、XML。如果要进行电子运费审计，就必须依靠电子提单和预先发货清单这两个商务文本来提供信息整合的必要数据。这就要求这些数据要通过网络传输到每一个海运公司。只要拥有这个网络，我们就能够省去以前各承运人必须到场这一步骤，进而降低成本。

2. 合同管理

电子运费审计系统的核心是合同管理。要通过合同管理处理一系列的费用核算问题：基础海洋运费、内陆运费、附加费用。为了减少管理费用，网络的使用是不可或缺的。通过网络有效管理各种费用以及海运额外开支对于降低管理成本是至关重要的。

因此，必须建立一个有效的电子信息处理系统和一套合同管理系统。这样，合同管理系统在成功接收到电子信息处理系统传来的信息后，就可以进行搜索、比较、分析、运算、转换等一系列工作，从而达到缩小成本、提高效率的目的。此外，分析产生的数据报告还可以对运输公司的业绩进行评估，从而帮助承运人与运输公司协商一个有利的付款条款。

特色总结

- 嵌入式可调控审计系统，协助承运人定位货物偏差；
- 货物通信系统；
- 点对点汇报系统，可分析货物数量、费用的偏差，可评估运输方的业绩；
- 可与承运人后台会计核算系统联接，避免融资供应链的断裂；
- 针对承运人及无船承运商的投资额进行快速反馈。

三、有效控制运输成本

降低成本、加大现金流是成功的关键因素。各种提单的复杂性使得依靠单纯手工操作，完成各种提单的统计哪怕只是一小部分也极其困难。因此，使用自主电子运费审计系统已经在业界成为一种时尚。越来越多的大型物流公司使用该系统管理并控制海运成本。当海运费用成为物流企业的主要成本时，一个灵活的自主电子费用审计系统将帮助各大物流公司控制成本、激活价值、提供短期收回投资的保障。自主运费审计系统已成为管理融资供应链一个重要的工具，拥有它，你将能够成功降低海运成本，正确选择海运商，评估他们的业绩表现。

关于笛卡尔公司

笛卡尔公司是一家在物流技术领域处于世界领先地位的公司。该公司致力于开发先进的物流管理技术，帮助世界各大物流企业降低成本、提高服务。笛卡尔公司的云计算物流技术平台致力于建立全球物流管理网，建立世界最大的多样式联运网。笛卡尔公司总部设在加拿大安大略省，在全球拥有其分支机构及合作伙伴。

[文章作者] The Descartes Systems Group Inc.

[文章出处] Business Whitepaper, 2011, P37.

[译者简介] 郭亚丽（1973，11），女，北京物资学院外国语言与文化学院讲师，硕士，研究方向：应用语言学与语言教学。E-mail：guoyali@ bwu. edu. cn.

整合小流量线路，降低运输成本

俞 莹 译

（北京物资学院外国语言与文化学院 北京 101149）

摘 要

通常情况下，大多数客户都会要求门对门长运（出发地距目的地超过250公里）。因此，多数运输线路会被划分为“小流量”线路，相对于那些高昂的市场价格，成交价格相对较低。据我们的研究显示，明确出发地和目的地这一范围要大于门对门长运，因此整合小流量线路可以使货运方增加线路运量，降低成交价，节省大约15%的市场成本。

货运方或许已经发现了一个普遍现象：集中并重新规划部分运输线路，尤其是那些小流量线路，可以降低货运成本。

为了明确表示此项研究可行与否，并且为了定义某些工作参数，麻省理工学院物流工程硕士茱莉亚·柯林斯和瑞恩·魁兰于2010年进行了一项研究，该研究是由“C. H. 罗宾逊世界”资助的。此白皮书反映了他们的研究结果和重点推荐。

此次研究目的就是要确定应用不同的“出发地—目的地”概念来定义不同的运输线路及其影响。其中心是明确运输线路整合的影响。C. H. 罗宾逊提供了为期两年大约50万箱的历史交易记录数据。这些数据提供了一份重要的统计分析样本。通过应用这些数据，他们研究发现绝大多数时候，距离和位置是决定价格的重要因素。这一模式同时还表明地域区域决定着小流量线路成为潜在整合线路的可能性。

柯林斯和魁兰首先分析了货运是如何按流量分配的。他们认为85.5%的货物是跨线路运输，年货运量小于15，这些运输线路被划归为小流量运输线路，只有3%略多的运输线路每年超过150。

他们制定了一套回归基础模式（表1中的R2值）来评估美国受雇市场上的成交率。回归基础模式结果见表1。这一模式提供了足够的信息，描述了整合小流量运输线路、确定出发地和目的地这两者是如何规范地域界限的。

表1　回归基础模式

运行编号	7
R2	91%
货价	$322.31
距离	$1.14
现货	$9.68
点距离	$.14
现货量	$26.78
出发地公里	$.91
目的地公里	$.50
出发地属州	X
目的地属州	X

研究结果

通过进行研究，柯林斯和魁兰总结如下：

（1）整合线路可以降低货运成本。当出发地和目的地之间的运输线路被划分归类，整合小流量运输线路（即门对门）就可以做到节约成本。然而，区域整合的规模大小决定了整合是否可行。归类小流量运输线路、定义出发地和目的地区域概念，可以使货运商创建更为集中的契约体系。小流量货运可以降低其成本，因为他们可以通过网络增加货运商和货运量。

（2）即使处于买方市场，现货率仍然高于合约率。货运商更倾向于现货而非合约，即使是经济衰退的2008～2009年（现货率下降了将近80%），现货率依然高于合约率。整合运输航线就可以防止物流市场转向现货市场。同时，货运商可以根据地域整合运输线路，引导小流量运输线路朝向指导方向。

运输线路整合设计选择

整合运输线路并不包括开辟新的运输线路。相反，整合只涵盖现有线路中出发地至目的地间更多的货物运输。

货运公司可以按要求为货物运营商创造货运包装。整合货物运输可以按照如下方式进行：

- 某一地区至指定地点（地对点）；
- 指定地点至某一地区（点对地）；
- 地区至地区（地对地）。

建　议

柯林斯和魁兰从若干建议和指导意见中提出了以下三点：

（1）了解运输线路整合。通过将货运量少的线路整合为特定线路，为了减少运输成本，货运公司首先需要了解的是该线路货物运输的数量、该线路总长度、货运商预期运载地区（即空载接货或满载运货）这三者之间的关系。了解这几个因素之间的关系可以帮助我们很好地规划竞价策略，从而在货物运输过程中最大限度地控制成本。同时还将最大程度地发挥货物运输操作从业者的工作效率。

（2）剔除重复线路。何时采用地对点、何时采用点对地运输，为保证最大限度节约成本，货运公司有权决定二者之间的分界线，而不是全部采用点对点运输。但是建立契约模式地对地运输通常比直接进入现货交易市场更加提高成本效率，即使年运输量不高，现货交易市场的额外费用成本依然高于建立整合线路系统。因此，货运公司应建立包含点对点运输和整合线路在内的综合运输体系。点对点运输线路应为运营效率良好且货运量固定的线路服务。而整合后的线路既应保证货运数量又要确保货物不会直接进入现货交易市场。统计数字表明，使用合约路线运送货物要比货物直接进入现货市场便宜得多。

（3）参照以往的运输历史。承运商对潜在路线了解的信息越明确具体，就越能更好地将已有信息与自己的需求网络相比较。运输历史的种种数据可以显示在哪里整合运输线路最合适。因为没有建立契约关系而演变为现货市场的运送线路应归编入整合线路体系中。由于现货报价成本太高，整合线路可以相应地扩大规模。同时与现货交易市场相比，要尽可能节约资源。有了以前的运送数据和发展模式变迁及结果作为参考，货运公司可以自由决定运送路线长度和规模。

结　　论

由于整合路线可以应用于启运地、目的地或两者都应用，因此，承运商应根据自身情况控制成本。承运商可自行评估何时何地使用整合路线最为恰当。运输成本越触及承运商底线，通过整合路线促使成本降低的潜在优势就越显著。

关于此项研究

“C. H. 罗宾逊世界”和麻省理工学院合作建立研究项目，进行运输行业相关利益的研究工作。2010 年，“C. H. 罗宾逊世界”资助了柯林斯和魁兰的一篇研究报告，二人都从事于麻省理工学院的物流工程硕士项目，该报告题目为“投标整合水平对整合率的影响”，此文即为该报告的总结部分。

团队作者介绍

凯文·麦卡锡是“C. H. 罗宾逊世界”的咨询服务主管。凯文有超过 25 年从事物流产业的经验。他从明尼苏达大学卡尔森商学院获得了工商管理硕士学位，其主攻方向为管理信息系统，并正在攻读市场学专业。

克里斯·布兰迪是位于芝加哥的“C. H. 罗宾逊世界”美洲区总经理。克里斯是六西格玛研究的专家，并为这次研究提供统记数据。此外，麻省理工学院的论文指导教师克里斯·开普莱斯博士、麦卡锡和布兰迪参与指导了此论文的完成。

茱莉亚·柯林斯是供应链管理实践项目凯捷咨询的高级顾问。最近，茱莉亚刚从麻省理工学院获得供应链管理项目的硕士学位。在加入麻省理工学院之前，茱莉亚为国内承运商和买家花费若干年研究电子产业。

瑞恩·魁兰加入了亚马逊.com的运营领导项目。在此之前，瑞恩曾供职太平洋铁路联盟、西空航线和BGI世界物流的运输与物流部门。

[文章作者] C. H. Robinson Worldwide，Inc.

[文章出处] www. chrobinson. com.

[译者简介] 俞莹（1978，4），女，北京物资学院外国语言与文化学院讲师，硕士，研究方向：语言学与应用语言学。E-mail：yuying@ bwu. edu. cn.

运输风险管理

徐　芳　王竹君　译

（北京物资学院外国语言与文化学院　北京　101149）

引　　言

运输风险是一项企业必须要考虑的重大的潜在风险。在运输运营中对于风险管理的重要性是不可忽视的。因此，必须考虑监督承运人并确保货物能够准确安全地到达正确的客户手中。首先需要了解风险蕴藏在什么地方，应明确以下几点：

- 如果发生突发事件，我方的损失；
- 在发生盗窃或损坏的情况下，我方的损失；
- 如果第三方与不合格的承运人签订合同，我方的损失；
- 承运人破产，我方的损失。

本文建议以任何可行的方法来降低运输风险，例如，采用一套完整的风险管理系统和承运监督系统。这套系统必须要监督并分析承运人的各种信息来确保做出科学的决定，在关键问题出现时也有相应的标准方针和程序来应对。

背　　景

联邦公路运输安全管理局（FMCSA）于 2010 年提出了全面安全系数（CSA），这一举动引发了一场激烈的争论。争论的焦点就在于与承运人建立业务关系前是否应该核查承运人的全面安全系数。

争论的一方是一些企业和律师。他们认为，如果他们并没有核查承运人全面安全系数分数或者他们选择的承运人的分数名不副实，而在运输货物时出现了意外，这会使公司遭受更大的损失；而争论的另一方则认为，全面安全系数分数体系有严重的缺陷，因此，其分数不能也不应该作为评估承运人的标准。

暂且不考虑关于全面安全系数讨论的立场，其实核查全面安全系数分数仅仅是冰山一角。大多承运人在其承运人选择过程中都存在很多突出的问题。这些问题预示着将要给公司带来巨大的损失，我们也很不幸地看到越来越多的金额巨大的案件涉及了承运人和货代。这个问题必须得到重视，否则后果不堪设想。

许多企业的管理人员在管理供应商和业务流程中的风险时十分谨慎。但是对运输合作伙伴进行管理时却没有按照同样的标准实施。在与承运人和货代签订合约时，很多公司都只关注成本和服务标准，却忽视了应该通过积极地调查与其合作的承运人和货代来保护自身。

疏忽委托案件

1960～2011 年，有 22 起案件涉及承运人/货代。其中一半的案件发生在近 15 年内。

- 22 起案件中，40% 的案件结果是承运人胜诉；
- 22 起案件中，60% 的案件结果是原告胜诉。

有关合约问题案件

1984～2008 年，有 21 起案件涉及承运人。其中，最高金额涉及 5500 万美元，此案件发生在 2001 年。

- 21 起案件中，30% 的案件结果是承运人胜诉；
- 21 起案件中，70% 的案件结果是原告胜诉。

承运人的安全等级

联邦公路运输安全管理局执行了合规审查并且与运输公司签订了安全健康的测定，运输公司被划分为合格的和不合格的。任何没有合规检查的运输公司都是未评级的。全面安全系数也在不断发展，目的是更精细精准地衡量商用汽车承运人和驾驶员的安全来降低承运人在托运过程中带来的各类风险。

“在全面安全系数运行模型内，安全监控系统（SMS）量化个体的道路安全性能来：

- 确定的具体安全问题；
- 监控整个过程中的安全问题。

安全监控系统的结果在确定承运人安全合格时起到重要的作用。除了支持全面安全系数的运作模式，安全监控系统的结果还适用于其他利益相关者。如具有有效安全信息的保险公司和承运人。也许该方案最大的不足是它目前仅能监控17%左右的有效汽车承运人。就目前的监控系统而言，这虽然是风险评估的重要组成部分，但也不能够完全衡量和管理风险。

在一篇现代物流学观点的社论中，阿克咨询集团（ARC Advisory Group）的供应链管理总监史蒂文斯·阪克（Steve Banker）认为："如果你访问一个运输公司安全监控系数数据公示的网站，你会发现那里有一则公开声明：读者不能够简单地根据这个系统内的数据就对一个运输公司的整体安全条件得出结论。"

安全监控系统的分数提醒你需要后续跟进。与提供优惠报价的承运人建立首选贸易伙伴关系，接受他们提供的交通工具并承诺能够准时交货。与所有合作伙伴工作过程中都要不断摸索和验证，并且当不利的情况出现时及时与承运人进行有效地沟通。当然，应该建立一个程序判断你方是否准备取消与某承运人的合作，这个程序为：

- 这个问题是否真正存在；
- 是否需要立即采取行动来解决问题；
- 在采取纠正措施时需要推行什么临时步骤。

为了有效地管理运营风险，你需要采取一套整体方案。仅靠监督安全监控系统分数是不够的。你还需要评估承运人合约、承运人和货代的操作权限、保险覆盖面和财务稳定性。事故责任风险并不是唯一需要评估和防范的风险，还要考虑到承运人破产带来的潜在的产品损坏丢失以及财物损失风险。在最近一起案例中，承运人因配送药品的拖车被盗而损失了价值500万美元的货品。又因为联邦公路运输安全管理局强制召回该商品的库存，损失增长到了2600万美元。

大多数人都会记得联合运输（Consolidated Freightways）的破产和当他们突然关门歇业造成的货物流通的中断。而令大家忽略的是，他们在倒闭前的60多天就停止支付货运索赔。除了了解承运人的安全等级，还要清楚他们的财务情况，以免出现各种各样的问题。如果你雇佣了一个不合格的承运人并且他们还出了事故，那你就完了！

评估合同和保险最好的方法就是聘请运输保险和合同法方面的专家。他们能够彻底和独立保证协议的准确性来确保新合约的批准和现有合约的修改。在合同中，必须明确规定关键的当事人，包括服务承诺、价格及付款条款、保险声明、赔偿金和货物丢失和损坏等。合同必须明确限定责任范围，统计损失数量以及限制索赔时间。

评估承运人的保险和合同类似。首先，必须执行书面审核；保险合格证是不够的。你必须检查承运人的一般商业责任范围，并了解其个人和产品保险范围。你应该明白在何时何地何种情况下，承运人的各项责任和义务。评估承运人的财务状况很简单。如果是上市公司，可以评估上市公司的季度财务报表。私人合同的承运人要在合同上附上其财务稳定的证明。为了以防万一，你必须确保承运人的财务稳定性。运输业务流程必须被审计以确保除了成本和服务注意事项之外，所有的风险都被考虑进去了。在全面安全系数管辖的环境下，承运人的选择和分配决策需要包括评估承运人的：营业资质、安全监控系统等级、保险、书面合同和业务文件，及最终的司机资格（因为目前并不是所有的驾驶员信息都可以公开的获得）。

你可以获得承运人安全监控技术，评估承运人合同和机构内部的金融数据，培训你的团队，建立程序，并建立公司内部的信息传播网络。你也可以将项目外包给服务供应商，并把他当做合作伙伴来外包运输管理风险。运输风险管理对于保证公司的财务不在运输业务中的意外造成巨大损失具有重要意义。我们已经观察到在运输业务中，大家都忙于处理紧急时刻的货物整理和日常的装运调度，而忽视了运输风险管理。

结　论

只采取监控安全监控系统的分数是远远不够的，必须还要通过标准程序来对承运人的稳定性和可行性进行持续评估。要进行可靠的风险管理，须遵循以下几点：

- 评估所有模式和不同地点的承运人和货代。
- 评估与承运人和中间商的合同质量并确保其有效；合同必须公开所有关键当事人的条款。

- 确保承运人的运营资质。
- 评估自身与承运人保险覆盖范围的妥善性以及承运人财务的稳定性。
- 开发或采用一种流程来与关键的承运人交流信息，并在掌握充分信息的情况下做出科学决策。

如果你的承运人是值得信赖的合作伙伴，出现小的问题不要马上中断合作，而要相互沟通来解决问题；然而，如果合作的承运人给你的公司带来巨大的损失，则必须立即终止合作关系。

我们在自己的网站上提供了一种简单、直观的“风险测验”软件。他可以让你快速监控出运输企业的弱点和漏洞。测试地址：http：//activescout. com/measure – your – vulnerability/从今天开始理解并管理运输风险吧！

关于 Active Scout

Active Scout 是运输监管和合同管理软件的领先供应商，同时也提供管理并缓和运输风险的服务。其卓越的产品“shipper shield”为承运人提供资源来实现以下活动：

（1）自动监测其运输工具的安全性和公司财政金融的稳定性，并在出现问题时发出警报；

（2）管理承运人合同；

（3）了解承运人的保险合同；

（4）轻松组织和访问所有承运人的文件；

（5）制定程序并对其关键员工进行风险管理培训。

Active Scout 是 TranzAct Technologies 的姊妹企业。TranzAct 是交通运输管理软件和服务的领军供应商。客户使用 TranzAct 的产品来管理并尽量减少他们的运费支出，并保护自己免受运输责任。TranzAct 致力于物流行业的技术解决方案已将近 30 年。

[文章出处] www. activescout. com.

[译者简介] 徐芳（1984，4），女，北京物资学院外国语言与文化学院讲师，硕士，研究方向：外国语言学及应用语言学。E-mail：xufang _ @ 126. com.

移动技术在消费品行业中的应用

张丽丽　译

（北京物资学院外国语言与文化学院　北京　101149）

当前，越来越“强势”的消费者在产品的种类细分和配送速度上对生产商和零售商提出了更高的要求，施加了更大的压力，这使得消费品行业经历着重大的变革。传统意义上的消费者要求的服务范围及形式正在迅速地扩大，在某些情况下正被新的通信、报告和促销等形式所取代。市场需求瞬息万变，这就要求经营消费品的公司比以前更具有可视性，而且能够更快地做出相关决策。消费品生产商应用一整套的移动技术，可以增强公司的可视性，并提高工作人员的工作效率和效果。

无数的操作案例已经证明，消费品行业对移动技术工具的采用为公司创造了巨大的价值。毫无疑问，对于诸如销售和供应链等产品配送业务环节来讲，移动技术可以成为一种变革性的技术。将移动技术应用于公司业务已经势在必行。而各个公司采用移动技术工具，是试图完善当前的业务流程，并不一定是要彻底改变它，至少目前是这样。

行业形势概述

消费品生产商长久以来一直面临着内部的抉择和外部因素的制约。一系列的行业主导趋势对这些公司的行为以及他们在未来几年对 IT 投资的导向都产生着重要的影响。

（1）越来越“强势”的消费者能够通过各种渠道获取大量的行业信息，从而做出成熟的购买决策。移动技术和社会化商业的结合改变了传统的人与人之间以及消费者、顾客与生产商之间的沟通交往方式。消费者要求的服务范围及形式正在迅速地扩大，在某些情况下正被新的通信、报告和促销等形式所取代。而且，现在的消费者变得很直接很强势，当他们决定购买一件商品，那么这件商品就必须马上能够拿到。

（2）不断延伸的复杂的全球供应网络是全球化以及不断寻求低成本生产的结果。可事实是，许多生产制造商目前的交付周期都比以前长了很多，增加了供应链的复杂性。这种情况成了一个问题，尤其是在对快速反应和灵活性要求很高的业务当中。

（3）瞬息万变的市场需求成为了新的准则。消费者对品牌的忠诚度降低，他们对商品的挑选性比以往任何时候都强。不客气地讲，当某种产品给他们带来的价值不是很明确的时候，他们甚至直接把钱包扔在家里（只是挑选，而不实际买单）。同行评价及推荐使消费者很轻易地转换购买品牌，这种不同品牌的选择也变得越来越普遍。所有这些因素使得市场预测的准确性不断降低，而市场需求的多变性不断提高。在这种情况下，为了保持服务质量，我们必须提高供应链的灵活快捷性。

（4）越来越严格的法规，尤其在可追溯性方面，令消费品生产商们很头疼。但他们中的大多数都采取了比较积极主动的态度。可追溯性要求生产商不断采取措施提高自身可视性及供应链的快速反应能力。尤其对那些货架期较短的食品饮料等消费品的生产商来讲，他们需要强调可靠而准确的数据，这更是一个不小的挑战。

（5）不断压缩的订单交付周期给生产商施加了更大的压力，要求他们更加快捷、更加灵活地处理业务。在过去的几年里，很多公司都在很艰难的情况下实现订单交付周期在48小时内。

上述的这些行业趋势使消费品生产商面临着一系列的机遇和挑战，也势必将对他们供应链的各个方面产生不同的影响，但是有一点是共通的、必然的——对技术的影响。专家预测，在未来的几年内，IT产业将进入第三个增长平台，这个平台是建立在移动技术、云技术、社会化商业以及大数据/分析技术之上的。这四种技术领域构成了IT产业的四大支柱。

消费品生产商正是采用这些新技术来处理和员工、合作商、客户以及最重要的消费者之间的关系，同时这些新技术也帮助他们来应付先前提到的五大行业挑战。另外，值得一提的是：

- 技术以其四大支撑去适应不断变化的公司——移动技术、云技术、大数据/分析技术以及社会化商业。

- 生产制造商将不断投资去支持这四大技术领域；这种投资计划将取决于 IT 生产力与商业价值的匹配统一性。
- 目前，大数据/分析技术还未得到充分开发，但却具有最大的优势潜力。
- 这些新技术之间的交互应用方面存在着新的机遇，比如：云技术驱动的公司移动应用商店以及大容量的社会化媒体数据的快速分析等。

总之，在当前供应网络日趋复杂、市场需求日益多变的环境下，人们对速度和灵活性的要求使得消费品公司必须具有更高的可视性以及对市场需求更加快速反应的能力。

移动技术应用

在诸多有效的新技术当中，消费品生产商对移动技术和工具情有独钟，将其放在了优先应用的位置。在一个最近的关于供应链的问卷调查中，受访的消费品生产商要对四个新兴技术领域应用进行重要性和优先性的评价。结果表明，移动技术和移动工具的应用对这些公司都是十分重要，并具有很大优先性。如下表所示。

四大技术对消费品生产商的重要性评价

新兴技术领域	平均评分
大数据/分析技术	3.6
移动技术	3.3
云计算/软件服务	3.0
社会化商业工具	2.9

注：受访者被要求对四大新兴技术按 1 ~5 等级进行打分，1 表示不重要，5 表示最重要。受访人（公司）数：355。

尽管这四大新兴技术在重要性方面的等级评分都高于一般水平，但很显然，大数据/分析技术和移动技术处于明显领先地位。然而，在与消费品生产商的进一步沟通和讨论中，我们发现他们都一致地认为：移动技术的确将在销售和供应链业务中起着至关重要的作用，但公司对如何更好地将这项技术应用于工作流程还处于不断地探索之中。

同时，当公司将移动技术应用于业务流程中时，这个过程是一种“进化”而不是“变革”。换句话讲，公司运用这些移动技术工具，是为了完善现有业务流程，而不是彻底地对其进行改变，至少目前为止还不是。以下是相关例证：

（1）资源管理，无论是人力资源还是更传统的资产管理，在公司中都至关重要；而在现有的运营体系中，按照当前的模式进行资源管理则更为有效。

（2）简化业务流程，尤其是在那些需要花费大量的时间进行数据采集和数据发布的领域，业务流程十分复杂。然而，利用现有的方法进行操作却具有更高的效率。

（3）业务上精益求精，需要具有预见问题并主动出击以及善于抓住并利用机遇的能力，同时需要及时有效地采集关键数据并做出快速反应。

基于“进化而非变革”的理念，消费品行业内的各个公司在采用移动技术方面大多经历着一条可预见的成熟度曲线。这是一个阶段性的成熟度模式，此模式包含四个不同的阶段，即：

- 阶段1：纸质流程占绝对主导地位。
- 阶段2：移动技术与纸质流程混合；保持现有流程。
- 阶段3：大量使用移动技术工具；保持现有流程。
- 阶段4：大量使用移动技术工具；采用新的流程。

沿着这条成熟度曲线的走势，有些公司处于两个阶段的过渡阶段，有些公司在发展过程中所走的路径会稍有偏差或不同，但在我们调查的所有消费品公司中他们大多数都经历了这些步骤，一步一步地最终达到第四个阶段。大部分的公司都采取了BYOD（bring your own device 自带设备、外来设备）战略或在短期内计划实施此战略，但他们如何将应用软件安装到设备硬件，这一点还不是很明确。而且，相当一部分的受访者认为，随着公司对BYOD战略的进一步较好地实施，公司自有的移动设备工具也会被大量采用，最终形成二者合一的混合模式。

前景展望

无论如何，消费品行业中移动技术的应用最终会给公司创造巨大的商业价值，大量的操作实例已经而且将继续证明这一点。毫无疑问，随着公司发展逐步进入成熟度模式，移动技术将在诸如销售、供应链的配送业务环节中成为一种具有变革意义的技术。

在上面的“行业形势概述”部分，我们简单地提到了关于政策法规的问题，具体讲主要是供应链的可追溯性。在这方面，移动技术可以发挥重要的作用，它可以强化公司的可视性，快速反应，及时有效地传达和处理实地信息。举例来说，利用一些移动设备工具就可以充分调动零售店的营销资源，使他们能够立即识别并转移不必要的存货，从而大幅度提高工作效率。

同时很重要的一点是，我们应该注意到，消费级智能手机和为专门用途及特殊环境设计的移动设备是不同的，前者不能完全替代后者。比如，仓库条形码扫描器就是一种专门的移动设备，它具有明确的用途，并且能够适应在产品配送业务环节中许多恶劣的操作环境。事实上，那些为了节约成本而用消费级智能手机代替专门用途移动设备的公司，大多数都以失败告终，以至于公司最初的购买价格优势也完全被抵消。

当然，我们可以看到，在消费品公司的业务经营环节中，一些实际的操作环境对移动设备的使用效果并不会提出十分苛刻的要求及产生负面影响，在这种环境下消费级工具的使用也是有保证的，是可行而有效的。

必要提示

在前面的内容中，我们提到了 IT 产业的第三个主要增长平台，其建立在移动技术、云技术、社会化商业和大数据/分析基础之上。这四大支柱技术领域吸引了众多消费品生产商的眼球，但总体来讲，在如何以及何时采用何种技术等方面还存在着很多不确定性，需要进一步探究。在这四大技术领域，移动技术最为显而易见，而且近年来已经在销售和供应链公司业务流程中大量应用。移动技术之所以作为一种新兴技术被广泛关注与探讨，其主要的原因是对这种技术更广泛更深入的应用存在着巨大的机遇和前景，而且消费级智能手机对此也并未形成多大的“威胁”。事实上，当我们在此白皮书中讨论这个问题的时候，许多公司已经尝试将这些消费级设备应用到业务流程中，结果往往是他们发现这些设备耐用性差，根本无法在要求的一段时间内可靠地运行。

消费品生产商在利用移动技术的时候需要慎重地考虑一系列的因素。我们已经讨论了很多关于企业应用这些技术工具的原因和动力，比如速度、灵活性、信息采集的完整性可靠性，等等，但是到底如何去应用却是一个需要深入探讨和解决的问题。我们建议那些准备在移动技术上进行投资的公司和企业要着重考虑以下几点：

（1）时刻记住：你的公司是品牌公司，而不是技术公司。在很多时候你可能会考虑自己处理这些技术，但事实上，你的正确做法是考虑和一个专业的技术公司合作，让他去帮你选择、应用、管理这些移动技术设备。

（2）消费级智能手机虽不是随处可见，但实际的情况是它在公司业务流程中还占有一席之地。在销售或供应链业务操作中，这些消费级设备永远无法替代持久耐用的专门用途移动设备，它们只是作为有效的补充或附加工具而存在的。因此，要考虑因地制宜，不同的情况采用不同的设备。

（3）尽管 BYOD 战略看起来对公司一些特定的业务流程很有效，很具吸引力，但如何有效管理这些设备以及确保数据的安全都是不容忽视的问题，也会由此产生一些意想不到的成本开支。

［文章作者］Simon Ellis.

［文章出处］*IDC Manufacturing Insights*, July 2012.

［译者简介］张丽丽（1977，1），女，北京物资学院外国语言与文化学院讲师，硕士，研究方向：商务英语及翻译。E-mail：zhanglili@ bwu. edu. cn.

设计交通网络要充分发挥潜力

潘爱琳 译

（北京物资学院外国语言与文化学院 北京 101149）

今日不比以往

许多供应链是历史的产物，是随着时间的推移，公司的成长，产品线的开拓和新兴市场的开发而发展起来的。一些大型成功企业的供应链是非常复杂的，涵盖数十亿美元的资产，程序根深蒂固，一成不变。这些供应链依靠来之不易的全球性基础设施来加以巩固。

如果一个组织想要继续获得更多的市场份额，收购其他公司，并加强自身品牌，那就必须假设自己的供应链，虽然不完美，但运作效率还是达到可以接受的程度。基于这样的假设，它的交通网络也必须是可以接受的。同时，实时关键绩效指标（KPI）每年都在改进，停留时间不断缩短，高负载密度也得到持续改善。

什么是“充分发挥潜力”的交通网络？

但是，假如这是一个不良供应链呢？假如它只是一个低效供应链的优化版本呢？对于大多数运输和物流专业人才，这是一个具有挑战性的问题，因为它需要洞悉整个供应链网络和众多性能指标的平衡，比如服务、成本、复杂性、可持续性和风险等。你怎么设计交通运输网络来充分发挥其潜力呢？只有通过计算来完成，忽略现有的基础设施，用“假设”自由计算数据模型。交通网络设计是一个快速增长的物流市场，使企业能够创建终端到终端的供应链数码

“模型”，用来评估新的战略和确定改善性能的突破方法。

智模软件运输优化大师

运输大师是第一个软件应用程序，集成了运输路径优化和网络优化与模拟仿真。其结果是提供分析人员一个解决方案：

- 对现有的运输业务进行短期成本模拟，改善服务；
- 确定改善全球运输网络的长期战略；
- 对新战略，中断、限制和业务挑战进行连续的假设分析。

运输优化大师的仿真引擎包括范围广泛的分析技术，帮助用户确定最佳的配送中心到客户分配，确定理想的模式组合，创造最佳的多站配退货路线，确定最佳的资产利用率，评估驾驶员的工作时间表，以及进行基于服务的全新投资项目分析。

运输优化大师可以不断改善终端到终端的运输网络，让你的运输网络迅速地适应业务的变化，始终保持领先的竞争曲线。

有形的商业利益

交通网络设计技术通过更低的成本、更好的服务、更高效的运营为你带来丰厚的和有形的商业利益。下面这些真实生活中的例子很好地说明了交通网络设计技术带来的好处。

挑战传统运输	优化“原有网络”，还是重新设计一个新的网络，哪个才是您的最佳选择呢？测试新的模式或产品流动模式的影响；评估新港口或增加交叉运输；利用具体的数据和视觉参考来回答这些问题
确定最低的总体登陆成本	综合考虑库存、采购、生产、服务水平等方面的限制，为您的全球运输网络制定真正的、最低到岸成本的解决方案
确定最佳的模式混合	考虑全球供应链的网络流量和成本，测试、了解并权衡海运与空运，小于整车运输（LTL）和整车运输（TL），或铁路运输与非路面车辆运输（OTR），包括所有必要的库存和发货来缩小确定模式。

续表

证明最优直流到客户分配	确定最优直流到客户分配或零售点，既要使成本降到最低还要满足服务水平目标。新客户或商店被添加到网络中时要重新平衡分配
建立更有效的工艺路线	找到回程或连续移动的机会，或合并入站和出站的出货量，以减少空里程和对劳动力的需求。在各种车辆尺寸和运营商中进行选择，并考虑多种成本类型的距离、停靠站、附加费和折扣、驾驶员时间和隔夜拖拉
对照服务标准模拟资产利用率	模拟和优化交通来确保最有效地利用您的司机、车辆、集装箱、库存能力，因为这是客户服务能力
设计一个更可持续的交通运输网络	计算旧运输网络和新的交通网络战略相关的排放量，或者优化网络来实现具体的减排目标，同时满足运行标准
评估网络覆盖范围和全新投资项目位置	确定的最佳结构和分配，生产或采购地点的分布，或使用先进的投资技术找到投入新设施的理想地点

案例1：设计优化模式与途径

商业问题

现有的美国大型消费品公司供应链网络包含了众多的运营商合同，混合使用的小于整车运输（LTL）和整车运输（TL）。当某些合约或新的市场出现时，他们被传统地作为单点解决方案，从来没有整体的“交通系统”来考虑。

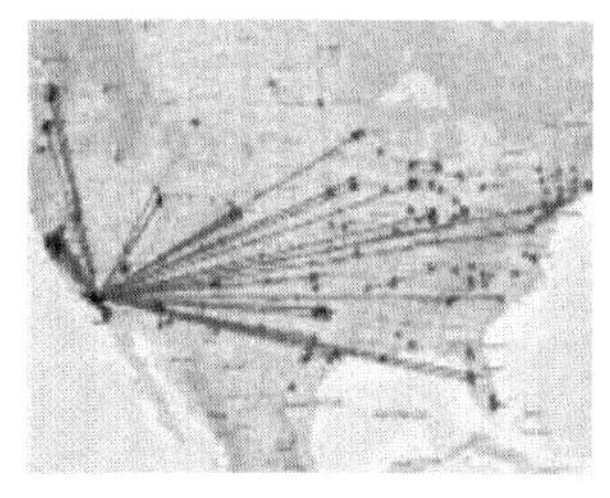

多站路线

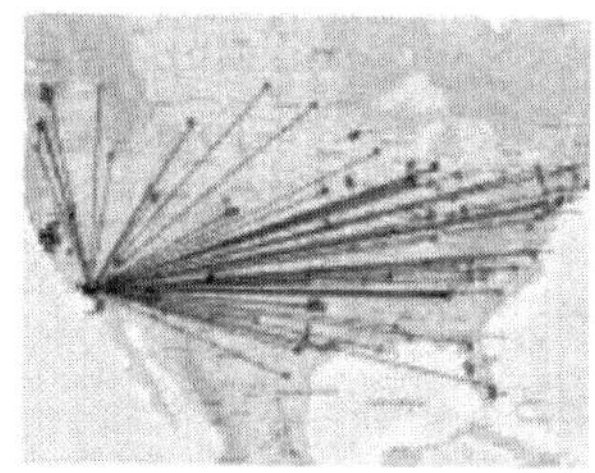

零担运输

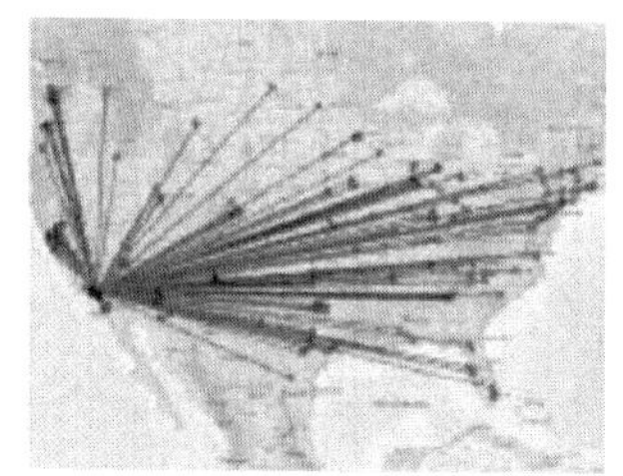

TL和LTL的最佳组合

为了保持竞争力，公司需要确定成本最低的运输网络，满足他们的服务需求，在可能的情况下利用多站出货。与多站的路线相比，零担出货一般都是比较昂贵的直飞航线，但两站之间的较长距离和/或低出货量会影响多站路线潜在的成本节约，所以面临的挑战是找到合适的模式组合和设计跨越整个网络的路线。

供应链设计的方法

使用历史订单和装运文件，在交通运输优化大师中创建一个完整的现有运输模型。自动添加所有的替代车道，并把每个订单作为一个潜在的整车运输站和零担装运。参照典型的参数解决交通运输优化问题，如：

—标准 53 英尺车；

—美国点小时服务的限制；

—典型营业时间上午 6：00 到下午 6：00；

—预计过夜、等待、卸货费。

利用供应链关系管理外部评价系统（SMC3 RateWareXL）或任何基准数据矩阵计算个人零担装运成本。交通运输优化大师将计算出成本最低的运输系统中多站航线与零担装运的出货量的最佳组合。

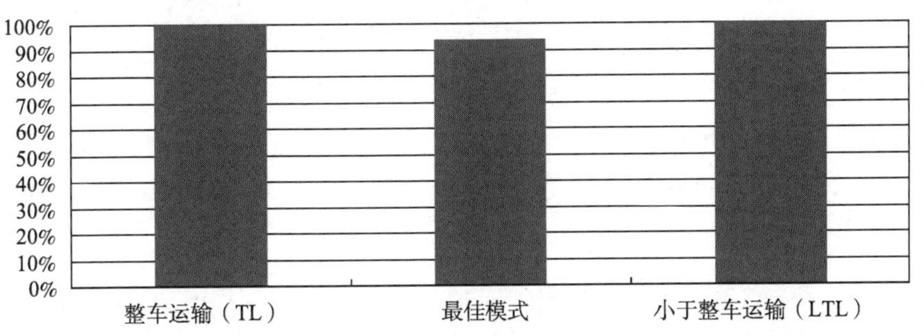

最佳模式

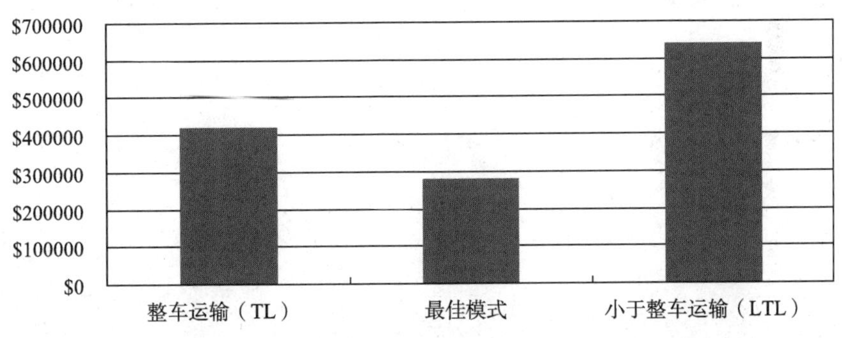

最佳运输成本

示例和优点

运输优化大师计算出最佳的多站直飞航线，并计算出组成部分装运产生的相应零担装运成本，并可以识别的“优良”的多站多直飞航线。在大多数情况下，多站路径更具成本效益。在长距离运输小批量货物或运往低密度目的地的情况下，出货量将小于整车运输（LTL）。

案例2：平衡配送中心和运输

商业问题

拥有广泛分销网络的公司致力于确定配送中心的准确数量和位置，以获得最佳的出站分配。这就需要找到运输成本和设施固定成本的平衡，运输成本是随着配送中心的数量增加而降低，但设施固定成本则是随着配送中心的数量减少而降低。

供应链设计的方法

把现有的存储位置和需求作为主要输入，网络优化和运输优化引擎可以快速方便地找到成本最低的分销网络。然后进行网络优化分析，确定地理位置最佳的配送中心的数量和最佳位置。运输优化方案开发多站的入站或出站运输路线。考虑多个变量，形成符合成本效益的运输路线。

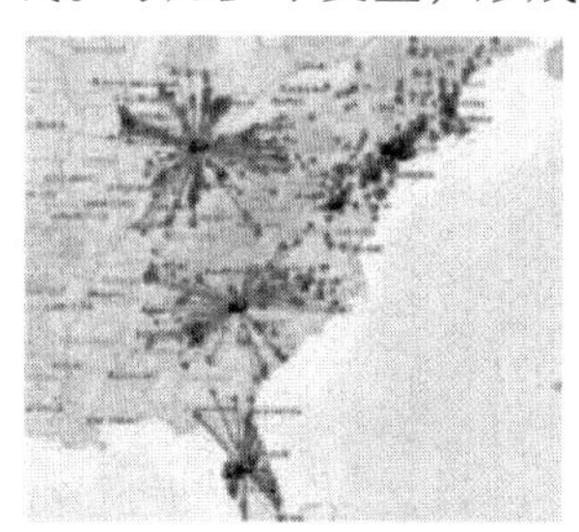

4家配送中心网络

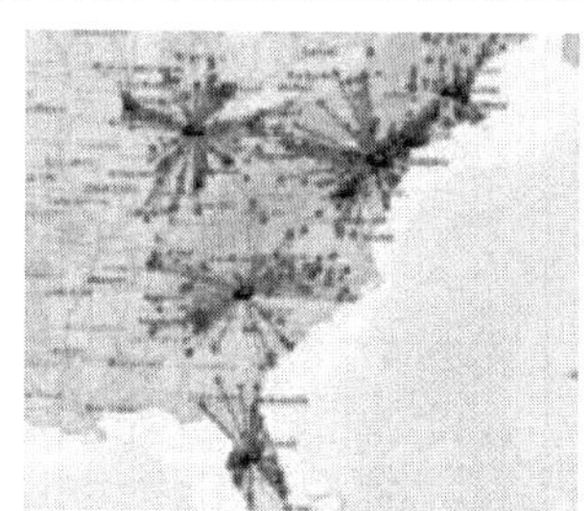

5家配送中心网络

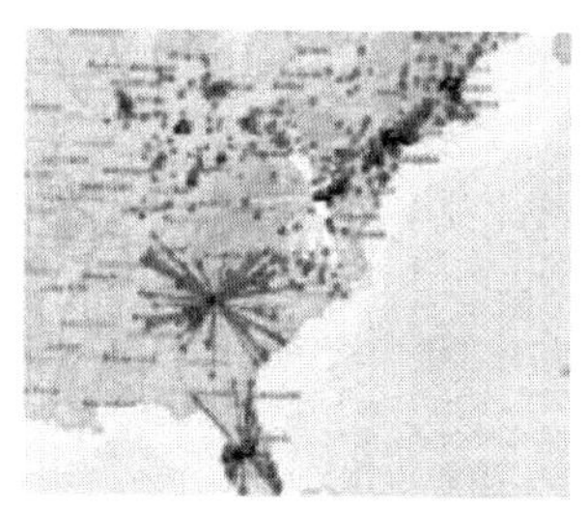

6家配送中心网络

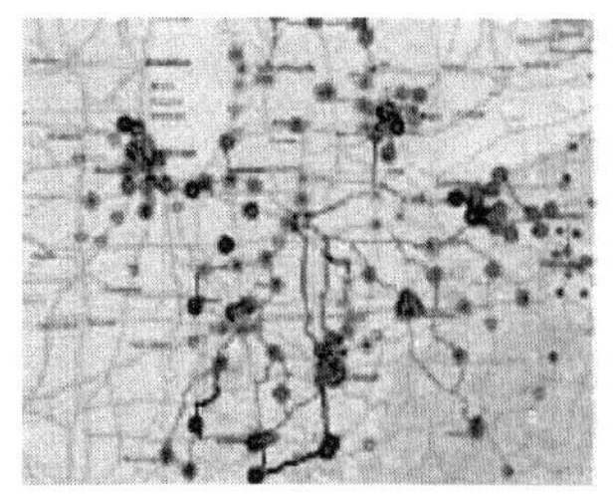

交通运输模型使设计人员能够权衡配送中心的位置与运输成本的优势和劣势，包括为各设计方案制定详细路线

示例和优点

总部设在美国的零售商在东部拥有约600家门店，希望评估从1家到8家

固定配送中心的经营成本和运输路线的成本，从而对配送中心的数量进行调整。下图为网络成本评估。

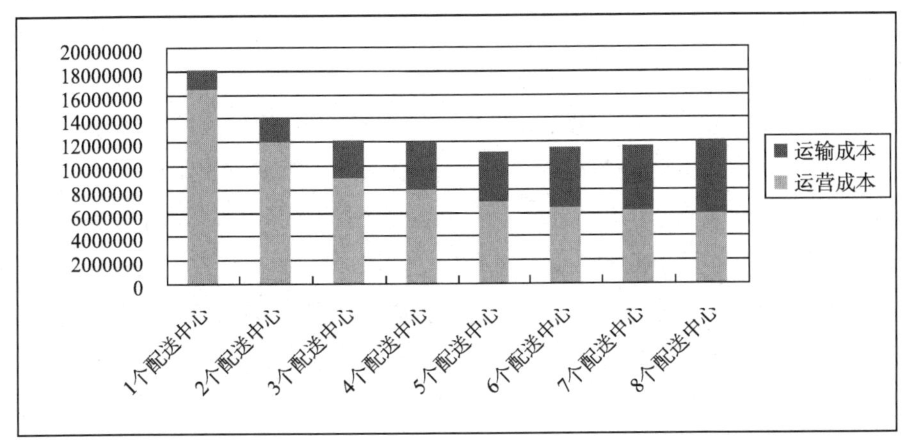

网络成本评估

如果只有一个单一的配送中心，那么它的经营成本是最低的。（注：固定的配送中心的成本不会因为规模的线性增长而增长——一个 40 万平方英尺的建筑成本不是 20 万平方英尺的建筑成本的两倍——有一个非线形的大小和固定成本之间的关系）。由于更多的配送中心被添加到网络中，出站的“最后一公里”的运输成本降低——因为配送中心最接近终端客户，所以配送中心越多，越容易产生对外交通最低成本。在网络优化中，每个配送中心网络都有自己的方案，可以同时预览地图和汇总统计。

结　　论

供应链是随着时间的推移建立起来的。公司不应该认为他们实现了目前的目标，他们就能够继续获得以后的成功。设计最佳的运输网络的技术是现成的。使用这一技术的企业可以快速确立替代的交通网络，在不断变化的环境中继续使他们的服务和利润最大化。

运输优化大师可以赋予设计团队工具来有效地分析、建模、优化终端到终端的交通网络。许多一流的公司使用运输优化大师来改善他们的交通网络的主要财务及营运情况。智模软件提供交通运输优化大师的最佳实践解决方案（包装方法和模型，分析具体的交通属性）和经验丰富的支持服务团队，来帮助提高你的供应链网络。

智模软件提供软件和专业知识来设计和修改终端到终端的供应链网络业务。几乎所有主要行业的全球领先的企业都在使用智模软件技术，通过卓越的操作设计来获得竞争优势。

说到详细的交通建模，智模运输优化大师提供了一个打包的解决方案，包括网络优化、运输优化和模拟。对于 SAP 用户，智模软件完成了与 SAP 自动化集成的认证，并简化了建模和分析过程。它提供直接进入关键的主数据和历史交易的分析，实现真正的集成业务计划。

运输优化大师为您准备好适合的供应链最新模型。智模软件建模框架提供可以满足您服务水平所需的东西，包含替代能源、路线、运输方式、或生产过程。你可以在模型中输入破坏性事件，以便更好地了解您的供应链的稳健性。通过模型优化的结果，你的管理人员可以根据供应链网络设计变更的性质和时间做出明智的决定。

[文章作者] LLamasoft Inc.

[文章出处] White Paper of LLamasoft Inc. – Transportation Network Design.

[译者简介] 潘爱琳（1976，10），女，北京物资学院外国语言与文化学院讲师，学士，研究方向：应用语言学与语言教学。E-mail：panailin@ bwu. edu. cn.

物料处理：如何选择替代燃料

孙丽华 译

（北京物资学院外国语言与文化学院 北京 101149）

介 绍

在能源成本持续攀升的同时，公众越来越了解使用能源对于环境造成的负面影响，因此，无论大小，各类企业都在考虑要尽可能高效地、环保地开展业务。为了改进业务流程，几乎所有工作都受到仔细检查，最终目的是提高效率和管理水平。一个公司的物料处理环节当然也不能例外。越来越多的企业想改进工作，因此，他们不可避免地要评估自己的叉车车队及其使用的燃料。

基于这些评估结果，以及现有的法规和政府即将颁布的法规，叉车生产商更有必要提供可以使用不同燃料的叉车。目前，尽管小容量的应用程序仍然是电动的，但是高负荷的应用程序和大功率的叉车主要还是由内燃机驱动。随着科技的进步，高负荷应用程序可以采用更环保的新型燃料以及混合燃料。

由于替代燃料和混合燃料的种类越来越多，了解或说清楚每种燃料的优缺点就变得非常困难。在更环保的可持续燃料越来越受欢迎之时，必须同时评估叉车的装卸、起重和运输性能，以及它们的成本、能源效率和生产效率。

传统选择

叉车的绝大多数应用程序都主要依赖两种能源。一直以来，叉车都靠内燃机驱动，使用内燃机的叉车以柴油、汽油和液化气为燃料，而且由于能效表现出众，很多应用程序时至今日依然青睐内燃机。由于发动机的现代化水平不断提高，传统的内燃机叉车更高效、更清洁。但是即便如此，由于排放的大量废气造成了环境污染，而且，总体燃料效能低、相关成本高，内燃机叉车面临着种种非难和指责。这些因素正在驱动着企业加紧寻找替代能源。

此外，为叉车提供能量的还有电力系统，包括电池和电力发动机。受限于电力发动机的功率和电池的尺寸，依靠电力系统运行的叉车都是小功率的。即便如此，主要因为没有烟雾，这些叉车是很多室内操作的不二选择，而且淘汰电力发动机的费用不高，节省了维修成本。因为有了新的电力发动机和控制器技术、新型电池和充电方法，由内燃机驱动的叉车和电动叉车之间的性能差距正在缩小。

因为活动部件较少，电机运行时又不会产生噪音，也没有排气噪声，所以，与内燃机驱动的叉车相比，电动叉车工作时比较安静。此外，它的震动幅度较小，因此叉车司机不容易感觉疲劳，这样一来，工作效率和安全系数都提高了。30 年前，内燃机驱动的叉车和电动叉车的市场占有率六四开，而今，这个数字刚好倒了过来。

替代选择

有几种能源的替代方案可以提高能源效率以及管理环境的能力。有时，只有采用高科技手段才能达到政府对于机动车的排放要求。因为优点众多，而且充电快捷，在越来越多的叉车中都采用了燃料电池技术。作为内燃机的燃料，液化气燃烧时产生的污染更少，更加环保。而混合动力技术则同时使用内燃机和电动机这两种能源解决方案。

为了更高效地利用能源、保护好环境，同时响应物料处理行业关心的维修问题、生产效率和性能不高的问题，这两种技术都采用了不同方法，或者配合现有的发动机技术，或者完全抛弃了传统的推进模型。

对替代选择所做的解释说明

尽管有多种燃料和能源可供选择，但是，并非每种燃料都适用于所有叉车的应用程序。在选择叉车类型和能源方案以前，了解特定的物料处理应用程序的需求以及客户的需求非常重要，包括叉车性能、操作周期、起重能力，等等。和其他各项技术一样，叉车能源方案的替代技术既有好的特征和属性，又带来一些挑战。

燃料电池技术

对于叉车行业而言，燃料电池发展迅速，很受欢迎。它绝非新鲜事物，1839年，威廉·格罗夫（也就是人们所说的“燃料电池之父”）发现：如果逆转水的电解过程就有可能能够发电。但是直到1889年“燃料电池”这个术语才出现，而且很可能直到1932年人们才首次创造出燃料电池装置。在20世纪50年代，得益于美国国家航空航天局开发的很多项目，燃料电池技术获得了长足发展，在此后的数十年中，该技术发展迅速，而且得到了广泛的应用。无数航天项目、汽车行业和其他对能源需求巨大的产业都采用了该技术。而且，燃料电池技术将来还会应用在更小的装置中，甚至包括手机。

对于叉车产业而言，燃料电池技术正在不断发展，而且I型、II型、III型的叉车已经成功地采用了该技术。由燃料电池驱动和电池驱动的叉车区别不大，只是稍加改动，用燃料电池取代了电池。事实上，燃料电池就是充电便捷的电池（一块电池充好电并冷却需要8~16小时。所以，每辆叉车的多班制应用程序经常需要数块电池，而且需要频繁更换电池充电）。目前，在大容量的操作程序中运用的燃料电池技术效率最高，而更换电池则要耗费宝贵的时间和劳力。在操作环境中，这项技术不产生任何污染，而且噪音水平相对较低。燃料电池叉车和电池驱动的叉车相比，前者可以连续工作的时间通常是后者的2~3倍，而且充电通常只需要3~10分钟，时间长短取决于燃料罐的大小。

改善基础设施所需要的高昂费用是燃料电池技术无法得到推广的一个主要因素。在该技术不断发展成熟的同时，改用燃料电池驱动叉车需要很高的预付成本。还需要设备将氢燃料压缩、存储，然后输送到叉车中去。因此，燃料电池技术最适合至少拥有30辆叉车的车队，可以分摊改善基础设施的成本。除了要花钱改善基础设施，燃料电池本身也价格不菲，一块燃料电池比多块普通电池和一个充电器还要贵很多。

电动叉车只是在有限的应用程序中有上佳表现，同样地，因为燃料电池的发电量有限，由燃料电池驱动的叉车只是在中等容量的应用程序中表现优异。随着科技日新月异地发展，燃料电池的发电量不断增加，在物料处理行业中，由燃料电池驱动的叉车可能有更多的用武之地。由于基础设施日渐成熟，而且改善成本在不断降低，氢燃料电池技术在物流处理行业中可以大有作为。

压缩天然气

在叉车行业中使用压缩天然气并非什么新鲜事，它为内燃机叉车提供了另一种能源选择。与传统内燃机叉车相比，由压缩天然气驱动的内燃机有更多优点。

与传统内燃机叉车所使用的燃料相比，压缩天然气拥有价格优势，而且美国国内拥有较丰富的天然气储备，因此，价格波动的可能性不大。美国国内已探明的天然气储量很大，而且最近又找到了新的天然气田。除了基础设施完备和储量丰富这两个优势以外，烧天然气也比烧柴油和液化气更清洁。

尽管丰富的天然气储量和完备的基础设施使得推广由压缩天然气驱动的叉车成为可能，但是对于很多操作程序而言，大规模地进行技术转换以及改变现场的基础设施绝非易事，需要提前规划。即便无需改善基础设施，但是如果从制造商那里购买由压缩天然气驱动的叉车，增加的费用就让人瞠目结舌。与多个其他能源选择一样，由压缩天然气驱动的叉车的使用级别和应用程序也是有限的，因为压缩天然气的能量密度较低，与由液化天然气驱动的内燃机叉车相比，其效能差5%～15%。

由于要更换燃料，压缩天然气叉车也面临着困难。原因是无法在叉车上更换压缩天然气储罐，所以加气工作难度很大，因此，操作流程效率低，甚至有可能在燃料用光的时候，不得不将叉车拖回加气站。因为能效不高，天然气不经用，因此，加气工作的难度更大，应对措施就是在压缩天然气叉车上安装更大的气罐，可是司机的后视能见度可能因此受影响。除非使用昂贵的充气设备，否则完成充气工作需要不少时间。

混合技术

许多汽车厂商纷纷设计生产混合动力汽车，这说明混合能源技术在汽车工业中越来越受欢迎。

简单地说，在汽车工业中使用的混合能源技术可以分为两大类。第一类是利用直接驱动模式在发动机和传输器之间安装一个电机。这样一来，发动机就能够在遇到红灯或者其他需要停车的地方停止运转，并且在使用加速器时，很容易重新发动。关机容易，又加上发动机较小，因此，汽车整体的燃油效率就提高了。

第二类混合能源技术就是在动力驱动系统中安装一个电机，但是不采用直接驱动模式。分别将发动机和电机与传输器连接后，传输器用叉车的电脑系统选择方式，将发动机提供的能源和电机提供的能源混合起来。一般说来，第二类混合能源技术比第一类更复杂。与第一类的简单系统相比，第二类混合动力技术通常效率更高。然而，复杂的系统会带来问题，而且成本也更高。

随着技术的日渐成熟，采用技术的各种手段不断进步，为了获得更加合适的物料处理应用程序，更多叉车生产厂商会测试和研发混合动力解决方案。尽管该技术有利于环境保护，但是混合动力技术必须要解决成本问题——和汽车工业的追求目标不同，叉车行业混合动力技术的要求更微妙。

对于汽车工业而言，混合技术的目标就是在发动机负载很轻时，提高燃料的燃烧效率。相比之下，电动叉车的热效率已经很高。在大多数情况下，叉车的首要目标就是在无需更换电池的情况下，能够工作。实现这个目标的解决方案就是在车上安装一个小型发电机，它会不断地给电池充电。

混合动力燃料技术面临的最后一个困境就是混合燃料叉车仍然离不开内燃发动机。尽管不常使用，但是叉车还得维修发动机和电机。是否采用混合动力燃料的最终决定应该取决于以下两个因素：复杂的混合电力系统的长期维修费用和使用混合燃料可能带来的经济效益相比，孰大孰小。

《选择性催化还原和废气再循环：对美国环保署第四阶段暂行柴油车排放控制要求的解决方案》从 2011 年 1 月开始实施。针对大型发动机（即超过 174 马力或者 130 千瓦的发动机），美国环保署第四阶段新的非公路柴油机排放暂行法规/欧盟三 B 阶段法规取代了美国环保署第三阶段和欧盟三 A 阶段。新法规要求将颗粒物排放量减少 90%，并且将氮氧化合物的排放量减少 45%。

氮氧化合物包括一氧化氮和二氧化氮，属于要治理的气体排放物，是造成烟雾的罪魁祸首。颗粒物主要包括碳黑和其他燃烧副产品，其排放也需要治理。在美国环保署第四阶段新的非公路柴油机排放暂行法规/欧盟三B阶段法规中，没有治理二氧化碳的规定，而二氧化碳可能导致气候变暖。燃烧柴油一定会释放出二氧化碳，只能通过少烧柴油的方法来减少其排放量。

为了达标，生产柴油发动机的厂商正在使用两种主要技术手段来减少氮氧化合物和颗粒物的排放量，两个方案各有利弊。它们都提高了燃料的热效率，为了达到新法规提出的更高要求，两者都比以前的发动机更环保。

第一个方法被称做“选择性催化还原”。该技术将一种叫做“柴油引擎触媒还原剂”（也就是俗称的“尿素”）的试剂注入废气当中，然后在一个催化转化器中将两者混合，从而减少或中和氮氧化合物，使其变成无害的氮气和氧气。柴油引擎触媒还原剂是尿素和水的混合物，两者的比例为32.5%：67.5%，在市面上买得到。由于发动机的负荷有所不同，每消耗100加仑的燃料，就需要使用3～5加仑的尿素，但是尿素并不会增加能源。采用这种技术的叉车需要独立的柴油引擎触媒还原剂罐，需要经常补充还原剂，这就增加了额外的成本。

第二种技术是“废气再循环”，通过将冷却的废气和抽入的空气相混合的方法，稀释燃烧室内的氧气。该程序降低了燃烧的最高温度，减少了发动机产生的氮氧化合物。同时，较低的温度产生了更多颗粒物，通常采用柴油机颗粒过滤器将这些颗粒物过滤掉。

选择性催化还原和废气再循环这两种技术都需要超低硫柴油和低灰分润滑油才能正常运转，也需要利用它们来提高效能。选择性催化还原技术需要经常给柴油引擎触媒还原剂流体储罐充气，这样会增加装备有选择性催化还原的叉车的运营时间和成本。为一加仑的柴油引擎触媒还原剂储罐充气，所需的费用在1.5～4美元之间。和选择性催化还原发动机不同，废气再循环和柴油机颗粒过滤器不需要液体尿素就能达到排放标准。废气再循环解决方案需要在发动机上安装新的零部件，改造过程需要时间。选择性催化还原解决方案增加了额外的零部件，如：柴油废气流体喷油嘴、泵和储罐，但是无需发动机工作，系统就能运转。

为了达到美国环保署第四阶段新的非公路柴油机排放暂行法规/欧盟三B阶段法规的标准，实现低排放的目的，需要大量投资购买发动机以及发动机和设备方面的新技术。符合这两个法规的设备，与满足美国环保署第三阶段新的非公路柴油机排放暂行法规/欧盟三A阶段法规的设备相比，价格自然会更高，虽然如此，因为整体运行成本降低，所以实施选择性催化还原和废气再循环解决方案的成本被抵消了。一些情况下，不但叉车工作的效率有所提高，而且它们工作时更清洁、安静，燃料成本也会降低。

结　论

对于大多数物料处理应用程序而言，采用由内燃机和电池驱动的叉车依然是最经济划算的解决方案，尽管如此，企业还是应该调查、测试并且评估新方法和新技术，因为它们有可能会降低运营成本、减少污染。通过了解各种新科技以及它们各自的优缺点，企业就能更好地分析本公司的运营状况，并且找到可能满足公司的物流处理需求的解决方案。

替代燃料选择的用武之地

无论企业是否有正式评估自己的物流处理运营工作的程序，它和叉车生产企业讨论运营中存在的问题和可能的解决方案都是有好处的。

生产厂家了解技术，对于什么特定应用程序最适合某个具体运作可以提供宝贵的见解。和一家可靠的、处于领先地位的叉车生产厂家保持伙伴关系将会进一步增加企业实现自己整体目标的机会。

海斯特公司 (公司邮箱是 www. hyster. com)

海斯特公司总部位于北卡罗来纳州格林维尔市，是一家全球领先的叉车设计者与制造者。公司的产品系列包括由汽油、液化气、柴油和电能驱动的 130 种叉车，可承载负荷从 2000 ~ 115000 磅不等，在叉车行业中跨度最大。海斯特公司有以下优点：拥有叉车行业中规模最大、经验最丰富的经销商网络，生产的叉车坚固耐用，生产效率高；生产成本较低，产品服务性能好，符合人体工程学原理；配件优质，服务和培训支持水平高。

海斯特公司隶属美国纳科物料搬运设备集团，是海斯特 - 耶鲁物料搬运公司的一个全资子公司（在美国纽约证券交易所的股票代码是“HY”）。海斯特 - 耶鲁物料搬运公司及其子公司的总部位于俄亥俄州克利夫兰市，在全球大约雇佣了5300名员工。

[文章作者] www. hyster. com，USA.

[文章出处] www. hyster. com，USA.

[译者简介] 孙丽华（1962，12），女，北京物资学院外国语言与文化学院副教授，研究方向：应用语言学、跨文化交际。E-mail：sunlihua@ bwu. edu. cn.

企业的责任：绿色经营

鲁曼俐　译

（北京物资学院外国语言与文化学院　北京　101149）

注重环保责任

环境的可持续发展，是我们这一代人所面临的最关键的问题之一。通常我们的选择——无论是在家里还是在工作中所做的选择——都会影响着我们呼吸的空气，喝的水，吃的食物，和我们生活的这片土地。我们的世界不仅是通过经济、通信和运输变得更加联系紧密，同时也变得与环境越来越相互依存。国家已开始注重对环境的可持续发展，许多工商行业也已经开始做同样的事情。

在物料搬运行业，有许多机会让我们能积极地影响我们的环境。我们的行业提供设备，使商品得到最佳的流动，这对一个充满活力的经济来说至关重要。在一定程度上，我们可以做到商品的最佳流动，并同时改善空气质量，降低能源消耗，减少废物，增加回收利用和提高安全性。我们致力于对环境的可持续性发展。

首先，在耶鲁物料搬运公司（Yale Materials Handling Corporation），我们是最先开始在自己的业务中提高效率并减少废物的。第二，我们正在开发和生产用来为我们的客户提高效率和降低能源消耗的叉车。我们已经是多年的零排放汽车的领先制造商，并在 2009 年，推出了新一代更加创新、高效的叉车。我们正在和下一代替代能源技术进行合作，使更广泛的客户群，更容易地从使用内燃机车过渡到使用零排放的电动叉车。同样的技术将最终使电气化的叉车减少对石油的依赖。我们已经开发出工具，以帮助我们的客户可以在应用中基于成本和排放的影响来选择他们的替代电源。这些举措不仅对我们的世界有益，同时也能为客户和我们自己公司提供更多的价值。对环境可持续发展的承诺支持着我们对股东的责任。

为环境的可持续发展所做的努力将会是一个长期的过程，但是，我们致力于一直朝着这个目标前进。我们将不断向更大的进步和更高的目标挑战。我们认为这是对未来和我们称之为家的这个星球的未来的一项投资。

对环境、健康和安全的承诺

作为一个创新和高性能的开发和制造工业叉车的领军人物，耶鲁认识到，环境的可持续发展和在我们的产品中工作场所和社区的最高标准的健康和安全水准是其全球业务运作的基础。公司拥有产品设计和制造业务的环境管理传统以及强大的安全记录。我们的承诺是在支持我们的环境和安全的目标和政策之下，强调向前发展，完成增量年度经营计划目标，并坚定地追求这些目标。

主要重点领域

- 考虑环境的产品设计；
- 环境、健康和安全（简称 EH&S）管理系统；
- 污染和事故的预防；
- 超越合规；
- 环境、健康和安全绩效的持续改进。

产品设计

零排放电动叉车

耶鲁是北美市场产量最大的零排放电动叉车生产商之一。该公司是最早采用高效节能交流电机和控制技术的公司之一，拥有最新的、最全面的平衡重式叉车。我们不断地追求提高能源的利用效率，经受了竞争性测试的肯定，这表明耶鲁产品能为任何升降机卡车制造商提供最好的能源效率（每个负载的能源使用移动）方案。

环保内燃机驱动叉车

耶鲁推出了火花点火模型，这个模型达到或超过加州空气资源董事会（California Air Resources Board，CARB）2010年提出的要求。根据美国环境保护署（U. S Environmental Protection Agency，EPA）和加州空气资源董事会的测试，我们公司叉车的排放量是本行业中所有卡车中最低的。我们的柴油升降车一直是最清洁的车。我们和柴油发动机供应商正在进行持续地发展以使其符合Tier IV2012到2014阶段的临时标准。耶鲁将积极发展以应对他们申请的即将出炉的第四级的最终标准。

此外，我们设计了我们的ICE产品，这种产品能为我们的客户延长服务间隔以减少液压油和冷却液的更换要求。

绿色创新

耶鲁的工程师们开发出了一种创新的电子控制传输装置，这种传输装置能显著降低客户ICE叉车的轮胎和刹车的磨损。对于我们的电叉车，我们推进了一个系统，这个系统使得我们的电叉车能在制动过程中夺回能源和降低负载。然后这些能源又被重新利用，这样就降低了叉车的总能源消耗。我们通过创新的工程设计，通过减轻重量，传动系统效率（专利申请中）和提高液压系统效率的方法减少了整个车辆的非生产性能源的使用。可回收性也是耶鲁叉车在设计中（即使是在设计阶段）考虑的主要因素。

备用电源计划

在耶鲁，我们一直在使我们的叉车与最新的可替代能源技术兼容，这些能源包括电池、液态丙烷（LP）和清洁柴油。这个传统一直坚持到最近与燃料电池的兼容，我们是首批在实际应用中——这还要追溯到2005年——使用燃料电池的公司。在2008年，我们继续着我们的商业部署，促进销售约300辆氢燃料电池叉车。耶鲁通过工程合作、分析和广泛的内部和现场验证测试支持采用更加环保的技术。目前，公司正在调查先进、更高效率的化学电池和技术，以减少能源消耗和碳排放的影响，提高生产效率和减少有毒物质。我们承诺，通过参与制定加强行业标准，安全和可靠地采用这些绿色技术的途径，我们会加强我们的备用电源计划。

车队管理经验

车队管理为我们的客户降低了成本，同时降低了能源的使用和排放。通过叉车使用报告和优化车队活动，我们可以为客户进行准确的成本跟踪和成本绩效管理。这相当于减少排放和节约能源。车队的优化包括正确设置车队大小，在必要时对旧的、已经失去经济利用价值的、昂贵的叉车的报废等。这些旧的昂贵的叉车通常消耗的资源最多，又没有高效的排放管理的能力。适当的时间要对叉车进行定期保养，以确保不必要的技术员旅程最小化和设备能保持最佳性能。

叉车生命周期成本和二氧化碳的影响模型

耶鲁开发了一个模型，这个模型能为叉车在各种动力选项中计算叉车的生命周期成本和二氧化碳等同物的排放量。这些动力选项包括常规和快速充电的铅酸电池、锂离子电池、氢燃料电池、液态丙烷和柴油。这种模型是建立在知识的内部实证检验和阿贡国家实验室部国家实验室（The Department of Energy and Argonne National Labs）正在使用的数据之上的，它使客户能够为叉车在替代电源选项中作出明智的选择。

生产和运营

美国能源委员会

美国能源委员会（The Americas Energy Committee）2008 年宪章的目的是通过内部和外部的识别和对实践的最佳规范来减少能源消耗和碳足迹。在耶鲁内部行政领导的全面支持下，委员会制定了雄心勃勃的目标，来提高每年的能源使用效率，减少碳和挥发性有机化合物的空气污染，使废物最小化。这些目标是根据每个站点以往年度的经验来定的，并根据生产水平的提高和降低进行了调整。参加者通过定期的电话会议分享最佳的做法。

美国能源委员会 2011 年目标	目标值
增加废物回收比例	>75%
为美国所有的设施减少电力消耗	5%
为美国所有的设施减少天然气消耗	5%
为美国所有的设施减少水的消耗	5%
为美国所有的设施减少堆填区的废物量	5%

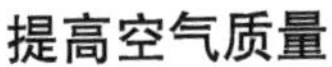

提高空气质量

耶鲁在油漆/涂料领域取得了很大的进展。大约十年前，我们就开始使用低挥发性有机化合物（Volatile Organic Compound，VOC）的涂料。我们还进一步推进了粉末涂料业务以消除挥发性有机化合物和废物。肯塔基州的伯里亚（Berea，Ky.），北卡罗来纳州格林维尔（Greenville，N. C.），在2009年分别降低挥发性有机化合物排放量53%和42%。

耶鲁全球空气排放	单位	2008	2009	2010
碳足迹	吨	239747	127157	143155
挥发性有机化合物	吨	181	90	102

能源消耗管理

我们密切留意电力和天然气的使用，以及由此产生的碳排放量。高效的能源管理减少了对环境的污染，包括减少温室气体并有助于使运作成本具有竞争力。2009年，我们的美洲部设施创建了一个节能减排委员会，委员会设定了雄心勃勃的目标，并分享了他们的最佳做法。执行战略的例子包括用荧光灯取代老式的白炽灯，使用LED应急照明灯具和运动探测器关闭照明。使用能源管理系统，当某区域空闲时减少或关闭该区域的供暖、制冷和照明，节约用电。还有一些其他的智能节能做法的例子，如用超声波探测仪监测压缩空气的泄漏，采用高效率马达与齿轮皮带以减少对电力的需求，取代表面处理化学品以减少洗涤槽温度和改进涂料固化炉的绝缘性等。

耶鲁全球能源消耗	单位	2009	2009	2010
电	千瓦小时	94239248	67493777	79578577
煤	吨	585	397	419
天然气	立方米	8234186	4072517	4560542
汽油	升	17685	18536	14054
柴油	升	590094	262786	370483
液化气	升	2230072	588247	839480

减少危险的固体废物

喷漆作业产生的危险废物的数量可以通过对溶剂的蒸馏和再利用，并更好地传递效率来减少。我们现在正在用废物处理设施来处理我们大量的易燃的油漆废物，通过溶剂回收废物的方法而不是让废物与水泥窑燃料混合来回收资源。我们的目标是在堆填区通过利用从我们的供应商那得到的可回收或可循环使用的容器来实现零工业堆放废物。此外，在我们的生产流程中，我们有各种着力于减少废物的质量措施。在我们的拉莫斯阿里斯佩（Ramos Arizpe）工厂，我们将100%的托盘从木质托盘转变成可重复使用的钢托盘。在全球范围内，我们在2008年到2009年间减少废物堆填43%，减少危险废物堆填64%。

耶鲁全球废弃物	单位	2008	2009	2010
堆填废弃物	吨	2817	1597	1866
焚烧废弃物	吨	995	564	938
危险废弃物	公斤	312811	111687	170613

回收

我们所有的站点都有集中的计划用于广泛的回收木材、纸板、塑料、办公纸张、金属和电子产品。同样，我们也有计划用来回收我们自己业务中和我们分销网络的客户们使用的叉车车用电池、轮胎和油。

耶鲁全球回收物	单位	2008	2009	2010
可回收纸板	吨	395	167	247
可回收木材	吨	2118	957	2856
可回收金属	吨	17195	8788	11048
可回收塑料	吨	201	122	207

利用可再生能源

我们的伯里亚工厂是利用被动式太阳能来产生热水的。爱尔兰的克雷加文（Craigavon，Ireland）工厂已经开始安装风力涡轮机，2012年投产开始发电。

生态/社会效果

我们的网点对周围环境的生态影响评估的有序进行积极主动地减少了任何潜在的影响。在格林维尔工厂，我们消除了室外未受保护的存储油的设备，以确保其不受环境污染。我们只使用经过热处理的木材运送国际产品，以防止在运送过程中害虫滋生。

水土保持

我们的许多网点利用雨水蓄水池控制径流，利用植被过滤污染物。这些领域是水鸟们的天堂。2008 年，格林维尔工厂就建了一个这样的蓄水池，利用可生物降解的化学品和废水处理过程，大大超过了排污许可的最低要求。我们也有多种措施节约用水，包括减少景观浇灌等。

耶鲁全球资源消耗	单位	2008	2009	2010
水	万升	222208	151998	196329

减少员工上下班旅程

我们很多的工厂运行了修改后的每周工作时间结构，以减少其对通勤员工的影响。我们和当地协调合伙用车，以进一步减少员工们上下班的总行程。

企业的社会责任

耶鲁供应商可持续发展调查

为了把我们的供应链管理纳入可持续发展的努力中，耶鲁在 2008 年进行了第一次对供应商可持续发展的调查。展望未来，我们将与供应商探讨他们如何减少对原材料的浪费，降低能源的消耗和降低排放。

回收

我们企业有严格的回收计划，包含有对纸、电池和荧光灯管等其他物品回收的内容。

全球碳足迹计算

耶鲁在 2008 年进行了第一次的全球碳足迹的计算。数据的收集是来自于耶鲁在世界各地的业务和计算，这些计算是在瑞星环境管事计划（The Rising Environmental Steward Program）和一个环境的可持续发展顾问公司碳愿景有限责任公司（Carbon Vision，LLC）的帮助下完成的。在这个计算中，包括有范围 1（直接燃烧）和范围 2（上游燃烧相关的用电量）的资源。纳科物料搬运集团（NACCO Materials Handling Group，NMHG）分析了我们的能源在全球各地区的碳足迹。美洲能源委员会会继续采取制定节能减排目标，并分享最佳做法来显著减少我们的碳足迹。

2010 年耶鲁全球碳足迹

能源消耗	单位	数量	二氧化碳排放	占总排放比例	
电	千瓦小时	79578577	45906．1	32．1%	范围 2
天然气	立方米	4560542	84512．2	59．0%	范围 1
汽油	升	903977	216．1	0．2%	范围 1
柴油	升	106612	7763．9	5．4%	范围 1
液化气	升	1002617	3263．0	2．3%	范围 1
煤	吨	419	993．2	0．7%	范围 1
喷气发动机煤油	升	23496	495．7	0．3%	范围 1

总二氧化碳排放量：143155．3 吨

高能效的 IT 管理

我们的企业数据中心采用高效节能的气候控制系统。我们还在 2008 年把空气调节系统（Heating，Ventilation，Air－conditioning and Cooling，HVAC）进行了升级，使之成为一个高效的、三阶段的拆分系统，这将减少能源消耗 50% 左右，并能消除总单位的停机时间。我们的计算机房有非常严格的温度控制，以免造成能源的浪费。我们把全公司上下约 2，500 台电脑的显示器从 CRT 显示器换成了 LCD 显示器，这样可降低能源消耗 40%～45%，提高机器使用寿命 25% 左右。最后，对电脑设备我们也有 100% 的回收计划。

能源消耗管理

我们的建筑都配有计时器，确保对内外照明的节约使用。同时我们在所有地方使用的都是节能照明灯。工厂拥有电脑控制的供暖、通风和空调系统，这个系统能最大限度地提高能源使用效率和减少能源消耗。

节能意识的车队管理

在耶鲁，我们企业汽车车队一个重要的购买标准就是燃油的效率。2009 年，车队整体的平均耗油为每加仑行驶 25.1 英里。此外，我们只选择 E85 乙醇兼容的车辆。

关于耶鲁物料搬运设备公司

耶鲁物料搬运设备公司提供各种物料搬运叉车的产品和服务，包括电、气、液态丙烷和柴油叉车；狭窄的过道加电动运货卡车等。耶鲁提供包括车队管理、耶鲁式服务、零部件、融资和培训等各方面的全方位服务。公司的肯塔基州伯里亚工厂2011年很荣幸地获得了最高植物工程奖。耶鲁的叉车都是在符合ISO 9001：2008标准的工厂里被制造出来的，承受能力在2,000~36,000磅的范围之内。欲了解更多信息，请找到离您最近的耶鲁叉车经销商，致电1-800-233-YALE，或访问公司主页www.yale.com. 耶鲁物料搬运公司是纳科物料搬运集团有限公司，海斯特-耶鲁物料搬运公司（Hyster-Yale Materials Handling, Inc. NYSE：HY）的全资子公司。海斯特-耶鲁物料搬运公司及附属公司总部设在美国的俄亥俄州克利夫兰（Cleveland，Ohio），在全球雇用约5,300人。

［文章作者］Yale Materials Handling Corporation，US.

［文章出处］Yale Materials Handling Corporation，2012.

［译者简介］鲁曼俐（1978），女，北京物资学院外语学院讲师，硕士，研究方向：外国语言学及外语教学。E-mail：lumanli@bwu.edu.cn.

选电动叉车，弃内燃叉车

何　平　译

（北京物资学院外国语言与文化学院　北京　101149）

近十年来，为了应对柴油成本的不断上升和更加严格的排放标准的出台，物料搬运产业也随着快速发展演变，从而使三向交互式电动叉车的诞生成为现实，潜在用户可以从这种新型电动叉车受益颇多。在反复地检测和验证过程中，该项技术与内燃叉车相比已凸显出强大的优势。

在物料搬运作业中，广泛使用的叉车主要有两大类：电动叉车和内燃叉车。内燃叉车主要包括使用柴油、液化石油气、液态汽油和压缩天然气的叉车。这也是为什么人们经常把内燃叉车误认为“汽油”叉车，但是在真正的物料搬运作业中，除了在户外使用大型卡车作业外，人们却很少使用真正的靠汽油运转的设备。

以下是电动叉车的优点分析。

- 在叉车提升高度、生产效率和搬运成本方面，与内燃叉车相比，电动叉车更胜一筹；
- 在降低成本方面，尤其是用于叉车保养维护的成本，电动叉车更省钱；
- 电动叉车既可以运用室内作业也同样适用于户外作业，有较大的灵活性；
- 电动叉车的内置式发动机和控制器的设计更有利于保护叉车；
- 仅仅一部电源发动机可同时支持两台电动叉车作业，方便快捷；
- 电动叉车的供应能源是可以再回收利用；
- 电动叉车无任何废气排放污染，更加环保。

下面我们来探究一下什么是总所有成本，电动叉车的应用趋势以及在当今物料搬运作业中使用电动叉车的驱动力和优势。

总所有成本

设备置备人员通常对总所有成本这个概念只是肤浅理解成是采购决策初期的初始成本。事实上，总所有成本和叉车采购决策过程并无太大关联。

电动叉车最引人注意的卖点便是：电动叉车中的总所有成本平摊到叉车寿命的部分要比内燃叉车少。

无论是电动叉车还是内燃叉车，能够影响运营成本的因素可以概括为以下几个方面：

- 叉车的性能（每小时移动的托盘数）；
- 节能水平（主要依据使用一个电池电源或一罐油该叉车可工作时长）；
- 机器运作所需燃料和电力的费用；
- 可信度（确保在叉车停用期间也不会影响工作进度）；
- 维修叉车的成本，包括：电池（电动叉车通常都是使用电池）、润滑油、轮胎和过滤器；
- 保持仓库内空气正常指标的成本；
- 供暖或制冷成本。

总所有成本，作为一项资金评测指标，可以帮助供应链和仓库管理者更有效地进行采购诸如叉车之类设备时所产生的直接和间接成本的评估。

在比较不同设备之间的初始成本时，还应考虑到后期伴随设备使用所衍生出的维修成本及升级更新费用。进而，初始价格的数值就能在叉车后期使用时所节省的成本中抵消掉。待叉车不能工作时，此前所支付的购买价格就会变成总所有成本中的一部分。

表 1：年度的燃料，能源和维修成本比较

注：此数据是拟定叉车年运作时间 2500 小时的基础上统计得出的

我们用一个实例来说明：假设五年为一个周期循环，电动叉车的运作成本仅仅是内燃叉车的四分之一。与内燃叉车相比，叉车所有权在第一年和第二年的投资回报也是非常丰厚的，而且在此期间内，内燃叉车的成本还会超过电动叉车。（参见表 2）

然而，不得不承认，一台电动叉车的初始采购价格要比内燃叉车略高些甚至高出很多，这也要取决于购买的价格中是否包含了如电池或充电器之类的辅助设备。（参见表3）其实，电动叉车本身与其他技术的叉车并无太大差别，不同点在于电池和充电器。电动叉车的电池又大又沉，价格也随着近年来成本的增加而大幅提高。此外，在购买时还要根据使用的提升次数来衡量是否需要两个电池和一个充电器。Cat（凯特毕勒）叉车公司开发了一个线上叉车成本比较工具，该软件可以帮助公众进行汽油和电力资源运作成本的评估和比较。虽然每个州的电力成本大相径庭，但是电力成本都是液态石油气成本的十分之一。每桶十加仑容量的液态石油气的价格从15至35美元不等。而给一辆电力叉车充电的成本可能还不到4美元。

表2：总所有成本比较－2011年度

表3：叉车总所有成本比较－2011年度

我们来看看下述的假设分析：

预计购买十辆单价5000英镑的叉车（一辆电动叉车的价格大约是37000美元，一辆液态石油气叉车大约是31900美元）

对于电动叉车，还要购买一个电池和充电器，分别是8750美元和3250美元。也就是说，购买电动叉车的成本无形中又增加了12000美元。很多买家只关注了电动叉车的先期购买成本，但是并没有意识到内燃叉车在使用过程中所需的汽油成本是电动叉车充电成本的4～7倍，维修成本比电动叉车高出50%，最终总成本是电动叉车的2～4倍。

趋势，商机和市场份额

缩小仓库和配送中心内部的过道间隔将是搬运业未来发展趋势之一，这也间接反映了人们对于在原有面积基础上增加库存量（立方使用化）的强烈需求。除了利用缩小过道的方法来增加库存，还可以借助增加货物摆放的垛层，也就是说，叉车要在更小的作业区域把货物提升到更高的堆码点。

叉车还要在有限的空间内自如地转向，就像拖车内部货物的有效堆载以减少操作空间。基于上述的需求，叉车制造商开始致力于如何把自己的叉车产品做得更小更紧凑。而这些专门为狭窄通道设计的电动叉车在与其他叉车对抗中又赢得了一席之地。

通常情况下，叉车都是用于室内或者限定区域的作业，例如：杂货部的冷藏和冷冻区域，或是食品配送中心。这些限定区域内的废气物排放也成了一个棘手的问题。

因此，叉车搬运的产品多是医疗和食品类的货物，这些货物也是杂货店的主营产品，在相对封闭的空间内如何解决诸如二氧化碳等有毒气体的排放始终是重中之重。另一方面，我们也可以致力于制造搬运易燃易爆和化学产品的叉车产品。

在5000～6000英镑容量的叉车市场中，80000台只有25%是电动叉车，75%是内燃叉车（液态石油气、柴油、汽油等），其中液态石油气占据了该市场的主要份额。

目前电动叉车的电压幅度

仓库用电动叉车的作业电伏一般是24伏、36伏、48伏和80伏不等。有些作业并不需要太多的电力。比如：三等叉车（堆高车、电动托盘搬运车）作业时只需要相对较低的24伏电压。像那些搬运较轻货物的小型叉车，相对有限的动力性能只需要低电流强度就可以正常作业，作业也仅限于对置顶速度没要求的区域。

相对较低电压和低电流强度所产出的能量自然也不够强大。所以，高电压就意味着叉车的性能也相对较好。比如：80伏电压的系统和36伏的相比就具有更好的加速和扭转性能。一般来说，电流的激发都会产生相应的热辐射。所以高电压系统中的低电流可以相对减少热量的损失。叉车节能操作的最大障碍是如何处理那些不能马上散失掉的热能。这些热能会损害电子元件，同时在电线内部形成越来越多的电阻从而影响电流的正常输出。传感器里的热量越多，也就意味着需要更强的电流来抵消电阻，这样反而又会增加热量。

电池和充电系统

叉车的电池形状和型号各不相同。电池的维度和重量也因叉车而有所不同。在5000英镑的电动跨式平衡重式叉车案例中的叉车的尺度大约是：40英尺宽，32英尺高，从前到后面的长为34英尺，重约3200英镑。由于叉车的电池要不断地为车辆系统（三个主要系统为：驱动、转向和载物提升）提供电源，所以电池的大小和能量容量要足够大。重量大的电池也更有助于叉车在作业时保持平衡。

电池的充电频率主要取决于电动叉车进行何种操作。比如三班操作中，电池肯定要进行再充电或者被更换。拿现在叉车使用的铅酸电池来说，如果在电池能量将要耗尽的情况下进行充电，那么所需的充电时间将大大增加。事实上，现在业内人士都采用8－8－8 充电规则，也就是说8 小时作业，8 小时的充电和8 小时的彻底冷却。

新的电池技术正在大大缩短所谓8－8－8 原理的时间。例如：在叉车的多班操作作业中，新型的快速充电技术可以使电池在每班作业的空隙时间进行充电，在午饭和最后一般作业的时候花一个半小时进行充分充电。虽然这种快速充电的技术具有创新意义，但是它到底能用多久还将拭目以待。再比如：这种快速充电的基础还是要有将近一周充电时间的电量储备才能保证快速充电的正常应用。

电力制动和能源再造

在手动刹车不作为唯一减速和刹车的体动制动系统中，电动叉车的电力技术能产生出更精确和更强劲的电力制动性能。原因在于，该技术可以减少传统卡车刹车部件中的磨损，同时又能降低叉车的运行成本。

电力制动的 CAT 卡特彼勒型搬运叉车拥有极佳的定位性能，叉车速度可以准确匹配感应加速踏板的运行程度，即使在斜坡上也不会发生不可预知的变化，操作人员也不用在加速器和刹车踏板上来回转换。

电力制动主要应用于转向或加速踏板的缓冲（例如，在前进过程中的反向移动）。当控制器接受到停止或减速的请求后就会产生反向的电力或后推电磁场。本质上说，就是把传动马达转变成制动器，发送反向电流回至电池以供电能的再生。

这种能源再造的模式在叉车执行通常任务时可以起到很好的作用：理想状态下，那些被废弃的但是具有潜在利用价值的能源不断地被发送回电池以进行再次充电。从而使得一次充电可以执行比原来更多的工作任务量，而且使用者还可以不时地减小充电站或电池交换区域的大小，完全能达到一辆叉车一次充电即能承载两倍任务量的目标。

尽管能源再造技术并不能完全代替一次完整的充电，但却使电池免于过于频繁性的充电，而且还可以延长充电的周期。电动叉车系统的能源回流特点也保证了再次充电的正常进行。

电动叉车可电力刹车制动，再次充电时也能重新归零再进行，这样叉车可以极好地控制速度。再充电归零的特点也有利于方向的平稳转换以及保证叉车整体作业的流畅和高效进行。此外，在电池供电最高峰时，能源再造制动的使用可以保证不同层面的放电率以延长电池的供电时间。

电动叉车和内燃叉车在技术层面的比较

与内燃叉车相比，电动叉车在加速器、处理斜坡能力、斜坡速度控制、装载升降和制动能力等参数方面都略胜一筹。近年来，电动叉车在上述技术参数上确实有了很大提升，足可以和内燃叉车相抗衡，甚至某些情况下可以超越内燃叉车。

排放：内燃叉车的主要问题

内燃叉车在室内物资搬运操作中面临最严峻的问题就是发动机工作时产生的污染物，如：一氧化碳、氮气和氧气的不同混合物所产生的烟雾（氮氧化合物产生的团状物），不同种类的碳氢化合物，还有一些特殊的煤烟和气味（参见图表4）。

众所周知，一氧化碳是有毒气体，有害于人体健康。作为温室效应气体之一的碳氢混合物，不但破坏臭氧层，导致酸雨的形成，更严重的是会加重如气喘等肺部疾病，因此该气体的排放也是要极力控制和禁止的。矿物燃料的内燃排放至少会产生六种氮氧化物。由于氮氧化物对环境造成的恶劣影响，从而使当下减排目标更多地集中在氮氧混合物上。

抑制内燃叉车污染的主要方法是使用催化式排气净化器。不过，但凡现代先进技术的应用和设备安装都需要大量的资金投入，催化式排气净化器也毫无例外。除了带来叉车造价成本的提高，这种净化器的安装也会占用叉车底盘有限的宝贵空间。

虽然在液化石油气叉车上安装三向式催化式排气净化器能在一定程度上减少氮氧化合物的排放，但是问题还是不能彻底解决，唯一的办法就是使用电动叉车。况且，催化式排气净化器只对液化石油气和燃气发动机有效，而对柴油发动机却起不到任何作用。事实上，现在柴油叉车的使用也在逐渐减少，主要原因就在于对其排放物难以进行经济有效地减排，甚至连达到可接受的水平都是有一定困难的。

如果在液化石油气叉车的发动机上安装减排装置，一氧化碳的排放量就会减至普通汽车或使用燃料气的交通工具（包括叉车）的十分之一。基于上述原因，也说明了为什么进行室内作业的内燃叉车更多地使用液化石油气而不是柴油。

即使内燃叉车在废物减排方面可以达标甚至力度远远超过标准规定的限度，它还是会对空气造成一定的污染，哪怕微小的污染。排除使用汽油的交通工具，如果不在内燃叉车上安装催化式排气净化器，其最严重的污染都是由于使用液化石油气产生的。当然，安装了催化式排气净化器后就另当别论。如果全速运转，装有三向式催化式排气净化器的液化石油气叉车与柴油叉车相比将产生更少的一氧化碳。

图 4：三种技术的全面比较

在上图中，以液化石油气和燃气为基准进行比较。在液化石油气一栏中，作为基准线的比例参数始终是 100%。其他数值都是对于液化石油气叉车来说的预期值。例如，与液化石油气叉车相比，在一氧化碳排放方面柴油叉车数值略低些，而其发动机性能方面略高于液化石油气叉车，但是远远低于电动叉车，而且电动叉车的一氧化碳排放量仅仅是液化石油气的 0%，也就是说电力更加清洁环保。

备注：

- 所有的减排都是以减少内燃叉车的污染为初始目标，所以这种类型的车辆需要更加复杂的具有诊断性和传感性的部件。
- 此图使用的是液化石油气和燃气作为基准进行比较。

［文章作者］Carl Modestte.

［文章出处］www. cat – lift. com.

［译者简介］何平（1979，11），女，北京物资学院外语系外国语言与文化学院讲师，硕士研究生，研究方向：语言学及商务英语。E-mail：heping@bwu. edu. cn .

投资标签夹持器无需花费却有回报

韩　红　译

（北京物资学院外国语言与文化学院　北京　101149）

摘要❶：从20世纪60年代起，美国艾格纳标签夹持器集团设计生产出可插入的塑料标签夹持器之日起，公司就致力于研发适用于不同存储解决方案的不同类型的标签夹持器，其产品的社会认知度高，受到用户的广泛好评。艾格纳生产的标签夹持器有以下几大优点：产品种类繁多，适用于不同的存储解决方案；使用方便，节省劳动力；兼容性高，节约打印成本；清洁卫生。因此，投资标签夹持器的公司很快就能回收投资成本。为满足不同存储解决方案的不同需求，企业可以采用不同材料和颜色的标签夹持器。另外，标签的尺寸和种类，其背部使用的材料，可以配套使用的打印机，安装标签的位置等等也都不尽相同。

关键词❷：标签　标签夹持器　投资回报

投资标签夹持器的回报就在于它一次又一次地节省了您的宝贵时间！以下就是原因。

轻松并快速地改变名称或位置

有了可插入的塑料标签夹持器，改变一个标签或移动它的位置就成了小菜一碟。只需要在插入的地方重新做标识，然后将标识插入到夹持器中就可以了。在50多年以前，艾格纳索引公司（Aigner Index）为归档行业首创了这个

❶ 为译者根据文章需要编写的部分。
❷ 为译者根据文章需要编写的部分。

特性，从那时起，该特征经过改造后被应用于能够想象到的所有存储应用程序中。

康涅狄格州纽黑文市亚萨合莱集团（Sargent/ Assa Abloy）的查普威尔最近写信告诉我们：简直不敢相信你们有这么棒的产品：整洁、耐用而且整体上节约了成本。在亚萨合莱集团，我们经常改变系统，利用贵公司条形码的兼容性，这项工作被大大简化了。我就是想说“你们的产品太棒了”。

在使用了本公司的产品以后，许多财富100强企业都表示非常满意，其中就包括：福特汽车、通用汽车、卡特彼勒公司（Caterpillar）、日本川崎重工业株式会社（Kawasaki）、麦当劳、美国来爱德连锁药店（Rite - Aide），马自达公司，美国邮政总局，麦克森公司（McKesson），美国现代工具及模具公司（MTD Products）以及格雷巴电气（Graybar Electric）等等。

更好的存储结构

每种有效的存储设施必须随时了解所有东西的位置。如果产品和放置产品的位置不改变，存储设备就更容易掌握东西在哪里，但是它们的位置不可能一成不变。一旦移动物品，问题就出现了。标签夹持器是一个管理工具，它提供了一种解决方案。使用标签夹持器改善了工作环境，也提高了员工的工作效率。有关标签夹持器为企业所做的种种贡献，已经有了很多口碑很好的记录。

投资标签夹持器物有所值

只有在极少数情况下，购买一套标签夹持器系统的总费用才会超过仓库总费用的百分之四，但是没有任何一个其他系统的操作能够比标签夹持器系统节约更多的费用。无论购买这样一套系统的初始费用是多少，由于以下三个原因，节省了材料，减少了必需的劳动力，提高了总体效率，从而取得了投资回报，由此可以证明进行这些投资是值得的。

1）正常更换标签很容易；

2）用普通的纸质标签代替昂贵的、难以去除的、黏糊糊的标签，从而节省了一半购买标签的费用；

3）与不使用标签夹持器系统相比，使用标签夹持器以后，固定黏合剂标签和揭除黏合剂标签的工作最多只需要前者35%的劳动力，而且无需清扫。

必须保护条形码

大多数贮存设施和传送设备正在使用，或不久后将开始使用一个自动化的条码库存管理系统。为了保证该系统能够准确地扫描条形码，一定要使条码远离灰尘、水分和化学物质。很明显，如果条形码受到污染遭到毁坏，那么会发生库存不符的情况，问题严重的话，可能会失去一个客户。艾格纳标签夹持器集团生产的大多数可插入透明塑料标签夹持器都是亚光的，不会反光，这样一来，不但保证了扫描兼容性，而且保护了条形码。

低成本或零成本打印标签

为了打印标签说明，用户不需要签订任何其他合同。大多数标签夹持器上都安装着有打印孔的、可兼容的、激光/喷墨打印纸，以及标准的WORD处理格式，后者可以发出简单的打印指令。这种激光打印纸是高品质的60磅纸，有高白色和很多其他颜色。可以独立地或提前或按照需求打印出整洁的、专业的标签，几乎不需要任何其他费用。

适用于不同存储解决方案的不同类型的标签夹持器

多年以来，由于消费者对新产品的研发不断提出要求，艾格纳标签夹持器集团已经设计开发了一系列标签夹持器，客户可以根据自己的需求选择标签背面的材料：永久的应用程序应该使用永久黏合材料；在选择可以改变位置的标签夹持器时，备选的背部材料可以是可移除黏合材料、磁性材料以及钩和毛圈黏扣带。选择了后三种背部材料，就可以很容易地更改和重新定位这些纸质标签。艾格纳标签夹持器集团设计这些标签夹持器的目的是为了解决具体的标记问题。以下内容简短地列出了主要存储应用程序所采用的不同类型的夹持器：

（1）在固定通道招牌时，使用“Slip‘n Stik”标签夹持器。

将固定可插入的塑料的通道招牌的标签夹持器垂直地插入到托盘货架或者钢架表面上的组装孔里，然后，绘制仓库地图的工作就展开了。可以在激光或者喷墨打印机上打印纸质标签，而且为了节省打印纸的费用，可以随时根据需要改变打印机类型。

（2）在托盘货架上固定标签时，使用“Super * Scan ®”标签夹持器。

为了看得更清楚，该标签夹持器提供了更大尺寸的标签（3 英寸 ×5 英寸，4 英寸 ×6 英寸，5 英寸 ×8 英寸）。条形码有兼容性，不反光，背面是黏合剂材料或者磁性材料，可以安插在托盘货架的侧面或者顶部。在托盘货架上固定标签时为了达到最佳效果，可以使用“Super * Scan ®”标签夹持器将不同尺寸的标签混合搭配使用，包括激光插页。

（3）在钢架上固定标签时有多种选择，其中就包括采用获得专利的“Hol * dex”标签夹持器，该产品可以固定在钢架侧面或者钢架顶部，有许多不同尺寸的标签可供选择，标签背面是黏合剂材料或者磁性材料。有激光插页可供选择。

（4）在钢丝架子上固定标签时，可以使用“Wire * Rac”标签夹持器。

该标签夹持器有三种不同的风格，适合大多数主要品牌的钢丝架子。固定、揭除和重新固定此类标签夹持器都很容易。条形码具有兼容性，亚光表面和激光插页都是标准的。

（5）为开槽料箱固定标签时，可以使用“Tri – Dex”标签夹持器。

生产这种夹持器的原材料是完全透明的聚氯乙烯，呈三折折叠形状，为了保护标签，夹持器将标签密封起来。标签背部不需要黏合性材料。只需要用激光打印机打印一个标签，把它插到标签夹持器中，然后放到该放的地方即可。如有需要，标签可以随时更换。为了和大多数主要生产厂家的标准开槽料箱配套，标签共有五种受欢迎的尺寸可供选择。打印指令中包括激光插页。

（6）在料箱和手提包上固定标签时，可以使用“Bin * Buddy's”标签夹持器。

它固定的标签具有以下特点：标签背面是永久性黏合材料，适合光滑的塑料表面。“Bin * Buddy's”标签夹持器可以固定四种流行尺寸的标签，上面的条形码具有兼容性，包括激光插页。

（7）在地板上固定标签。

给地板贴标签的所有工具中，包括耐用的椭圆形铝制框架，透明的莱克桑聚碳酸酯防护罩，以及五金工具。在热转移式打印机上自行打印聚酯标签并且进行安装，安装标签的工作在五分钟之内就能搞定。

投资回报率

因为投资回报率高，所以有必要投资购买标签夹持器。投资购买了标签夹持器以后多久开始产生回报？计算节省的时间和材料，并且考虑一下：一个更好的总体工作环境能在多大程度上提高生产率？大型零售商的业绩表明：在投资购买标签夹持器后，12 个月内就可以得到投资回报。

在美国国内，共有超过 2500 家工业品供应公司都经销艾格纳公司生产的标签夹持器，比如说：固安捷（Grainger），麦克马斯特·卡尔公司（McMaster - Carr），快扣贸易有限公司（Fastenal），C & H 经销公司（C & H Distributors）、美国环球设备有限公司（Global Equipment），实验室安全供应公司（Lab Safety Supply）等等。

［文章作者］Aigner，USA.

［文章出处］*Modern Materials Handling - White Papers*（2011 -9）.

［译者简介］韩红（1973，6），女，北京物资学院外国语言与文化学院讲师，硕士，研究方向：课堂教学及测试。E-mail：scarlet_ stella@ hotmail. com.

承运商眼中的“承运商友好”

黄　爽　译

（北京物资学院外国语言与文化学院　北京　101149）

一、引　　言

“承运商友好”这一提法在当今的物流运输领域被过度使用。过去十多年间行业分析人士、物流服务企业、软件销售商都使用这个词来强调托运人尽力配合承运商，为承运商顺利完成运输提供便利，使承运商营运成本降低成为可能。比如，托运企业在其发出的需求建议书中常提到它们本着“承运商友好”的原则，尽量为承运商提供最优操作支持。关键问题是：承运商自己如何看待“承运商友好”？托运企业是否真正提供了最优支持，从而有助于降低承运商营运成本和营业比率？

过去文献中对“承运商友好”的解释是不全面的。第一，以前出版的文献主要论述为整车运输提供的最优操作支持。不可否认，零担运输最优操作支持和整车运输最优操作支持确实存在共同之处，但两者差异亦不可忽视。零担运输需要什么样的最优操作支持？这一问题过去没有得到足够的重视。

第二，过去的文献侧重于论述日常营运管理，以及承运商如何为托运人提供服务，这些领域需要进一步的探索，但对托运人应如何配合承运商完成运输问题的研究却从未在已有文献中出现。

事实上，有眼光的托运企业通过大量实践已经认识到要做到“承运商友好”，就要从与承运商建立合作关系之初开始，打下扎实基础；要做到“承运商友好”，就要与承运商进行有效沟通，不断给对方提出建议。

本文旨在厘清“承运商友好”的含义，确定零担运输需要的最优操作支持，为托运企业就下列问题提供指导：

（1）从承运商的角度看，理想的合作伙伴意味着什么？

（2）托运企业的要求和操作支持对承运商的服务成本造成何种影响？

（3）与承运商的有效关系如何才能转化为优惠的运输价格？

首先对承运商如何确定运输价格做一简要介绍。

二、分析服务成本与确定营运比率

服务成本分析法是汽车承运商广泛应用的确定运输价格的方法。应用服务成本分析法，先要划定和分析所有因给托运人提供服务、获得运输收入而发生的活动和成本，然后在此基础上计算出一个定价结构。

基于服务成本分析法得出的数据被用来进一步计算营运比率（或盈利/亏损指标）。营运比率对汽车承运商来说是非常重要的。营运比率就是把为托运人提供服务而发生的直接成本与间接成本相加，然后用总成本除以总收入来确定收益率。营运比率小于1，意味着盈利；营运比率大于1，意味着亏损。比如，营运比率是1.2，意味着承运商以1.2美元的成本获得了1美元的收入。如今这一指标被越来越多的承运商使用作为定价决策的重要参考。

确定营运比率的关键因素包括：运输成本，附加费用，节点成本，其他组件成本。

1. 运输成本

承运商们都希望建立一个理想化的运输网络。为此，他们收集数以百计，甚至数以千计的客户资料密切分析货运方向。在这一理想的网络中，运输能力和运输需求之间达到完美的平衡；每一条路线都有同样数量的货物朝着相对方向来往穿梭；而货物将随时被装运、卸载，使其停留在托运人设施上的时间最小化。但在实际中，这是不会发生的。

现实中的运输网络总有缺陷，其中之一便是货物进出方向的不平衡。一些地区没有足够的出境货物，如佛罗里达州（Florida）、北达科他州（North Dakota）。如果遇到“不均衡路线”，承运人就不得不承担跑空或不能满载的风险。

要明白承运商希望他们的车辆尽可能地满载。一家大型零担运输企业的首席执行官告诉我们：“基本上，我们是在销售空间。飞机起飞，机上还有一个座位空着，这个空座位就是损失的收入。货车从码头出发，却未能满载货物，这也是损失的收入。零担承运商希望尽自己所能减少收入的损失。”考虑到燃油价格波动等因素对利润的影响，拥有双向均衡路线对承运商来说是至关重要的。相比之下，托运人大都认为他们只需要单方向的运输路线：货物从生产地或销售地出发运至客户所在地，只有极少数的单个托运人需要在双向路线上运货。因此，承运商只好去寻找多个托运人，这些托运人能提供互补路线，以此方式去平衡运输路线，减少跑空。

承运商把运输路线分为三种：去程路线、返程路线、均衡路线。面对去程路线，承运商要尽量安排与之互补的返程路线来减少跑空。相比之下，返程路线和均衡路线对承运商来说甚为理想，因为这两种运输有助于提高运输效率，平衡运输网络。承运商在去程路线运输上花费的成本最高。

2. 附加费用

一家承运商说过：“我们要像客运航空公司那样收取各种服务费用，如托运行李，选择舒适座位，提供耳机和饮料等。”不可否认，附加费用将会对托运人的货运成本产生越来越大的影响。目前许多承运商已开始对其提供的每项服务收费，对托运人来说，这是笔不小的费用。

3. 节点成本

节点成本就是发生在运输网络中特定地点的费用，特定地点包括提货和交货地点以及转运中途停留地。对零担运输来说，特定地点还包括装货、卸货、交叉理货的地点。

由于车辆和驾驶员信息系统日趋复杂，政府监管日趋严格，许多承运商改进了他们的运输信息收集报告系统。用服务成本分析法分析收集来的运输信息，承运商可以确定他们在运输网络中各个节点的平均停留时间和停车次数，并据此推算出相应的停车成本。

4. 其他组件成本

有两种行政事项增加了承运商的营运成本：收款、开具发票和亏损或损失分配。组件成本还包括其他经常性开支，如销售和营销费用（属一般管理费用）。以上开支费用都通过一定的公式计入承运商的营运成本。

三、对托运企业的启示

应用服务成本分析法，承运商已经对自己的营运成本了如指掌。根据这一方法得出的数据可帮助他们确定理想的运输地区和理想的货物类型，这使得他们的定价和折扣决策都能以具体而详细的数字为依据。承运商告诉我们，他们将不再提供笼统的基准运输价格和折扣率，取而代之的是一个完整详尽的费用列表，对于同一笔运输业务根据运输路线、货物类型、服务内容的不同而提供各不相同的折扣率。对盈利空间大的业务，承运商将提供相对便宜的运输报价。

要获得成功，承运商必须清楚自己的成本，寻求能盈利的业务，拒绝不盈利的业务，并做出相应的价格决策，这并不意味着托运企业无法通过协商获得优惠的运输价格，托运企业怎样才能与承运商打好交道、创造出双赢的局面呢?

真正的伙伴关系需要甲乙双方都能以双赢的心态来面对合作。大多数承运商认为，多数情况下他们与托运人的谈判是托运人单方面操控的，目标是托运人赢。托运人总是不断地要求承运商降低运输报价，而不考虑对方是否能从中盈利。要知道承运商如果不能保证一定的利润就无法生存下去，每年都有一定数量的运输企业因盈利水平低而破产就说明了这一点。因此，与承运商谈判时，托运人要设身处地地替自己的合作伙伴着想，确保他们有能力生存、提供长久的服务，这是十分必要的。

托运人要更多地了解、关注承运商的营运成本，因为这是承运商整体报价的主要基础。如果双方都把目光集中在运输价格这个单一因素上，那最终谁都无法获利。承运商将在市场许可条件下，尽可能提高报价使无利可图的生意立即获利，即使这意味着终止与托运人的合作关系！如果托运人总是想方设法拿到低价而无视承运商的实际成本，就会找不到为自己服务的商业伙伴！

如果托运企业希望获得优惠的运输价格，那就需要：

（1）了解托运企业的何种情况增加了承运商的营运成本；

（2）提供最佳操作支持，降低承运商的营运成本；

（3）持续与对方共享信息；

（4）尽可能做到“承运商友好”。

要想降低承运商的营运成本，托运企业需要考虑以下三个重要问题：

（1）提货和交货延迟是否是由于托运企业本身、托运企业的客户，或托运企业的供应商造成的？托运企业是否可以做到减少提货和交货次数？

（2）运输操作中，托运企业的货物是否包装完好、易于搬动、不易损伤？

（3）行政事项操作中，托运企业是否能按时支付运费、保证通过电子沟通方式及时为承运商提供必要信息？

总之，只要托运企业能帮助承运商降低营运成本，承运商就会以优惠的运输价格报答对方。

［文章作者］TranzAct Technologies, Inc.

［文章出处］*Logistics Management Solutions White Paper*, www. tranzact. com（2012）.

［译者简介］黄爽（1977，5），女，北京物资学院外国语言与文化学院讲师，硕士，研究方向：英语语言学与英语教学。E-mail：huangshuang@ bwu. edu. cn.

单一或多个配送中心网络的优缺点和注意事项

贾 颖 译

（北京物资学院外国语言与文化学院　北京　101149）

企业在选择是否从一个或多个配送中心运行时应当考虑到多种细节因素。

介　　绍

同类产品中最好的公司为了达到降低成本和/或改进服务的目标定期审查其分销网络。在这些公司中，最成功的那些公司采用国家最先进的分析工具，结合丰富的经验，制定有意义的改进计划。本文将根据不同程度的内部专业主要分配网络的变化，介绍一些起到保证扩展或整合作用的分销网络，其中包括客户、产品、管理和信息技术水平等因素。

客　　户

当今最成功的公司了解到，灵活的分销运行模式是获得和保持市场份额的主要因素。通常，这直接取决于他们是否能够满足或超过顾客的需求提供送货服务。而直接面向消费者的公司（DTC）可能会觉得对其大部分市场需要提供为期两天的地面服务，和那些工业客户打交道的制造公司可能会发现，只要在紧急情况下可以加快货运速度，那么四或五个工作日内交货是完全可以接受的。为了支持为期两天的地面服务，以配合消费者的期望，DTC 组织可能会发现需要提供预期的送货服务，通过多渠道分销中心（DC）网络。在另一端的制造商，如果其客户的订单数量为整车，可以通过一个单一的分销中心（DC）或直接从制造工厂（S），为他们提供较低成本的服务。

下表提供的例子表明了不同客户及其典型的交付预期。

客户类别	典型的运送期望	单一或多渠道分销趋向
直接面向消费者	两日地面	多渠道
服务部分	两日地面	多渠道
零售	2~3日地面	单一或多渠道
批发	2~3日地面	单一或多渠道
生产厂家	依照合同	单一或工厂仓库

第二个与客户相关的因素可能决定多渠道分销中心（DC）的网络是在当遭遇火灾、洪水、暴风雪等灾难时依然可以满足向客户交付货物的需要。如果无法发运产品，将会对和客户有关的许多组织产生非常不利的后果。这种担心驱使许多高管向多渠道分销中心的配置努力，即使它未必是最符合成本效益的解决方案。但是，一个以上的多渠道分销中心在公司的网络本身并没有对丢失的运输能力提供足够的保险。信息技术（IT）系统使客户能够灵活调动到一个分销中心，恢复重新分配的能力，受影响的分销中心部分处理的订单的操作和其他信息技术基础设施必须要到位。此外，操作分销中心、吸收受影响的分销中心，从而扩大吞吐能力是非常必要的。

在决定是否由一个单一的分销中心向多种分销中心过渡之前，需要考虑到两个有关客户感受的额外因素。第一，是你的客户愿意接受多次装运完成一个订单吗？为了保持订单完成率在扩张前的水平，许多组织发现船舶项目需要从两个或多个设备来完成一些订单。其次，在两个航运分配中心分摊运输成本时还会有额外的运输成本产生。这些运输成本的评估有可能成为一个有争议的问题。额外的运输成本，以及该由谁承担哪一部分都是需要考虑的。

由此可见，顾客的需求在开发分销网络过程是非常关键的因素。充分了解客户感受的方法很多，这是影响作出决策过程的一个重要组成部分。

产　品

一个组织的产品的特点在供应链网络结构中发挥着重要作用。在一些极端的情况下（例如手枪），监管问题决定着配送方式。根据法律，无论客户的交货要求或快速地提供服务的能力如何，货物必须通过空运。在这种情况下使用多个配送中心试图提高送货服务将是徒劳的。其他影响优质运输方式的因素还包括温度控制、危险、法律等。

产品的价值与重量的比率是产品得到最好的存储的一个可能因素。库存成本和运输成本之间取得平衡，以确定最佳的网络是至关重要的。高级的珠宝产品具有高价值重量比是一个极端的例子，更多的库存成本影响将找到适当的平衡点。从单一的分配中心转换到多种分销中心网络不太可能保证所需的基础设施投资的整体成本的降低。

管理和信息技术水平

管理一个多渠道分销中心显然要比管理一个集中式的分销中心面临更多的挑战。在一个单一的物理位置管理和控制的操作当然是为尽量减少对分销商的资源所征收的税款。相反的，分散的分布是指分散的管理人员操作多台设备。一个清晰的管理结构需要有良好的流程和沟通渠道。在相当大的程度上，管理团队克服多渠道分销中心所面临的挑战的能力，将对组织的网络是否成功产生影响。

同样，该组织的信息技术团队和强大的基础设施必须能够正确支持一个有效的多分销中心网络。软件系统必须有能力制定订单和订单的标准，该软件系统还应该了解库存情况和其他客户特定的运输要求。通常情况下，本土的、传统的软件系统的设计没有此功能。

决定升级您的销售网络是具有挑战性的。一些细节都应在考虑中，例如广告费用、交货时间、产品、管理能力。与一个了解可能存在的利益和所涉及的风险的经验丰富的供应链工程咨询公司共事可以帮助企业作出慎重的抉择。

为什么选择强势公司（FORTE）

核心责任

我们正在帮助你制订一个战略计划，帮助你设计和建立一个配送设施，或通过优化分销业务性能指标和分析，强势公司（FORTE）提供了一个真正的单点接触负责您的销售网络的完整性。没有责任分散，也没有多个供应商的技术支持。你们有绩效目标，而我们的工作就是确保你们逐步实现你们的目标。

全面客观

我们不生产设备。我们不开发仓库管理系统（WMS）软件。我们没有预期业务量与任何供应商的商业安排。我们只对能够使总成本降到最低、最有效的分配方案感兴趣。我们的客户端服务的方法意味着我们只效忠于我们的客户。因此，我们会选择最合适的水平和混合技术集成到一个有效的运作系统。

专业精湛

我们的团队深深植根于自动化立体仓库的实施。强势公司（FORTE）的工程师和技术人员在开发下一代技术时，在供应链管理和配送中心的运营时得到了很好的实践。因此，我们的解决方案采用切实可行的建议，分析和数据驱动的技术支持系统的最佳组合。利用强势公司（FORTE），你会得到：

（1）比顾问更多的责任；

（2）比一个系统集成商更多的经验；

（3）比一个制造商更多的客观性。

这就是为什么世界上发展最快的公司正在利用强势公司进行网络优化。

［文章作者］Mason. Ohio.

［文章出处］FORTE – industries. com.

［译者简介］贾颖（1978，6），女，北京物资学院外国语言与文化学院讲师，硕士，研究方向：英语应用语言学。E-mail：jiaying@ bwu. edu. cn.

及时更新起重车

蒋春生　译

（北京物资学院外国语言与文化学院　北京　101149）

一、概　述

及时更新起重车可以降低起重车使用中产生的维护成本，提高工作效率。最主要的是，它可以省钱，能最大限度地提高你的投资回报率，使你不断盈利。在经济不景气的时候，人们通常有一种倾向，就是推迟购买新设备。但这可能是一个代价高昂的错误。

如果起重车无法维持正常有效的使用，维修停用时间增加，生产效率就会降低，最终你只能在应该赚钱的时候去花钱。而不断增加的维修费用，与仍然不能正常使用、时时出问题的破旧起重车会最终让你抓狂。那么，如何确定何时是淘汰旧的、购买新起重车的最佳时机呢？

二、挑　战

人们使用起重车通常超过它们应该被使用的年限。人们宁愿经常维修，也不愿意换新的。好多时候，一台旧起重车维修的费用已经远远超过一台新起重车的价格了。同样，人们在不太好用的旧起重车身上投入了很多的隐形成本。保证正常运行时间是任何一个公司的目标，但是由于使用生产效率低的起重车而造成的维修停用时间必定会导致收益上的损失。

起重车车主面对许多共同的挑战。其中之一是他们没有意识到起重车会产生多个服务商，从而会增加相关的隐性成本。起重车车主要承担昂贵的管理费用，以及不断增加的维护修理等相关费用。据估计，起重车全部费用中只有20%是最初的购车款，剩下的80%是维护费用、操作人员工资以及燃料构成的费用。此外，因为无法清楚得知材料处理成本和实际资产利用率，这也可能使车主无法发现降低成本的机会。最后，如果你拥有一支已经使用时间很长的起重车队，那就意味着你从来没有进行过动态的起重车更新计划。基于经济寿命周期模型（如下图所示），你的材料处理资产方式很可能会加大生产成本，从而降低生产效率。

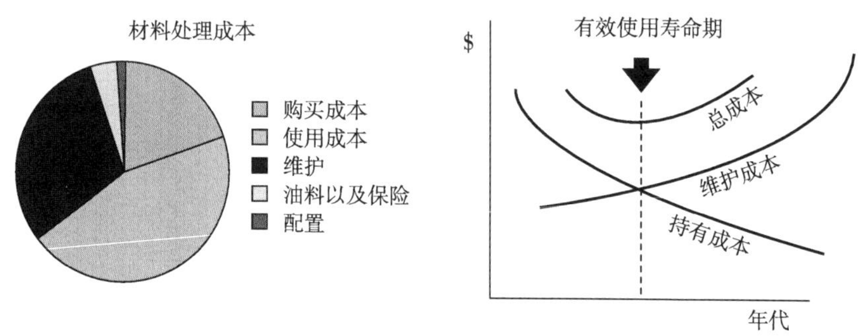

三、起重车使用年限

公司通常关注的是起重车的使用年限，而不是有效使用年限。一些起重车可能能使用十年甚至更长时间，但这些起重车也许不再能做最经济的运营。每一辆起重车都有最经济的使用年限。从某种角度说，超过有效使用年限的起重车，其维护费用都会远远超出重新购置新起重车的费用。

维修费用何时会超过更新设备的费用取决于起重车的类型、操作和一些其他变量。下面的图表显示，内燃机起重车在使用约10000小时后，其维护和运营成本超过更新成本。大修，更换主要部件，或频繁的小修小补都会抬高成本。如果不及时更换起重车，那你最终会以这样一个错误收场——不断地停机维修，不断地增加维护上的费用，不断地浪费时间，浪费金钱。

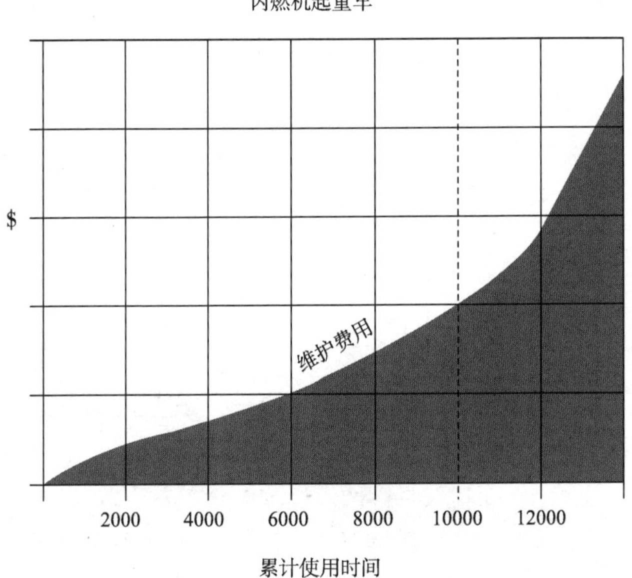

四、更新的最佳时间

在使用过程中，起重车有效使用时间的长短取决于一些因素。这些因素包括：

- 起重车的类型和设计年代；
- 使用程度；
- 每月和每年使用的小时数；
- 接受维护的方式和频率。

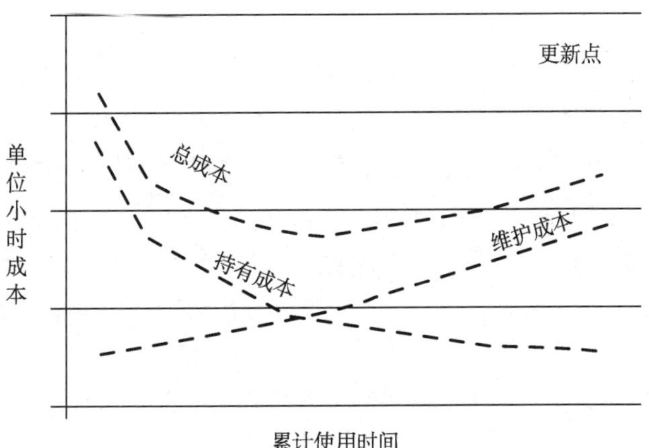

一般来说，电动起重车比内燃机（ICE）起重车有效使用寿命长。这是因为电动起重车里活动的部件比内燃机起重车少得多。

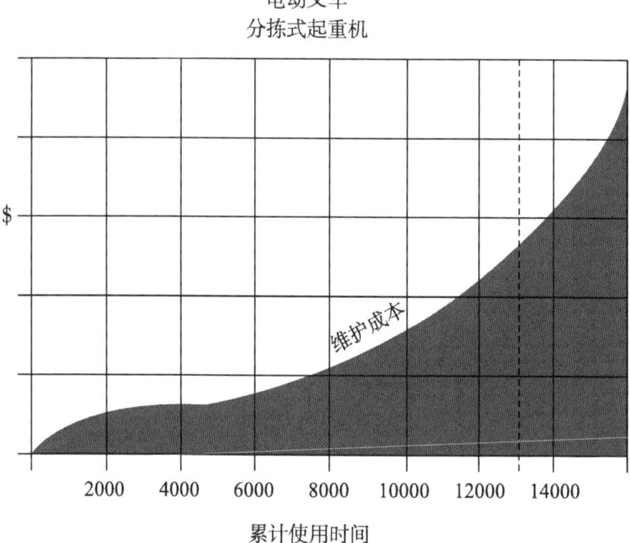

如何使用起重车对其有效使用寿命的长短有很大的影响。暴露在极端温度、盐水或腐蚀性物质的起重车有效使用时间会更短。起重车在有着宽敞过道的清洁的仓库进行作业，其有效使用寿命应该会更长。

每月使用起重车的小时数决定了它的有效使用年限。如果一台起重车在多个班次不停歇地被使用，那更新时间可能会更快。

五、定期维护

如果起重车一直在做定期保养，它们会比那些只在出现问题时才会得到维修保养的起重车更有效地运作，并能维持更长时间。重要的是，在每次使用起重车前，司机或机械师都要检查起重车的一些重要部件。这可能是能延长起重车有效使用寿命1000～2000小时的一个很重要的因素。

基于这些因素，海斯特公司（Hyster）设计了下面的图表作为参考，以帮助你决定何时更新。图表假设起重车在做定期保养。此图只是一个参考，实际使用中可能会有所不同。

起重车类型	应用	年均使用时间	最佳更新时间
电动	轻型	少于2000小时	14000小时或7年
电动	轻型	超过2000小时	14000小时或6年
电动	重型	少于2000小时	12000小时或6年
电动	重型	超过2000小时	12000小时或5年
内燃机	轻型	少于2000小时	11000小时或6年
内燃机	轻型	超过2000小时	11000小时或5年
内燃机	重型	少于2000小时	10000小时或5年
内燃机	重型	超过2000小时	10000小时或4年

此图表明最佳更新设备时间是如图所示的工作小时或年限

六、有计划的更新是关键

在任何一个成功的车队管理项目中，有计划的更换策略是其中一个关键部分。一般来说，起重车的有效使用年限约为10000～12000小时。同样，这个变化取决于起重车的维修方法、使用环境以及使用设备类型。

下面的图表说明了一个例子，两种方式对比，一种是拥有和使用一台起重机合计20000小时，它所产生的总成本包括使用和维护，另一种是单纯使用起重机工作20000小时，但在使用10000小时后，有计划地更新，它所产生的总成本与第一种方式相比，要少很多。当然每一台起重机使用情况以及拥有者的情况不同。但项目关键的一点是，要由经验丰富、知识渊博的专业车队管理机构来对所有相关费用进行评估，并确定起重车在某个特定的使用环境下最佳的更新时间。通过车队管理计划，包括一旦某部件到了使用寿命就及时有计划地更换，这样可以节省大量成本。

下面的图表显示，在使用10000小时，而不是20000小时后更换起重车，可以减少服务维修养护时间。这个图表明，按照这样的估算，可提高50%的正常运行时间。你会注意到，为了保证最低运行成本，资产的维护成本和由于

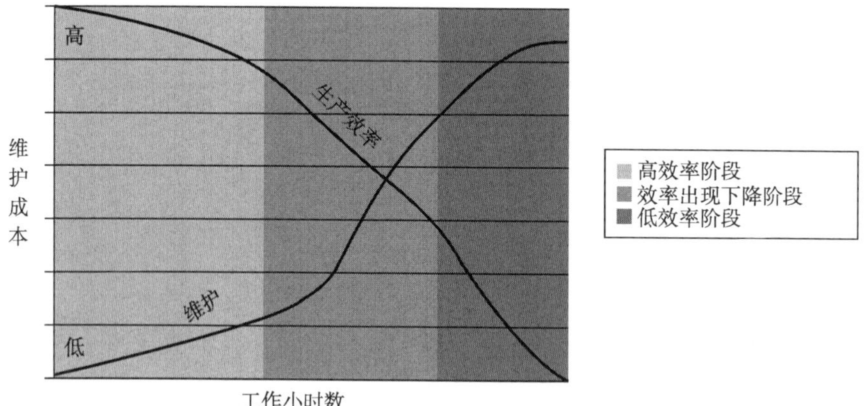

过多维修停用时间所导致的后续成本应该是资产置换方案中的决定因素。非常重要的一点是，这些方案的实施，无论是在经济繁荣时期，还是经济衰退时期，都可以指导你在资产置换方面做出明智的决定。

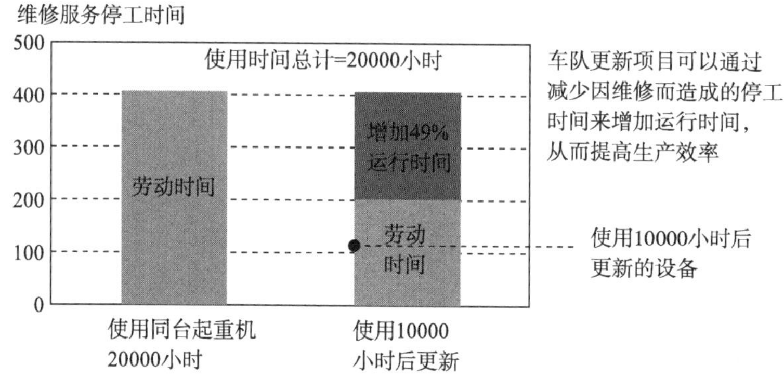

七、结　论

及时地更新陈旧的、低效率的起重车，这是非常重要的，这可以降低持有成本，提高生产效率，最重要的是，可以省钱，最大限度地提高投资回报率。

关于海斯特公司

海斯特公司（www. hyster. com）是一家全球领先的起重车设计和制造商，其总部设在北卡罗莱纳州格林维尔（Greenville N. C. ）。海斯特公司生产 130 机型起重车，配置为汽油、柴油、液化石油气以及电力，起重车适用的行业范围最广，承重量为 2000 ~ 115000 磅。海斯特公司拥有行业规模最大，经验最丰富的经销商网络的支持，公司生产的起重车坚固耐用，可以提供高生产率，降低总拥有成本，维修保养方便，同时配有质量一流的零部件，优质的服务和以及培训支持。

海斯特公司是纳科物料搬运集团（NACCO Material Handling Group，Inc. NMHG）的一个经营部门，是海斯特 - 耶鲁物料搬运公司（Hyster - Yale Material Handling，Inc.）（纽约证券交易所代码：HY）的全资附属公司，公司的总部及其分公司设在美国俄亥俄州克里夫兰市，全球员工约4500 人。

海斯特是海斯特公司的在美国和其他国家的注册商标。

[文章作者] Hyster America.

[文章出处] www. hyster. com.

[译者简介] 蒋春生（1975. 02），女，北京物资学院外国语言与文化学院讲师，硕士，研究方向：西方文艺理论。E-mail：taroljiang@ hotmail. com.

现今的货运管理：货运量越大，运力越短缺

马　卓　译

（北京物资学院外国语言与文化学院　北京　101149）

小型和中型的企业必须敢于迈出大胆的步伐来锁定运力，否则将面临失去市场份额的危险。

这些数字都是真实的。经济正重新回归到衰退前的状况，而与此同时，货运量也在攀升。运输商的倒闭，运输工具的减少，大量驾驶人员的不断离开，已经消耗了货运市场大量的生产能力。这种需求的增长连同减弱了的生产能力，正产生一种很危险的不平衡，而托运人对此的应对一直很慢。

这样的危险对于小型和中型的企业来说是致命的。他们缺少在合理范围内确保提供货运能力的手段。但是现在，你可以在即将到来的运力瓦解之时采取某些策略来应对货运需求，避免供应链的断裂，并且保证你的市场份额。

一、运力短缺的成因

一年中的变化的确很大。在 2009 年，即便是对于小型企业，也有货运商上门兜售。但随着经济的复苏，市场正转向卖方。

摩根斯坦利货运数据描绘出了货运供需之间的关系变化。数值越小，需求就越少。数据 1 阐明了 2004 年的状况，那时的需求大大超过供应，而 2009 年与 2010 年的需求则放缓了。在近期的经济低迷期，随着货运商或是破产或是减小运输规模，市场失去了一定的生产能力。但是，随着 2010 年的经济复苏，生产能力还没能与货运量同步增长，使数据走向趋于 2004 年的状况，同时也使货运经营商去适应卖方市场。

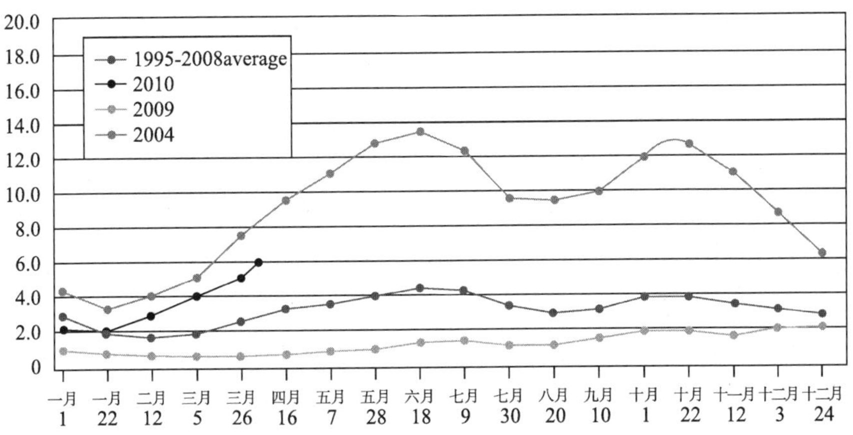

摩根斯坦利货运数据 1

如下的数字揭示出运输能力上较为低迷的前景。

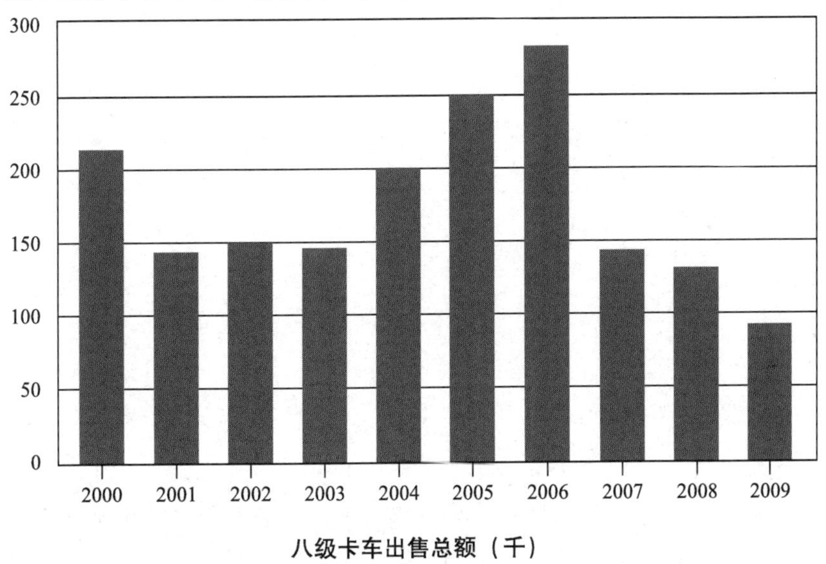

八级卡车出售总额（千）

- 据报道，在车辆中拥有五辆或以上卡车的运输商中，有近 5000 家企业倒闭。
- 随着较小的卡车公司为了适应银行更为苛刻的贷款要求而在资金上的不断纠结，这样的状况在 2010 年还会持续。
- 由于老化的卡车和卖给海外的装置是不能更换的，车辆的销售量急转直下。2009 年，ATA 报告中有 94778 辆八级卡车出售——这是 1983 年以来最差的年度纪录，也是 2006 年此款车销量的三分之一。

另一个令运力增长前景黯淡的问题是驾驶人员的长期缺乏，这样的状况在2010年还会更糟。由于如下缘由，他们离开了该行业：

• 退休。卡车司机的平均年龄为43.1岁，但大多数人则接近了退休年龄。

• 生活方式。年轻人较不情愿为了开货车而牺牲家庭生活。对他们来说，公路的吸引力就是没有呆在家里过周末的吸引力大。

• 其他的工作。建筑行业正处于上升阶段。部分归功于政府刺激资金流入高速公路和其他工程项目，越来越多的驾驶员正将GPS装置换成安全帽。

未被讨论的一种不光彩的小伎俩是某些驾驶员没有接受继续雇用的聘书，而是选择保持失业状态。很多人在做着无收入纪录的工作，加之失业福利，足可以提供他们辛苦工作挣得的收入了。

通过破产、企业倒闭和合并，国内货运车辆的14%（223,000辆）已不再使用并销往海外。

对运力产生挑战的一个重要因素会给2010年带来重创。这就是2010综合安全分析标准，联邦车辆安全管理局的新安全评价体系。它通过提升行车安全标准来应对危险行车的司机和运货商。这样的结果是，另有10%的现有劳动力将退出这个行业。

二、对于明显的运力不足，托运人如何反应

货运人低估了减少的运力对其生意的潜在影响。数据2阐明了自2007年以来美国国内生产总值和干涸的货运运力之间的关系。随着2009年的经济萧条，货运量急转直下，而货运能力也大幅下滑。但随着经济趋向转暖，运力却依旧滞后。预计进入2011年，需求和运力的差距将会扩大。

货运人对其货运计划和采购策略的适应如此之慢是有原因的。某些质疑当前的经济复苏是否真实并能持续。其他人则将运力问题视为短期的挑战。毋庸置疑的是，达到需求和运力的协调一致将花上十年的时间。对于那些面对运力短缺无能为力的中小托运人来说，现在是时候重新评估运输项目了。

如果拒绝作为，危险是什么？最糟糕的就是你冒着失去市场份额的危险。最具代表性的是，你的产品优于竞争者的原因有很多，但被拒绝的理由却有一个。你承担不起与运力缺失相关联的供应链断裂。如果因为计划欠妥，迫使你在

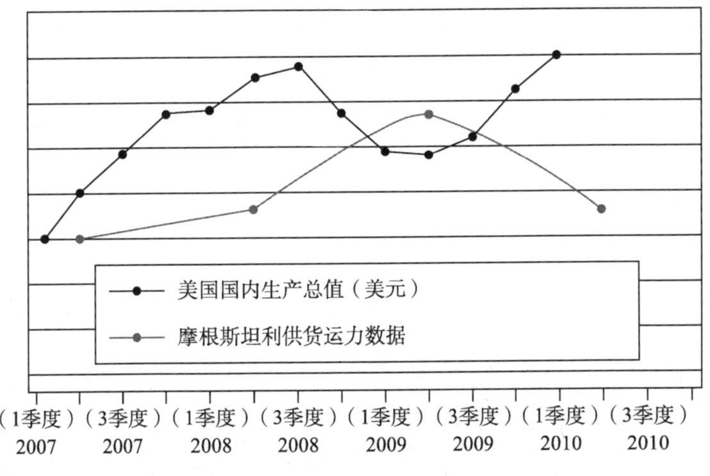

摩根斯坦利货运数据 2

这个供不应求的市场中过高支付的运力，你也承担不起企业利益的损失。

三、如何在合理有效的范围内锁定运力

你可以尝试如下三种策略来维持生意。实际上你还能将货运管理转化为一种颇具竞争力的优势。这些方法虽称不上良方，但在整体上，作为一种屏障，可以保护紧缩的运力并确保在合理范围内为客户提供服务。

策略一：通过自己的网络或第三方物流公司可使你的货物更具吸引力

增强购买力的最便捷途径是建立自己的货运网络体系。如果你的几处分部都能转移货物的话，将这些采购的货物集中起来会产生更大的收益与吸引力。

对于直接购买货物的小型托运企业来说，没有外界的帮助，建立具有吸引力的货运网是困难的。在这样的情况下，最好的方法就是与相似的企业合作或与第三方物流公司合作来管理货运。在货运运力紧张的时候，你需要使自己的货物更具吸引力。一种方式是承诺更多的货运量，可以通过第三方货运公司来综合你与其他公司的运量，或是成为密集型货运网络的成员。这样的货运网能给运输商提供源源不断的生意而无需单独揽活。

与第三方物流公司的合作还有如下的优势：

- 过负荷能力。在运力紧缩的市场中，特别是对直接购买货物的小型企业来说，曾经行走自如的线路也变成了难题。由于第三方物流公司能确保无论

何时何地甚至在节假日或运输密集期都能提供运力，问题因而可以迎刃而解。

• 可变的消费结构。第三方物流公司可提供暂时性的专门运力来保障短期的货运猛涨。这种“突然出现”的运输会提高收费，但也能消除与运力不足相关的风险。

• 技术平台。在与第三方物流公司合作管理货运的时候，凭借投入了几百万美元的技术设备，你可以看到在整个体系内更为广阔视野下的运货商的运作。仅仅轻触按钮，你能看到成百上千的运输商争抢着为你服务。

策略二：做好需求和运力的计划

对销售额的估算压根就没有准确的，由此在预计未来运力需求方面没有几家公司能做得好。如果能成为例外，你就会与众不同且享有与运货商合作的明显优势。如果他们确信物流是按计划执行的话，就会承诺提供运力。如果在几个月前就能预计出销售额的话，你就能将这些运量转成运输的需求，然后与运输商进行沟通。这种提前的“运力需求”增加了你获得运输商承诺服务的机会。运营商愿意接受这种提前性的告知，由于其对经营有利并使他们能够：

• 对未开发的市场重新部署资源；
• 安排驾驶时间表以最大化驾驶时间和生产力；
• 在计划返航避免空载方面享有先机。

毫无疑问的是，做出准确的货运预测需要将诸多跨功能性的资源进行整合，也需要付出时间和努力，还会殚精竭虑。但是正如对于运力竞争的升级，你与运货商建立合作性的伙伴关系的努力也需要加强了。

策略三：提供驾驶员喜欢的休憩区

从驾驶员的角度仔细审视一下你的硬件设施，试问“驾驶员是否愿意返回这样的休息区”？

考虑到驾驶员基地的设施是在不断变化的，以上的问题也变得重要起来了。货运市场中占重要的且不断增长的那部分份额由货主代理人构成。他们与公司的驾驶员不同，可以选择是否返回你的休息区。如果某位司机为你所在区域的几家公司都运货的话，他会选择那些提供预付费住宿的地方，在那里享受一下干净安全的设施之后就又上路了。

当然，驾驶员愿意停留的地方不等同于一个好的基地。如果你的工厂或配送中心周遭的货量无几，运输商则会选择更快捷的线路以降低浪费成本的空车返程风险。

四、采取前瞻性的措施来保护自己的生意

货运量和运输能力的走向是呈相反方向的，其结果是现成的运力会出现紧张。如果经济状况持续好转的话，这样的情况会持续数年。那么你以合适的价格为客户提供送货服务就会成为问题。该采取措施的时候就不要坐等估算之后的货物运输了。

为保护你的生意不至遭受未来供应链的断裂，你目前首要做的是什么呢？关上门，不接听电话，不查看邮件，开始考虑吧。在短短的 1 小时内考虑这样三个问题，看看你是否在争取日趋减少的运力竞争中处于有利的位置。

- 我是否应该直接购买货物，或者与第三方物流公司的合作能否增加我的灵活性并易于与运货商进行协调？
- 我公司是否擅长长期的供需计划，我们是否能较早地与运货商分享此类数据以保证未来的运力？
- 我们的休憩基地是否令驾驶员满意？

如果你的答案表明，你还没有为即将到来的运力短缺做好准备，那就与包括运输合作商在内的相应人士相约来商讨下一段的应对措施，以创造与其更为和谐的氛围。供应链体系的健康发展就在于此。

[文章作者] PLS White Paper. PLS Logistics Services is one of America's largest freight brokers and the largest third – party logistics provider to the industrial sector. The company's 8, 000 pre – qualified carrier partners give shippers access to 150, 000 trucks, including the largest network of flatbeds in North America.

[文章出处] www. plslogistics. com (2011 –5 –2).

[译者简介] 马卓 (1978, 11)，女，北京物资学院外国语言与文化学院讲师，硕士，研究方向：英语语言文学。E-mail：mazhuo@ bwu. edu. cn.

成为一名备受青睐的客户的诀窍

李　华　译

（北京物资学院外国语言与文化学院　北京　101149）

研究和经验告诉我们满意度高的供应商更愿意为客户提供可以直接带来市场优势的优惠待遇，但是怎样才能成为“备受青睐的客户”并把握这种优势呢?

高管领导者总要面对的一种持续不断的压力就是提高公司绩效。开明的领导者知道与供应商的积极关系和提高公司绩效之间是一种强势关系。这些领导者还明白，只要满足供应商的各种需求，比起那些不太满意的供应商，他们的公司就能把握享受更多优惠待遇的机会。请看下面两则著名实例。

福特（Ford）和丰田（Toyato）在混合动力车的生产方面相互竞争都希望成为市场主导。作为研发工作的一部分，两家公司都将复杂的变速器生产外包给同一家供应商。随着市场对混合动力车需求的增加，福特高管公开指责变速器供应商在供应变速器时偏向丰田。不巧的是，变速器需求大于供应的现实使供应商无法同时满足两家公司的需求。这里应该明确的是其中只有一家公司才可以成为备受青睐的客户。

在另一则广泛关注的事例中，空客（Airbus）公司公开指责通用（GE）电子公司在开发下一代商用客机的引擎技术上偏向于波音公司，预计市值为几百亿美元。正如一位空客高管抱怨道：“我们与通用电子的问题是他们一边对波音说‘我们应该为您的机身设计什么样的引擎呢?’而一边又来到我们空客说‘这是需要你们建造的与我们的引擎相配套的机身。’”复杂的事实是空客下一代机型中最大号飞机将与波音（Boeing）777 机型的最大号飞机竞争，而通用电子则是其独一无二的供应商。通用电子官员说他们不会为空客建造新引擎从而与以他们作为唯一供应商的波音飞机竞争。

这两则事例凸显了谁获得供应商的优惠待遇谁就会胜出的激烈竞争，甚至可以影响到业务层面的成功或失败。尽管以上例子只涉及大型的知名公司，但是了解如何成为备受青睐的客户对小型而无名的公司来说同等重要。对于如何从供应商那里获得优惠待遇的小公司坚决不能掉以轻心。不明白这点会导致某些严重的负面后果，因为供应商会清楚而巧妙地决定其理想客户。因为供应商对客户的满意度主要是针对公司行为而非公司规模（随后会解释这点），所以在这个方面小公司不应该处在下风。

从供应商更愿意为最受他们喜爱的客户提供优惠待遇这一前提出发，我们将展示从两项研究中得出的关于如何成为备受供应商青睐的客户的一套研究成果。我们还将这些成果释义成一套管理措施，从而有助于确保行业买家成为备受供应商青睐的客户。

供应商满意度研究

这里呈现的是详细“供应商满意度调查表”的数据收集结果。这项调查采用的是一种逆向记分卡的形式，即供应商为一个具体客户评价打分而不是由客户为供应商评价打分——传统意义上的买卖关系往往是这样。

供应商满意度调查表从供应商角度出发来考察一个具体客户的方方面面。我们代表两家大公司分别开展了供应商满意度研究。作为研究者，我们对实施调查、确保供应商回应的私密性以及创造供应商自如回答问题的环境负有完全责任。我们也对长期研究过程中与供应商的一切沟通负有责任。以下就描述了两家公司及供应商的情况。

A 公司：运输设备制造商

该公司是一个欧洲公司的全资子公司，是美国的大型运输设备总部的地区生产商。这个行业承受着激烈竞争和价格逐年下降的压力。该公司的供应主管选择了 131 家被认为是对公司成败至关重要的供应商。

选取这些供应商之后，研究小组给每个供应商主管转发了一份电子邀请函请求他们加入研究。这份邀请函包括 A 公司副总裁的一封信，提出了研究目标，向研究小组介绍了供应商，还索要能详细提供供应商与客户关系信息的内部参与者姓名。研究小组联系的 131 家供应商中有 113 家参加了此项研究，回复率超过 86%。

回复A公司的供应商中有超过75%的公司在美国设有总部。13%的总部在西欧，其他的供应商则主要是在加拿大和墨西哥。尽管一部分参与调查的供应商总部在美国以外，90%的调查对象都有一个或多个厂房设在美国。

A公司有低于一半的供应商年销售额在5千万美元或以下，大约30%的供应商年销售额超过5亿美元。这项研究中的供应商与买方客户相比，大多为中小型公司。每家供应商都提供直接原料加工成客户的最终成品。

B公司：原材料生产商

该公司总部也在美国，厂房和供应商遍布全球。它的产品包括几乎每个主要客户在全球范围内生产和消费方式几近相同的原材料。这家公司在世界主要地区也有营销业务，被公认为全球领导者。

同A公司一样，公司主管也选择了对该公司成败至关重要的供应商，研究小组发了一份电子邀请函请求他们的加入。这份邀请函也包括B公司副总裁的一封信，向研究小组介绍了供应商。研究小组联系的180家供应商中有131家完成了此项调查，回复率达到73%。

B公司的供应商中约有60%在美国设有总部，23%在西欧，12%总部在中国。其他供应商则来自韩国和加拿大。总体而言，B公司的供应商在地理位置上比A公司的更分散。

B公司的供应商在销售规模上比A公司要大。几乎有40%的B公司供应商年销售额超过10亿美元，这表明B公司与相对大型的供应商来往。有20%以上的B公司供应商每年的销售额超过50亿美元。

参与调查的A公司供应商是提供直接材料的生产公司，75%的B公司供应商则在化学、服务、产业资本设备领域均衡分布。余下的25%的供应商则集中在生产耗材、公司和能源领域。比起A公司，B公司没有直接材料供应商，因为它是一家原材料生产商。

表1比较了两家公司及其供应商。无论怎样看，这两家公司都毫无相同之处。供应商提供的累积性能评价也不尽相同。作为部分研究协议，我们对两家完全不同的公司、企业和几组供应商进行分析。理论依据是，如果一种研究结果适用于两个完全不同的背景，那就可以得出研究结果确凿、应该适用于其他行业背景的结论。下一个部分明确两组供应商之间相同的研究结果以及几乎可以扩展到任何行业的研究。

表 1　两家公司差异比较

	A 公司	B 公司
公司类型	大型运输设备制造商	原材料生产商
公司运行和行业地理范围	几乎遍布整个北美；是地区行业 6 个运营商之一	在 59 个国家运行；行业为全球三大运营商
公司销售的地理范围	几乎遍布整个北美	遍布全球
参与研究的供应商	参与者都是制造商；只有直接材料供应商参加	所有范畴的供应商参与；公司不是用直接材料供应商
供应商规模	与买方客户或 B 公司供应商相比较小	相对较大；供应商有时比买方客户大
供应商地点	大多在美国；几乎所有供应商拥有与客户业务往来的北美厂房器械	几乎有一半供应商在美国以外
供应商对客户的评价	由供应商给客户的综合性能评价相对较低（63/100）	由供应商给客户的综合性能评价相对较高（78/100）

一组确凿的发现结果

从个人而言，两项满意度研究产生了十几种反映行业客户和供应商关系的独树一帜的结果，但这并不会引起我们的兴趣。尽管两家公司的供应商甚至连他们的行业都完全不同，但比较两项研究结果时，两家公司却出现了相同点。这些结果帮助我们更好地了解如何才能成为客户首选。下面是同样适用于完全不同的几组供应商的 6 项研究结果。

1. 供应商满意度与客户的表现和行为直接相关而无关人的问题或者其他特点

这也许是两项研究中的重大发现。供应商满意度与供应商眼中的客户行为因素极为相关（例如按时付款、分享相关信息、对供应商诚实守信，等等），而无关人或其他因素，如供应商规模或者合同大小。有趣的是，供应商为客户工作的年数和供应商的低满意度之间的负面关系虽然并不突出却在两项研究中都存在。也就是说，供应商为客户工作的时间越长，它对客户好几个方面的低满意度就会增加。其他研究也表明，随着时间的增加行业关系的满意度呈下降趋势。

供应商销售规模与供应商对客户满意度之间并无统计关系。换句话说，供应商对客户的满意度在小型和大型供应商之间并无区别。而且与供应商总销售额有关的合同大小与其对客户的满意度并无关联。很多大公司都会为供应商逐步增加数额，希望大数额可以赢得供应商的满意和更好待遇。尽管某种程度上会发生这种情况，但供应商满意度与合同大小并无统计关系。在两项研究中，满意度与客户表现和行为相关而不是与客户的销售额直接相关。这个发现很受欢迎，因为这表明客户可以改变自己的行为使供应商满意并成为获益甚多的受其青睐的对象。

2. 供应商满意度与优先选择客户之间的关系非常重要

两项研究中任何变数之间的紧密关系与供应商对客户的满意程度以及如何看待客户有关。A 公司的供应商满意度与青睐客户之间比值为 0.75，B 公司是 0.73。除了实际相似以外，这些强有力的指数清楚说明了满意度与喜好客户之间的联系（研究者们开展的更高一级的统计模型技术确定了这种联系）。尽管我们面对的是完全不同的几组供应商，供应商满意度与喜好客户之间的联系非常紧密，但在两个不同的背景下却又几乎相同。

清晰的结论是，如果供应商对买方客户不满意，那么客户就不可能受青睐。这些并非随意的研究，所以要排除一个由供应商满意度到受青睐客户的逻辑序列。研究中受青睐客户情况和供应商愿意提供优惠待遇的关系一目了然，我们会在下面讨论。

3. 供应商非常认同对他们而言最重要的客户表现方面

供应商量化评价了对他们最为重要的客户的表现或者行为。图 2 展示了从 0（不重要）到 6（非常重要）等级中对 A 公司来说最为重要的前 15 项内容，它还显示了与 B 公司供应商平均表现排名做的对比。

一个重大发现是对供应商最重要的 4 项内容在两个研究中保持一致，其他内容开始出现分歧，有时波动很大，说明了两组供应商的差别。两组对比有力地说明了他们最想从客户那里获得公平收益、及时付款、长期业务往来机会和敬业尊重表现。当供应高管自问最想从客户那里获得什么的时候，这四项很可能会位列首位。

4. 比起不太满意的供应商，满意度高的供应商更愿意向他们的优先客户提供价值可观的优惠待遇

这项研究里的核心问题是满意度高的供应商是否更愿意向他们最好的客户提供优惠待遇。毕竟如果所有花费在维持密切关系方面的时间和精力没有带来优惠待遇的实效，那么有人也许会首先质疑将稀缺资源用来培养与供应商关系

的意义。

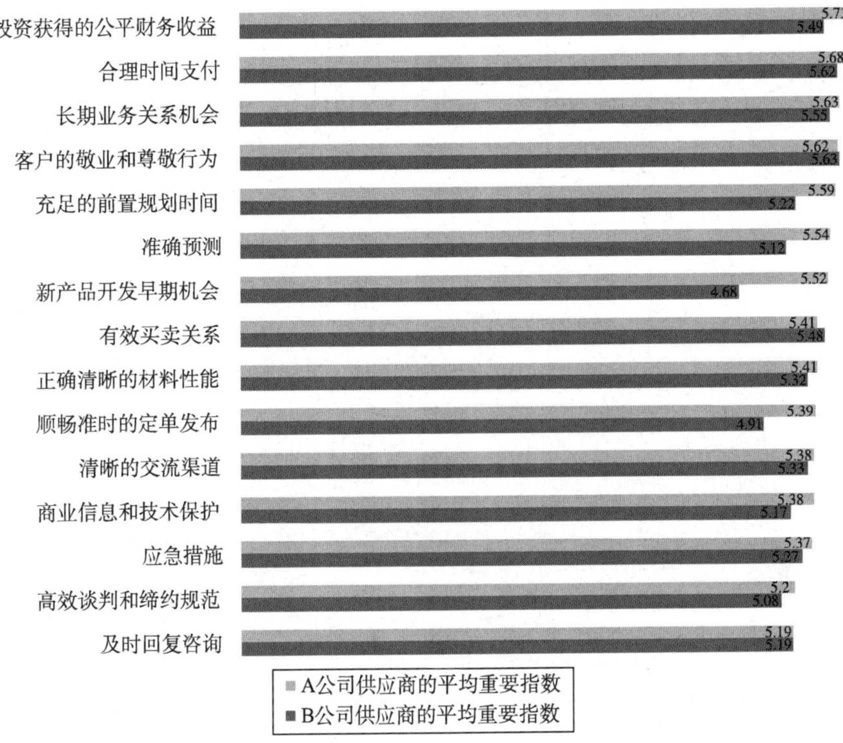

图 2　买家提供的供应商注意事项

0 = 不太重要　3 = 比较重要　6 = 非常重要

这项研究审视了一套供应商提供的结果，分三组情况进行：供应商愿意进行直接投资哪怕只能让一个具体的或者有限的客户受益；供应商愿意向客户提供内部开发的创新技术；供应商愿意向客户提供最优惠待遇。表 3 展示了基于供应商的结果，将来有可能提供给客户。

在供应商对客户满意度和供应商愿意向客户提供优惠待遇之间有直接联系。反之，不太满意的供应商如果对客户失望就不愿意提供优惠待遇。这个发现在两项研究中都是一致的。

全体样本供应商最不愿意向 A 公司（如图 3 所示）提供的三项结果是必要的直接财务支持、良好定价以及更有利的付款款项。然而提供这些服务的意向与供应商满意度最高的服务相关联。也就是说，随着供应商对客户的满意度逐渐增加，他们也就更愿意提供优惠待遇。

B 公司也存在同样现象，尽管它的指数变化没有 A 公司大也许是因为与 A

公司供应商相比，B 公司供应商差异性较大的缘故。与 B 公司供应商最高满意度相关的基于供应商的 4 项结果中，有 3 项在整个样本中倾向，优惠待遇方面也是列位最后的。这三项包括优惠定单时间表、更好定价，还有如果容量受限首次产量分配。与不太满意的供应商相比，满意的供应商更愿意提供价值可观的优惠待遇。受青睐客户可享受到典型客户所没有的益处，这会成为竞争力优势的难以复制的来源。

基于供应商的投资
- 专门针对客户的生产能力
- 直接在客户厂房工作的人员
- 支持客户生产设计需要的工程师
- 投资只利于客户的新设备
- 独家使用由供应商开发的新技术
- 保有支持客户需要的库存
- 必要时提供直接财务支持
- 针对与客户的业务往来创造特殊的信息技术体系

基于供应商的最惠待遇
- 要求的定货到交货时间短
- 优惠定单调度
- 可预见供应商的未来产品技术规划
- 更多有利的付款条例
- 工作改进点子
- 可与供应商高管层面人士保持联系
- 可获得供应商掌握的供应市场信息
- 更好定价
- 如果供应商容量受限保证首次产量分配
- 潜在供应问题的早期预警

基于供应商的创新
- 产品创新
- 生产加工创新
- 加工创新而非生产创新

图 3 基于供应商的优惠待遇种类

5. 供应商对客户的满意与其对这种关系的信任度之间联系密切

两项研究表明信任是有效关系和供应商满意度的核心所在。这与其他针对信任是成败关键的研究是一致的。我们的研究证明，高层次的信任关系与供应商满意度直接相关。

也许信任作为成功关系的最重要的预见者，指的是一种对性格、能力、力量或者一个党派对真理的信仰。众所周知，被广泛认为是有效关系先例的信任和买卖双方关系质量之间有关系。也许最重要的信任可以促进信息共享，两个研究中的供应商都认同这是有效关系的核心。

信任与供应商满意度之间的数字关系是这项研究过程中是最有说服力的。供应商满意度和信任度之间也存在相互联系，因为他们相信客户会在生意往来中做出正确的选择。供应商满意度和各种基于信任的指数之间的数字联系令人信服。这一说法将在管理启示章节进行全面论述。

6. 满意的供应商在持续相处过程中会更加积极看待与客户之间的关系，认为他们之间的关系在过去三年得到了改善并期待进一步发展

我们开发了为行业关系提供逻辑思维的各种模式。图 4 展示了这项研究使用的供应链关系模式。这个模式的特征涵盖了从敌对到合作的供应链关系。两个研究中的供应商一致相信对客户满意度高直接与表 4 中的合作关系甚至协作关系密切相关。对客户满意度高的供应商都认为自己与客户的关系在过去 7 年得到了改善而且还会继续改善。

供应商满意度与合作关系甚至协作关系直接相关。两个研究的结果清楚表明满意的供应商更有可能与客户保持合作关系或者协作关系。

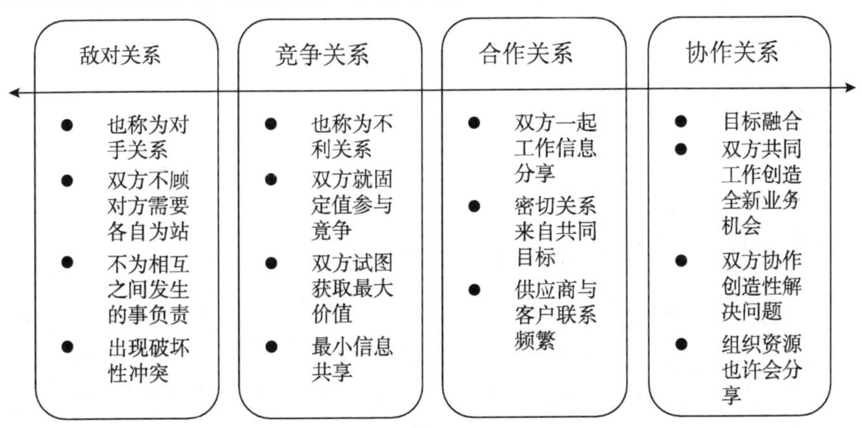

图 4　供应商和买家关系一体图

7. 供应商非常认同一个至关重要的事实，即与他们打交道的客户方要对他们的产品、加工、业务和行业非常熟悉

这个研究中的几乎每个供应商都任命个人（如财务经理）作为与客户的首要联系人，而且每个供应商都表明他们很关注客户方面负责业务关系的个人。两项研究中90%以上的供应商认为与他们打交道的客户代表如果非常了解供应商产品、加工、业务和行业详情，那将十分重要。仅仅指定一个人专门负责与供应商合作是远远不够的，在供应商眼中此人必须具备高素质。

管理启示：行动倡导

研究表明客户行为、供应商满意度以及为客户提供优惠待遇的意愿之间有明确的关系。以下将列出基于研究结果的一套措施，以期帮助客户从满意供应商那里提供的优惠待遇获益。

了解供应商对你的看法

考虑到获得数据所需付出的努力，相对比较少的买方客户能真正明白供应商对他们的看法也就不足为奇了。然而如果客户自己都不知道哪些地方做得好哪些做得不好，又怎能同供应商改善关系并获得优惠待遇呢？要具备这种眼光就需要供应公司的最高层致力于获取基于供应商的反馈信息。供应商如何看待你这个公司，尤其当供应商有机会提供未经过滤的、客观反应的时候。供应商满意度研究后不久，B公司的供应高管就寻找将研究结果融入战略规划过程的方法。供应商的客观反馈影响了整个供应公司的战略方向。

寻求基于信任的关系

买方卖方关系中信任的重要性是贯穿整个研究的一个主题。行业客户可以通过与供应商公开频繁的交流，彼此遵守承诺和义务，分享供应链信息，在所有生意往来中守法敬业，以此展现自己的可信任度。在基于信任的关系中，道德和商业秘密保护的重要性也是研究中两组供应商的共同主题。

基于信任的关系还有以下特征：双方以关系为重而非出于一己私利；那些尤其能提升一方地位的成功故事和个人轶事被广泛宣传；信息和数据得到保密。客户努力维持关系的一个结果应该是追寻那些可以促进频繁交流的活动，特别是因为频繁交流和关系信任度之间有高度的联系。

认清熟知业务和工作稳定的重要性

正如我们前面提到的，90%以上供应商认为与他们打交道的客户代表专业知识过硬非常重要。尽管两组的供应商几乎完全赞同这一点，但对于专业知识过硬的看法却有很大的不同。A 公司以拥有经验丰富的买家和频繁更换供应人员作为应对人员流动的措施而著称，B 公司则倾向于更有经验和更稳定的劳动力。哪一家公司的人员会从供应商那里拿高分就不难预测了。

随着“婴儿潮”一带退出劳动力市场，掌握供应专业知识对供应组织来说是一种挑战。这样的退出就要求有一套人才管理策略，主要是用正确的能力包括如何运用关键供应关系的知识重点赢得和留住人才。

避免“七年之痒”

两项研究发现相当多的供应商与客户有长久生意往来。我们注意到供应商与行业客户合作时间越长，它的满意度（以及许多其他变量）会呈现下滑的趋势。这个下行的变化点会在 7 年关系时出现。这种变化可能是因为双方自满，随着年复一年持续改善关系的要求开始影响关系以致关系“磨损”。挑战来了，这种下行变化就是一种可能性，即制订一个行动计划重新焕发买卖双方关系的活力。

要求优惠待遇

从这个研究里我们知道满意的供应商更愿意为受他们青睐的客户提供优惠待遇。接下来面临的挑战就是如何获得待遇。切入主题的一种方式就是在合同谈判期间，尤其是在斟酌供应商的工作声明的时候。另一种时机就是与供应商开年度评审会议的时候，两项研究表明供应商的评价相当重要。供应商还表现出强烈的意愿参与各种形式的高管对高管的交流会，这又是一个参与讨论特殊待遇的合理时机。积极的公司也会成立买方加供应商协商委员会，由客户及其重要供应商的高管参与。每一条建议都为探讨优惠待遇的可能性提供了机会。

发掘供应商的创新成果

两组供应商的一项重要发现是满意的供应商愿意与喜欢的客户分享创新成果。幸运的是，有好多方式可以挖掘那些创新点，包括在产品技术开发期间供应商的早期参与，技术演示期间供应商被鼓励向工程师和供应专业人员展示新点子，供应商对客户改进团队的参与。如果创新是成长的血液，那么尽力开发创新源泉则非常必要。明日的市场赢家将在追求创新源泉的过程中越走越开阔。

在新环境中胜出

与最重要的供应商之间保持敌对关系的行业买方会发现今日的竞争环境与前几年有所不同。那些没有建立积极关系的公司可能会发现他们的供应商将有限的产量分给其他公司，把他们最具创新力的思想与其他客户分享或者完全退出本行业部门。

承诺保持密切关系和使供应商满意很有可能会满足高度竞争的市场需求。这项挑战成为一个供应基地的最令人满意的核心需求之一，这样供应商会将买方视为理想客户。正如我们的研究所指出的那样，成为受青睐客户具备了其他客户所不能很快具备的优势，可以带来更具竞争力的优势。

高管领导者应该将成为供应商青睐客户列为公司中心目标，尤其是以下两种行动应该立刻实施。第一个是组成一个管理团队在公司上下传递成为供应商青睐客户的意愿；第二就是发起倡议向整个供应体系传达并要求反馈的意愿。只有当买方公司真正了解供应商对客户的看法时，备受青睐的客户的位置才会巩固，或者才会首先追求这个目标。

［文章作者］Robert J. Trent & Zach G. Zacharia，美国。

［文章出处］Supply Chain Management Review，November 2012.

［译者简介］李华（1971，2），女，北京物资学院外国语言与文化学院副教授，硕士，研究方向：话语分析，二语习得。E-mail：lihua@ bwu. edu. cn.

如何选择、购买升降式装卸车

任丽丽　译

（北京物资学院外国语言与文化学院　北京　101149）

概　　况

选择合适的升降式装卸车会为您和您的公司节省一大笔开支。做出合理的预算，购买一辆全新的而非二手的升降式装卸车，以及如何成功购买都不是那么简单的事情。有些顾客很容易单纯考虑价钱来选择购买叉车。但是只考虑叉车的价格，而没有考虑使用过程中维修保养的费用，使很多公司甚至付出了比当时购买整台叉车还要高昂的保养费用。所以，在购买之前，一定要考虑到自己的使用需求。

挑　　战

市场上升降式装卸车的种类繁多，往往让人眼花缭乱，购买时又很难找到有用的信息帮助您买到称心如意的升降式装卸车。当您想要购买而非租赁一辆全新的而非二手的叉车时，您如何做出明智的决定？

升降式装卸车的种类包括：电动马达动力叉车、电动马达窄通道叉车、电动手推叉车、内燃机减震轮胎叉车、内燃机气胎叉车等。电动马达动力？还是内燃机动力？

想要做出明智的选择，首先要考虑好您所购买的叉车将来要做什么用。搞清楚电动马达动力和内燃机动力之间的区别，是选择正确的叉车的前提条件。电动马达动力叉车适合像仓库等的室内场所使用，因为电动马达不会排放烟雾。相比内燃机动力叉车，电动马达动力叉车具有方便操作、可以在狭窄的通道或拖车上运作的特点。室外使用的叉车通常应该选用内燃机动力的。这类叉车一般是以汽油、柴油或液体丙烷作为燃料，它的轮胎一般都是气胎，比减震胎更适合在户外的地面上作业。

过去，电动马达动力叉车和内燃机动力叉车在实际操作方面存在着很大的差异，尤其是在叉举重物和移动方面存在差异。但是随着电动马达动力叉车功能的提高，两者的差距越来越小，各有利弊。

内燃机动力叉车

此类叉车通常是以汽油、柴油或液体丙烷作为燃料，由于它排放尾气，并且能够在恶劣的天气条件下工作，所以主要用在户外作业中。

内燃机动力叉车的优点：

相比电动马达叉车，具有较低的价格（一般便宜20%～40%）；

添加燃料快速、方便，停工期短；

不用给电池充电；

能够在恶劣天气条件下进行户外作业；

相比相同装备的电动马达叉车，有更强的搬运能力。

内燃机动力叉车的缺点：

由于燃料及维修保养产生的费用，相比电动马达叉车，单位时间内的工作成本较高；

比电动马达叉车的噪音大；

需要燃料储备。

电动马达叉车

由于不排放尾气，通常是在室内使用。

电动马达叉车的优点：

单位工作时间，相对内燃机动力叉车成本较低；

噪音小；

无尾气排放。

电动马达叉车的缺点：

较高的购买价格；

速度较内燃机动力叉车慢，加速也慢；

需要充电工作台或者快速充电设施；

除非使用快速充电设备，否则为电池充电，再等待电池冷却需要 16 个小时；

有限的装卸能力——最高 12000 磅；

通常不能在户外使用。

通常有几种不同的电动叉车，他们各自的用途、优缺点也各不相同。

电动托盘搬运车：这种叉车通常也被叫做步行码垛车，或者车手托盘搬运车。操作者是在叉车的后面进行作业，这种叉车非常有利于在狭窄空间里搬运货物。这种类型的搬运车对于远距离搬运货物也很有优势，搬运过程中操作者是站在一个小的平板上进行作业。

码垛机：码垛机相当于一个有桅的托盘叉车，操作者也是站在叉车后面作业。码垛机通常用来搬运与托盘大小相当的货物。这些货物通常是堆放在或需要被堆放在储藏室内较低的托架上。

牵引车：牵引车是一种电动搬运车，用来在生产车间或仓库内拖运手推车或其他传输设备。这种类型的搬运车通常没有叉臂，也不能用来搬运托盘大小的货物。

NA（狭窄通道）或 VNA（非常狭窄通道）叉车：有一些搬运车有 NA 或 VNA 的特点。通常的平衡搬运车需要在至少 11 英尺宽的通道内进行作业。但 NA 型搬运车只需要 8 ~ 10 英尺宽的通道内即可作业。而 VNA 更是可以在 6 英尺宽的通道内进行作业。NA 和 VNA 的优点即是能够在通道狭窄的仓库内进行作业，这样，同样大小的仓库，因为其通道窄，便可以节省出更多的空间存贮货物。NA 和 VNA 的搬运能力通常在 3000 ~ 5000 磅之间。

伸式/直达式叉车：伸式叉车属于窄通道叉车，是专门用来进行托盘存贮或取货的。这种类型的搬运车包括外伸支架和伸缩叉臂，可以使操作者通过外伸支架挑拣货物然后再放回去。这类型的叉车不太适合远距离的装卸或搬运货物。

转叉式搬运车和旋转桅杆搬运车：旋转桅杆搬运车看上去像标准的坐式叉车，但是它的桅杆可以朝某一个方向在 90 度角内旋转。转叉式搬运车可以在狭窄或是非常狭窄的通道内工作。这种类型的叉车与“理货员”叉车有些类似，可以同时举起操作者和货物。不同的是它的叉臂可以在任何方向上做90度角以内的旋转，这样操作者就可以在通道的两侧搬运货物而不用先退出通道，再调头反方向进来。

“理货员”叉车：这种狭窄或非常狭窄通道叉车主要是用来方便操作者手动搬运货架上比托盘面积小的货物。这种叉车可以把操作者和货物同时举起，最高可达30英尺高。

平衡叉车：这种类型的叉车也被称作平衡坐式叉车，可以是内燃机动力的也可以是电动力的。这种叉车通常在仓库内使用，搬运能力在2500～12000磅之间。根据货物的重量、大小和叉车本身的型号不同，它可以将货物举至20英尺以上的高度。

购　买

了解了叉车的种类和类型之后，在购买之前另一件重要的事情就是想清楚您要购买什么用途的叉车，即您需要这台叉车为您做什么，达到什么目的。比如：是要户外作业还是室内作业？是要电动的还是内燃机动力的？如果想要内燃机动力的，那么是要汽油的？柴油的？还是要液体丙烷的？还需要考虑的问题有：

考虑叉车的搬运能力，不仅要考虑叉臂放至的最低水平，还要考虑最高位置。

操作者该如何使用这台新叉车？操作者是要定位存取货物还是要包装货物？是否需要在紧凑的空间内工作？

操作者是否需要更多的可视空间？

选择正确的经销商

选择正确的经销商通常是人们在购买叉车的过程中容易忽略的一个问题。一定要记住：叉车的真正价值和成本应该用整个使用寿命期间来进行衡量。而叉车的使用寿命、体现您的投资是否得到了应有的回报，一个重要的因素就是经销商在销售前、销售过程中及销售后的表现。

其中有三个重要的问题一定要考虑到：

经销商能否满足您所有的设备要求？

经销商提供的叉车能否完成您预期要完成的工作？

经销商的声誉是否良好？

如何选择经销商以及日后如何与经销商合作非常关键，选择好的经销商是建立长期、有益合作关系的第一步。

经销商应该为您提供操作和服务培训，包括操作规程、维护保养、工作安排等。即便您不是购买特别改装的设备，经销商还是应该随时能为您提供帮助。经销商应该具有灵活经营的理念、快速解决问题的反应能力和顾客至上的理念。

购买全新的设备？还是二手设备？

在购买之前还需要做的一个决定即是买新设备还是二手设备？为了做出正确的决定，您需要认真考虑您购买设备的使用需求。您每周或每年要使用设备的时间是多少？这台设备您准备使用多长时间？

在做出这个决定之前也要考虑三个问题：使用时间、负载循环和季节性变化。如果您每天使用设备的时间超过四个小时，那么还是建议您购买新设备。如果这台设备将以高负载量工作，如每小时内搬运多件接近最大搬运能力的货物，那么也建议您购买新设备。如果您只是在某个特定季节使用叉车设备，那么建议您购买二手的或去租用一台叉车。

其他考虑因素

简而言之，虽然价格低廉的叉车在购买时可能不会给您带来经济压力，但是，使用过程中的维护保养、操作成本可能会最终高于购买的价格。考虑到这些，购买者应该仔细考虑叉车的工作效率、经销商的售后服务以及叉车购买以后的使用情况。明智的买家应该是考虑到长期的利益。最后，应该考虑到叉车的终生使用成本，而不仅仅是预付成本。如果您想要购买高质量的叉车，那么就必须支付预付成本。如果您选择价格低廉而质量也低廉的叉车，那么您就不得不持续地为这台设备的维护保养而支付费用。

关于海斯特 (Hyster) 公司

海斯特公司总部设在格林威尔（Greenville），是全球知名的叉车设计和生产商。海斯特公司能生产130多种型号的叉车，包括电动的以及内燃机动力的（柴油、汽油和液体丙烷的都有）。该公司生产的叉车经久耐用，整个使用寿命期内成本较低，具有优质的售后服务、优质的配件和培训服务。

海斯特商标已在美国及世界多个国家注册。

［文章作者］Hyster Company.

［文章出处］www. hyster. com.

［译者简介］任丽丽（1979，9），女，北京物资学院外国语言与文化学院，副教授，硕士，研究方向：应用语言学。E-mail：renlili@ bwu. edu. cn.

记录电子商务企业快速成长的七项订单履行策略

万静静　译

（北京物资学院外国语言与文化学院　北京　101149）

大多数电子商务企业都是通过手工处理每日订单、简单的增员、换岗等业务。这种方法在有限的范围内是奏效的，但随着企业的发展壮大，订单量、每单产品种类、设备自动化升级的必需性都在与日俱增。若一家成长中的电子商务企业每日处理3000多份、占地500多最小库存单位的订单（若含大件物品则占仓储空间不足500），仍手工处理则会产生较高劳动成本，还会出现存货数据误差、货品未能及时出仓等问题，这将会非常吃力，在旺季尤为如此。结果虽然订单量增加了，但每件平均处理成本却上升了，运作效率和成本节约也将大大削弱。在本篇白皮书中，我们将分享七项经过验证的订单履行策略，以裘在您企业发展和出现季节性需求的过程中，帮助您更有效、精确、节约成本地履行订单。

一、找对方法分析您的企业数据以建立订单档案

所有发展壮大中的电子商务公司都在履行订单操作时应用着某种形式的管理软件，连那些仍在使用打印纸工作、人工输入订单的公司也不例外。从这些软件系统中收集和分析订单数据是为季节性、旺季需求做准备非常重要的步骤。历史数据可以展示订单概况、显示顾客偏好、确定最有利可图的库存量等。这个步骤听起来容易，但提取相关信息是有难度的，甚至对那些使用企业资源管理系统和仓储管理系统的大公司来说都是具有挑战性的。

公司可以通过添加实时订单履行软件来快速记录订单建档和仓储计划情况。可以关注一些有经验的物资处理软件供应商，他们须能提供订单数据分

析、仓储运作情况评估以及系统设计等服务。

若要为每项操作建档的话，专用的订单履行软件是很宝贵的助手。该类软件可提供衡量性能的历史数据信息，对于滚动式规划、仓储物流及回收物流、补进存货地点、货位优化、巡回时间最小化、提高劳动生产率都是大有帮助的。

二、选择合适的订单履行方案来管理需求周期

当企业的高速增长达到每日订单超过 3000、库存超过 500 单位的顶点时，应趁吞吐量和精确度下滑之前，研究订单履行自动化的方案。

早期自动化的基本构件是个简单的订单履行软件，它能部署包含一系列拣货指令的方案。该软件能与其他管理系统和拣货指令方案（包括纸介型、摘取式、购物车、语音指令拣货设备）进行交流，以提高现存订单完成过程的效率。而高级的软件设计则能使临时员工经过最短时间的培训就能处理旺季与季节性需求的订单。

除了将季节性临时员工的培训进行分流，订单履行软件的其他优势还包括：对于过程中异常现象的实时通知及调整，巡回时间的缩短，订单精确度的提升，培训的简化，对多语的支持，实时的性能和工作量汇报，以及将系统性能和未来计划的每日微调进行数据建档，等等。

公司应考虑一个能支持工作量调整自动化，以及能迅速应对周转率和档案数据变化的履行方案。这样的方案能够优化订单批量处理、优化货位安排系统，并处理特价和限时抢购，与购买趋势的快速变化保持同步。

当您公司在为发展壮大作规划时，应当选择一个价格合理、易于扩展的订单履行方案，还应与能提供设备的安装、现场培训、售后市场支持的方案供应商合作。只有这样才能确保您在合适的时机投资在了合适的技术上。

三、在吞吐量至关重要时定期交叉培训员工

对于一个快速成长的电子商务企业的运营来讲，预测及管理库存需求浮动是主要的挑战之一。公司成长的速度时快时慢，一年到头可能每天、每月都在变化，订单完成效率、拣货密度、巡回时间及补货周期都在发生变化。因此，

一方面遵守一个明确的、有效的生产计划很重要，另一方面，企业需要常常用整合系统生产能力利用率来取代单个员工生产能力的简单相加，以发挥更大的整体效应。

对包括内勤人员在内的全体员工进行完成订单的交叉培训，既可满足吞吐量需求，亦可降低季节性合同工的成本及影响。即使交叉培训的员工可能比有经验的订单完成员工效率低一些，但他们能有助于增加整体的吞吐量。另一种积极效应，即交叉培训可以使员工在学习了解企业各方面业务的过程中移除组织间壁垒。

拣货规划和订单批量处理让操作员们得以不必制造下游瓶颈就完成订单。而在前端分拣区域对需求量高的库存、货架位置优化等数据进行复制，就显得极其重要。这样，订单量能得以增加，产品和资源的过剩及无收益竞争都得以减少。订单履行软件能在这个复制过程中对拣货量进行分配，使劳动力和资产得到更高的收益率和更好的利用。

优化货位、快速改变库存是将吞吐量最大化且节省成本的方法之一。能够快速和中速移动的物件可以存放在流动式货架上伸手可及的“黄金区域”，而只能慢速移动的物件可以放在人们弯腰能触及的区域。

四、满足订单交付的要求

在电子商务当中，协调那些最后一刻才下单的订单是一个关键的竞争因素。出色的仓储入库经理可以使用七项策略来延长每日订单截止时间。其中第一步是将早晨的补货时间提前，并将下午或晚上的拣货阶段安排地更灵活些。

只为了一份订单就把一名订单完成员工派到仓库去的话，时间的利用率太低。可以采用将一些库存纳入延期拣货订单内的方法，这样既优化了处理批量，节省了时间，提高了效率，同时也满足了顾客装运时间的要求。高级的订单履行软件能够确定何时发放订单以确保最高水平的生产率并满足顾客的服务要求。

五、管理订单精确度

带有订单履行自动化的电子商务操作系统，比起手工完成订单者所具有的竞争优势就在于他们能保证接近100%的订单精确度。而手工执行订单操作是不精确的，为确定这种不精确性的影响，需要计算无误订单在包括缺货和退货数在内的所有订单量中所占的比例。这一过程也为确立生产率目标创造了一个基准和关键的性能指标。

一个实时的订单管理系统应使订单精确度具备可说明性和清晰性，在货物装运出仓前若出现错误应能及时警示操作员。这一点对于劳动效率最大化和防止不精确装运非常关键。

六、降低退货的影响

产品退货是任何一家电子商务企业非常重要的一个部分。有些是由于订单履行地不精确导致的。

退货的成本包括装运、损失的收入、逆向物流及顾客不满意引起的成本等。这些成本都应计算在内并纳入产品定价方案中，使退货的影响降到最低。在很多情况下，放弃一定的库存单位比提高补进存货成本的做法更节约成本。

在卸货台布置一个质量检测站来尽快地作出将产品退回库存、补进存货等决策，可以加速退货处理。而最终的挑战是用订单履行的数据来明确制定一套退货方针和定价策略，并进一步达到顾客满意度与较低退货成本之间有益的平衡。

七、在准备好发展壮大前先咨询专家

要想在电子商务领域获得快速发展和长期的成功，需要的不仅仅是一个好的网站和营销策略。一些成功的网络零售商能抢先认识到他们所经营的是订单履行企业，并尽早开始使用以上概述中提到的几项策略。

您是否还不确定自己的公司已做好自动化的准备？如果您动手过早，可能有未得到充分利用的生产力；如果您行动较迟，不可避免的是可能有一些已损失的销售量及顾客。值得庆幸的是有一些专业顾问，他们可以研究您公司的成长轨迹，进而确定自动化的最佳时机，推荐一些模块化、即时生产零库存的方法，等等。

可以关注一些订单履行系统的供应商，向他们索要一份运营评估报告。声誉良好的供应商会为您提供建议，甚至可能在2～3小时内就作出一份既价格合理，又参考价值颇高的评估报告。

［文章作者］Chris Arnold，统一公司副总裁。

［文章出处］www. intelligrated. com.

［译者简介］万静静，（1980），女，北京物资学院外国语言与文化学院讲师，硕士，研究方向：外国语言学及应用语言学，翻译学。E-mail：wanjingjing@bwu. edu. cn.

通过有效的车队管理实践最大限度地提高正常运行时间和利润

王　颖　译

（北京物资学院外国语言与文化学院　北京　101149）

综　　述

如果经营叉车车队是您公司的业务，那么在专注于自己核心业务的同时，要管理好叉车车队可没那么简单。试图严密监视服务日程安排是非常艰难的，尤其是当您考虑到每辆车的不同使用程度、分布在不同地点的多辆机车，还有可能拥有几个服务供应商和零部件供应商时，它变得更加棘手。如果叉车车队没有得到妥善维修或有效利用，致使停机时间增加，生产效率降低，那么您本应该赚钱的时候却可能赔钱。有效的车队管理方案能够应对正确维护您的车队所面临的挑战。车队管理方案能帮助挖掘出隐藏的机会，以减少物料搬运支出。尤其在您正面临着几十年来最困难的经济障碍时期，要想可持续发展，必须要摆脱成本损失。只有这样您才能领先于这个经济时代，变得更强大，进而从容地把握经济复苏的机遇。为了最大限度地提高正常运行时间和生产力，达到长期节省资金的最终目标，选择一个强大的车队管理方案是必不可少的。

挑　　战

叉车车队所有者面临许多共同的挑战。这些挑战之一是：不能认识到拥有多个服务供应商带来的隐性成本。拥有多个服务供应商会加重您的行政负担，相关的维修费用也会增加。据估计，就一辆叉车的物料搬运所得资金来说，只有20%用于还本，剩下的80%都是用于设备维护、操作人员开支和燃料成本。此外，对物料搬运费和实际资产利用率数据缺乏真正的了解，可能会使您失去显著降低成本的机会。最后，拥有运行小时数超高的老化车队通常表明您缺乏一个有活力的设备置换方案。根据物料搬运资产的经济寿命周期模型，由于物料搬运资产的损耗，如继续运行，您每小时的成本会提高而生产率却会降低。

车队管理的关键要素

许多个体公司平日里没有足够的时间辨别和实施成本压缩技术。拥有一流的车队管理方案，车队使用者就会用尽可能低的成本充分实现物料搬运工作最富成效的收益。没有两个完全一样的物料搬运工作。这就是为什么需要一个灵活的、客制化的车队管理方案，从而保障最底线的收益。似乎很少有东西能比您的物料搬运情形更模糊不清。采购价格、融资、维修、停机、维护保养、操作人员的培训、管理、设备老化退役等等构成了一个复杂的、千变万化的和潜在的利润逐渐消失的无意义的经营。好的车队管理方案由若干关键要素组成。车队管理方案可以为您的公司创造效率并节约成本。车队管理方案还可以帮助使以上提到的一切问题成为关注的焦点并解决下列问题，如：

了解总拥有成本：有时，购买叉车是最便宜的部分；

未充分使用的和过度使用的设备：通过对车队和设备的综合分析来确定最佳的机队规模和每一辆车的最佳使用；

高昂的运营成本：外包维护计划和零部件委托计划对车队近期和长期的削减开支提供划算的解决方案；

规格/配置不一致的情况：通过对车队调查，会发现规格和配置相符的机会，以提供灵活性的车队调度和机车的重新安排；

老化的车队：置换方案会使您的叉车保持在最佳的经济生命周期内运转；

低下的生产力：维护方案、置换策略会保持车队工作效率并减少停机时间；

统一品牌和型号及众多的服务计划和供应商：不管叉车的品牌或型号，采取单源解决方案解决服务及零部件问题；

节省短期租赁费用，对车队进行长期补充：设备的正常运行时间提高了，有助于减少短期租赁的需要，有竞争力的租赁方案可以帮助解决购买问题；

无法确定和审查车队运营成本：持续的监测和分析车队数据，才能确保策略的相关性；

缺乏正规的培训课程：综合的操作员和技师培训方案有助于提高生产力和减少设备的维修、产品损坏和因意外事故的发生而导致的受伤风险。

一个设计良好的车队管理方案可帮助您了解整体物料处理成本，并能通过降低服务开支和提高生产率这些方式减少这些费用。这可以实现以下几个目标：

- 降低运营成本；
- 减小车队规模；
- 改善或消除现场零部件的库存；
- 监控成本；
- 消减供应商数量；
- 使车队的效率最大化地发挥。

考虑到通常企业有 10% ~20% 多的机车在运行，这对维持所需的生产力是必要的。一个规划良好的车队管理方案可以帮助您消除不必要的开支和提高盈利表现。

据估计，只有不到 6% 的公司能够准确地掌握自己叉车的经营开支。如果没有一个适当的方法来获取和分析有效维护数据，要管理好您的物料处理车队是行不通的。

大多数公司都是在车队需要维修的时候才修，缺乏正式的定期维护计划。一个专业的定期维护计划是判断和纠正问题的最佳的方式。维护要趁早，不要等到问题发展到危机状态。

有计划的置换是成功的关键

一般情况下，叉车的经济寿命约 10000 ~ 12000 小时。根据维修方法，操作条件和使用的设备不同而有所不同。

通过执行车队管理方案，大量节省成本是可能的。车队管理方案坚持的理念是：一旦车辆达到其最佳的经济生命置换极限，就有计划地进行置换。根据最佳的使用寿命来更换设备是良好的车队优化模型的主要表现之一。由于资产达到太高的运行小时后，不定期的停机时间（和相关的维修费用）就开始成倍升级。这时，人们就该开始花钱填无底洞了。资产的最佳生命或经济生命根据叉车的类型、操作环境（用途）、预计年度的使用情况的不同而不同。

曾有人估算了在10000小时而不是20000小时置换叉车，服务劳动时间的减少情况。该研究表明，提高50%的正常运行时间是可实现的。维护资产的成本和由于大量的停机时间所造成的后续成本应该是资产置换方案中所要考虑的关键问题。从而确保最佳的运行成本。不管是在经济衰退期还是繁荣期，实施这些计划是重要的，它能指导您做出资产置换的决定。

由于每一个公司的操作情况和所有权的情况及车辆的用途都不尽相同。因此，拥有一个经验丰富、见多识广的专业车队管理团队来为您评估所有相关费用，并在一个既定的用途或操作环境下确定最佳的更换卡车的时间就是非常重要的。

总拥有成本

如果您不了解您的运营成本，那么您就不能测量或监控车队的收益。如果您不能确定您的车队运营成本，那么要想控制它就变得非常困难。通过基于网络的车队管理系统，客户能够获得相同的详细数据，我们以此为依据，提出如何更智能地进行物料处理的建议。海斯特卡车公司（Hyster Fleet Smart）提供了一个基于网络的报告系统，使管理人员能够监视和测量叉车利用率、每小时成本和车队总运营成本。该系统甚至可以去尽可能协助确定轮胎的费用和可避免的损坏的维修费用。客户也可以查看和下载序列号、设备类型和设备位置的维护成本。

为什么要外包

不管您有一辆叉车或一个叉车车队，外包维护协议将为您节省更多的时间和精力来关注自己的业务。它不仅有助于最大限度地减少停机时间，而且有助于您监测维修费用和每辆车的生产力。帮您规划运营成本和简化车队的预算。

外包维护协议可以为您提供贵公司的每一辆叉车在单位时间里的固定费用。此外，您车队中其他车辆可以在性能上比对该叉车，它代表着高生产力。

对于普通的物料处理车队而言，配备超过必要数量的10%~20%的卡车是常见现象。车队管理方案会确保每一辆卡车被充分利用，并且在其规格范围内，被最大化地利用。如果这个重点抓住了，车队的人数就会减下来，这也是降低总拥有成本的第一步。

通过遥测技术，最大限度地提高生产力和压缩成本

密切监测您的叉车车队（和操作员）是最大限度地提高生产力，并帮助确保控制运营成本的一个关键。虽然人力资源也可以做到对卡车和操作员一定程度的监控，即：通过电度表采集每小时的成本并计算利用率。但是，跟人工做这种常规工作、参与劳动密集型过程相比，采用基本的遥测解决方案会更经济划算。然而，围绕着操作员的生产力，仅通过人力资源对其进行绩效考察，有些方面是既不能被轻易地监测到，也不能被精确地测量到。即使监测到的利用率数据可用，它离我们所需的绩效目标的具体数据还有差距。只监测利用率，不会给您提供太有意义的信息，比如：当天操作员是如何搬运那么多货物的？我们不得而知。然而，在卡车上安装一个负载传感器，就会为您提供一个更精确的测量。一旦您采用遥测解决方案，以帮助压缩运营成本，提高生产力时，您肯定就会知道了您想要衡量什么，例如，工作/闲暇时间，速度/距离，操作员的效率，等等。

您与一个更有效的车队的差距只有几步之遥

车队管理是一环扣一环的过程，不应该掉以轻心。贵公司的长期努力对于您的成功和底线收益是非常重要的。按照以下这些步骤做，您就可以更好地管理您的叉车车队。

步骤 1：调查

对您当前的车队进行彻底研究，有助于您确定维护成本。收集每辆叉车的年龄、规格、用途、使用和状况的信息，以为您对车队进行详细地分析提供必要的支撑。

步骤 2：分析

一旦完成了初步调查，就应准备研究利用率，从而确定最低成本和预计的

服务需求。把这些结果与您的维修历史相联系，从而判断潜在的成本节约的机会。

第 3 步：建议

根据对车队的研究得出的结论，收集对设备的配置、置换、车队重新部署及维护选项的建议。您收到的建议还应该包括对培训、零部件的性能和可能的融资方案的提议。

步骤 4：执行

根据对设备的建议和设备补充策略，确定一个最终的行动计划。执行培训、对设备的维护保养及处理和置换的时间表，并解决融资方案。我们的努力和您的支持是成功执行的关键。有效的车队管理方案不是一锤子买卖，而是长期的承诺，为您的公司年复一年地节约成本。

第 5 步：监控

对该计划的每一个环节进行定期重新评估，以确保您的叉车保持在最佳状态，以及小时数和使用情况能恰如其分地反映在运行的时间表中。这也可以使您根据业务需求的变化做出任何必要的调整。正在进行的工作包括连续不断地对车队规模进行审查和补充、维护和成本分析及管理报告。

海斯特车队（Hyster Fleet）提供的服务

海斯特公司（Hyster Company）提供物料处理创新和具有成本效益的解决方案已近 80 年。此外，海斯特车队还协助了一些“财富”100 强企业，为他们提供底线的车队管理解决方案。总共，我们已经为客户减少了潜在的经营开支 1.7 亿美元。凭借多年的经验，强大的经销商网络，结合最新的技术，海斯特车队在帮您压缩成本方面，可以做到无与伦比。虽然其他公司也可以提供基本的车队服务，但是我们的服务效果是有质量保证的。

关于海斯特公司

海斯特公司（www. hyster. com）总部设在北卡罗莱纳州格林维尔（Greenville，N. C. ），是一家全球领先的叉车设计和制造商。海斯特公司提供 130 种机型，配置为汽油、柴油、液化石油气、电力，等等。在同行业里，它提供的叉车能力范围也是最广的，从2,000磅到115,000磅都有。在行业规模最大，经验最丰富的经销商网络的支持下，海斯特公司制造坚固耐用的叉车，它能提供高生产率，低总拥有成本，且维修保养方便，并具先进的人体工程学特性，它还附带优秀的零部件、服务和培训项目。

海斯特公司是纳科物料搬运集团（NACCO Materials Handling Group, Inc. NMHG）的一个经营部门，全球员工约4500人。纳科物料搬运集团总部设在美国俄亥俄州克里夫兰市（Cleveland, Ohio），是纳科工业公司（NACCO Industries, Inc）的全资子公司。海斯特及海斯特徽标是海斯特公司在美国和其他国家的注册商标。

［文章作者］Hyster Company.

［文章出处］www. hyster. com.

［译者简介］王颖（1972, 7），女，北京物资学院外国语言与文化学院讲师，硕士，研究方向：翻译。E-mail：wangying@ bwu. edu. cn.

一维条形码阅读的新概念：热码图像分析技术

杨润芬　译

（北京物资学院外国语言与文化学院　北京　101149）

一、热码背景

如果要对当代的技术发展做一个总结概括，那就是最终数字将取代模拟机，固态硬盘将取代传统的机械模拟。这样的发展趋势普遍适用于音乐、视频、出版业、摄影业、电信行业以及发动机控制领域。机械模拟已经存在了几十年，甚至几个世纪。他们是非常成熟的技术——所有操作过程中的疑难问题已经全部攻克，成本已被压到最低，人们已经熟知其长处和短处。而新兴的固态硬盘存储前景广阔，而且随着不断创新和发展，他们最终将主导市场。

线性条码阅读器（linear barcode readers）的发展也是如此。现在市场上占主导地位的是技术成熟的光机械激光扫描仪。众所周知，激光扫描仪对条码打印和条码显示有一定的读取率的要求，激光很容易将光线集中，并将光线投射到扫描对象的一个点上，景深出色，并且机械扫描系统可以覆盖的视野宽广。几十年的发展和激烈的竞争已经最大限度地降低了其成本。

然而，激光扫描仪的弱点也是众所周知的。必要的扫描设备中含有活动部件，容易磨损。因为激光扫描仪每次只能扫描单一的一条线，因此，它无法利用线性码的固有冗余来顺利读取印刷质量差或损坏的代码。激光扫描仪不能形成扫描对象的图像，如果误读对象的图像能够被记录，扫描的效率将会得到极大的提升。这种缺乏图像形成的能力也意味着激光扫描仪无法读取二维符号。

为了弥补这一缺点，有一种方法是采用线扫描摄影机（line scan camera），线扫描摄影机可以记录输送线上货物的二维图像，这些货物上固定有一个或多个条形码。线扫描摄影机可以提高损坏的或印刷质量差的条码的读取率，并能记录误读对象的图像。然而，该设备通常比较昂贵，而且安装和维护较困难，部分原因是因为线扫描摄影系统要求安装光机械译码器（opto - mechanical encoders），用以跟踪传送带的运动，而光机械译码器容易受到磨损，日久需要更换。

全固态数字扫描仪使用二维成像仪和某种形式的微处理器来分析图像。基于图像的条码阅读器没有活动部件，对于印刷质量差或损坏的代码也能轻松读取，并能将误读对象的图像进行保存，还有能力读取二维符号。作为一种典型的新技术，尽管目前其性能没有达到最大化，但发展前景很可观。

目前，机器性能方面主要面临两个方面的挑战，一是成像（照明和光学），二是图像分析。成像技术的稳步发展已经在视场和景深两方面取得了巨大的进步，从而颠覆了传统的激光扫描仪的优势。高强度的发光二极管（LED）可以照亮一个很大的视场，并允许在很短的快门时间内抓拍运动物体。计算机控制的液体透镜能够在没有电机或其他机械部件的条件下，迅速将光线集中在比较宽广的范围内。由先进的数码摄影技术驱动的廉价图像传感器，可以提供高帧频的万像素图像。条码阅读器供应商能够充分利用这些技术进步，提供一种成像系统，使条码阅读器能够与传统的激光扫描仪一争高下。

以前图像分析技术一直跟不上成像技术的发展。便宜的现代传感系统可以向微处理器提供每秒几百亿像素的高品质图像，但先前开发的图像分析技术既跟不上速度，又无法充分利用图像的高品质。在过去的两年里，笔者带领康耐视的工程师团队进行研发，以图像分析技术的这一不足为契机，依赖数字技术，将基于图像的条码阅读器发展至日趋成熟的水平，使其性能可以媲美甚至超越光电机械激光扫描仪。我们经过不懈努力，研发出了正在申请专利的热码技术，这是一种新型的高性能的图像分析技术，专为新一代康耐视数据超人读码器（DataMan barcode readers）提供图像分析服务。

热码是为实现全向条码读取提供主要的二维图像分析：发现条形码并提取一维信号进行解码。

该系统建立在坚实的数学基础之上，用与现代数字信号处理器（DSP）匹配良好的运算法则进行架构，并融合了高度精准的手工编码。

康耐视公司在过去的30年中，一直率先遵循如下指导方针，从而提供高度可靠的图像分析服务：

（1）图像的光度恒定，图像分析的结果在很大程度上不受图像整体亮度和对比度的影响。

（2）避免阈值。当它们无法避免的，倾向于采用模糊的阈值，当精确阈值无法避免时，将其推迟至随后的分析阶段。

（3）充分利用像素网格几何形状的特点，从图像中获取最大化的信息。像素网格是由许多小正方形排列构成的，像一个棋盘，并且这些像素网格具有很强的各向异性，这意味着它们的外观图像特征会随着网格相对方位的函数的变化而变化。

二、热码取景器（Hotbars Finder）

热码取景器对源图像进行分析并生成一个可能存在条形码区域的列表，以及这些条形码的方向特点和其他特性。取景器是整个系统的门户——它决定了在哪些区域进行解码尝试，因此，对读码的数量和速度有着深远的影响。只有被热码取景器标识的区域，才会进行读码尝试，否则，条形码不能被读取；如果热码取景器标识的区域不含任何条形码，则由于解码尝试未果，会减慢系统运行的速度。

此外，热码取景器会对源图像的每一个像素进行检索，如前面提到的，它的速度高达每秒钟几百万像素，显然，其可靠性良好，并且检索速度飞快。

之前，基于图像的取景器找到条形码的一种方法是模仿激光扫描仪，在一维信号区域旁，虚拟出一系列的扫描线，以找寻条形码。为了达到一定的速度，通常这些虚拟的扫描线的方向和位置会有一定的局限性，例如，45°的倍数。在这种情况之下，绝大多数图像的像素并没有被检索，这种快捷的做法可能会导致取景失败，并由此降低读码数量。

热码取景采用的是完全不同的方法，热码取景旨在进行全向纹理分析，因此提供的信息更加可靠，也更加完整。无论条形码的方向如何，全向纹理分析都可以产生可靠的结果。纹理是指图像特点在某一区域内的几何性质，这种几何性质可以提示该区域存在条形码。对于热码取景器来说，这种几何性质具体表现为该区域包含平行线。

一旦某一区域被确定可能含有条形码，聚类算法会将与其相似的区域连接起来。这些区域将会被进一步分析并过滤，以产生最终的区域组，进行解码尝试。热码取景只需要一个相对便宜的数字信号处理器，其检索源图像的速度可高达几纳秒。如上所述，由于我们检索了源图像的每一个像素，因此，结果更加可靠。

三、热码信号提取

一旦某一区域被标识为可能含有条形码，就会进行解码尝试。最基本的图像分析操作是在提取的二维源图像中沿着给定方向的线（通常被称为投影线）提取出一维数字信号，然后全力解码分析该一维信号。

一维信号的提取在机器视觉领域有着相当悠久的历史，提取方法也多种多样，一般我们用如下的标准检验提取方法的好坏：

几何精度——在何种程度上一维信号忠实地保留了图像的几何形状特征，对于条形码来说，条码线条之间的间距和空隙显然是很重要的，这关系到能否正确解码。

分辨率——在保真度合理的情况下，再现小尺寸图像的能力，在读码的情况下，指的是单个的条码线条和间隙。分辨率越高，间隙就要越小。所以分辨率部分取决于一维信号样品的间隙。然而，分辨率受成像过程的影响，尤其是在运动过程中或聚焦不准的情况下，容易产生模糊视图。

降噪——通过利用线性条形码中所固有的冗余来减少一维信号噪声的能力，一般采用的方法是沿条码线条或间隙进行信号平均。

速度——一维信号被提取的速率，或这样做所需的对等时间。

四、使用中的热码技术

热码不是条形码阅读器，而是在图像分析的基础上建立起来的读码系统。热码取景器巨大的速度优势和对信号的完全提取能力弥补了传统方法的不足。当检索条形码和提取一维信号的速度很慢的时候，人们不得不使用众多的便捷解码策略，以提高速度。然而，这些便捷解码策略可以导致解码失败，从而导致读取速度偏低。因此，解码运算规则必须经过精心设计，以保证运算速度和读取率之间的平衡。利用常规方法取得的平衡在许多工业应用中是相当令人满意的，但在苛求高速度的物流、制药、食品和饮料等行业却没有竞争力。

康耐视公司利用热码技术设计出高性能的图像条形码阅读器。新的条码阅读器检索和解码速度飞快，因此该系统可以超越基于二维图像的阅读器，在高速度领域表现卓越。同样重要的是，由于每毫秒能够提取更多的一维信号，因此不必采用便捷的解码策略，从而降低了故障模式，提高了读取率。由于所提取的信号保真度普遍较高，使得分辨率较低的图像也能成功解码。

当热码技术成功地与高亮度发光二极管、液体透镜和百万像素传感器结合以后，其结果是一个基于固态硬盘数字技术的成熟的条形码阅读器，其工作效率和性能完全可以媲美于光电机械激光扫描仪。

[文章作者] Bill Silver，康耐视公司高级副总裁兼高级研究员，美国。

[文章出处] http：//www. cognex. com（2012 –6）.

[译者简介] 杨润芬（1977，12），女，北京物资学院外国语言与文化学院讲师，本科，研究方向：英语语言学与英语教学。E-mail：yangrunfen@ bwu. edu. cn.

新一代物流条码扫描仪大幅提升读取率：99%的精确度不再是极限

张　晶　译

（北京物资学院外国语言与文化学院　北京　101149）

电子商务的出现，是大型零售商与小型网络运营公司的福音。但是若没有高效的自动分拣读取设备，就会大大降低公司的利润。

网上零售业务的增加加大了货物的运输量，这促使大型零售商与小型配送中心找寻一系列新的途径改进自动分拣系统以降低成本、提高货物吞吐量、拓展业务领域。

在过去的30年中，康耐视已为多种行业提供了自动识别（Auto ID）技术。自动识别系统与条形码技术本是用来跟踪生产线上的产品和零部件，现又将此技术应用于物流运输领域的自动分拣系统。基于康耐视公司（Cognex）多年来在自动识别技术上取得的经验，本文将以两种不同类型的零售商为例进行阐述，说明新一代基于图像的读码器读取率的提高是如何能够缩短资本设备的投资回报率（ROI）的。

读取率缘何至关重要

为了量化读取率对成本的影响，首先要了解扫码器没有成功读取条形码时会是什么状况。一旦发生扫码器“无法读取”条形码的情况，必须将包裹转移到相应站点由人工操作员手动录入信息，或是拿掉存在缺陷的条形码并代之以新的条码，然后再将包裹送回到分拣系统重新出货。这类失败案例造成的后果是劳动力成本增加与自动分拣设备效率降低。随着货物吞吐量的增加，低读取率无疑会带来更大的损失。而以一家日均处理包裹数量达126760件的大型配送中心为例，若投资10万美元添置一套读取率高达99%的自动扫码器，将从整体上提高条码读取率的0.9%倍。这项投资对这家配送中心来说，真正价值何在？在我们做分析之前，必须先做一些假设。表1据此案例先设定了详细数据。

表1　大型配送中心的假设数据

典型大型零售商大批量货物分拣状况	
分拣速度（尺/分钟）	400
包裹平均大小（英寸）	20
包裹间距（寸）	30
运行时间/天（小时）	22
利用率/年（天）	350
处理包裹数/分钟	1.60
处理包裹数/小时	5760
线吞吐量/天	126720
线吞吐量/年	44352000

读取率提高0.9%倍等于利润增长10万美元。

若投资10万美元添置一套读取率更高的新的自动条形码识别系统，需人工返工再送回分拣线上的包裹量将得以缩减，平均每天可减少1141包，每年减少399350包。假设一名1小时可以创造15美元价值的员工需花费1.5分钟去修理无法被读取的包裹，因这项投资所提高的效率每年可为企业节省149756美元，这家配送中心八个月内就能把投资的10万美元收回来，而且两年后，还会盈利199512美元。再加上新一代基于图像的扫码器拥有更长的生命周期，以其0.9%倍读取率的提升，经过经年的积累会使企业效益逐步增长。表2中的数据正说明了这个案例中的企业财务逐年增长1.99%倍。

表2　大型配送中心自动识别系统读取率/人工成本分析表

大批量货物读取率/人工成本分析					
读取率	未读取包裹数量	线上吞吐量/天	返工总耗时（工时/天）	返工所需操作员数量	操作员的人工成本（美元/年）
97%	3802	122918	95.05	11.9	$499012.50
98%	2535	124185	63.38	7.9	$332718.75
99%	1268	125452	31.70	4.0	$166425.00

续表

读取率	未读取包裹数量	线上吞吐量/天	返工总耗时（工时/天）	返工所需操作员数量	操作员的人工成本（美元/年）
99.5%	634	126086	15.85	2.0	$83212.50
99.9%	127	126593	3.81	0.4	$16668.75
4 西格玛	89	126631	2.23	0.3	$11681.25
5 西格玛	26	126694	0.65	0.1	$3412.50
6 西格玛	1	126719	0.03	0.003	$131.25

3 万美元四月内收回投资回报

以另换一家小型物流配送中心为例，虽然设定的相应数据要进行缩减，但实质并不会改变。同理，假设这家企业每天要处理的包裹数量为 82368 件，而自动扫码器每天的未读取率为 2%，意味着每天自动分拣线上要有 1674 个包裹需要操作员手工处理，每年就是 494100 个。其结果是，企业的日吞吐量由 82368 件减少为 80721 件，而年吞吐量则由 2470 万件降至 2420 万件。表 3 据此案例设定了详细数据。

图表 3　小型配送中心的假设数据

网络运营中心小批量承运商	
分拣速度（英尺/分钟）	400
包裹平均大小（英寸）	20
包裹间距（英寸 ）	36
运行时间/天（小时）	16
利用率/年（天）	300
处理包裹数/秒	1.43
处理包裹数/小时	5148
线上吞吐量/天	82368
线上吞吐量/年	24710400

同样，假设一名需花费 1.5 分钟做返工工作的操作员每小时创造的价值是 15 美元，而自动分拣线读取率的失败指数为 2%，相当于这家企业每天多耗费的人工要超出 41 个小时，每年多花费的人工达 185175 美元。而如果这家配送

中心投资3万元添置一套基于图像的条形码自动扫码器，会将读取率提高1%，可为公司每年节省92587美元的劳动成本，4个月内就能完全收回投资成本，同时还可将线吞吐量每日增加823包。

若线上读取率能达到99%，抑或系统升级后能达到99.5%的话，每年为企业节省的资金将超过46000美元，这家配送中心可在不到8个月内完全回收投资成本，同时可将每日吞吐量提升至81874件。表4中的数据正说明了这个案例中的企业财务增长了1.99%倍。

表4　小型配送中心自动识别系统读取率/人工成本分析表

小批量货物读取率/人工成本分析					
读取率	未读取包裹数量	线上吞吐量/天	返工总耗时（工时/天）	返工所需操作员数量	操作员的人工成本（美元/年）
98%	1648	80720	4120	5.15	$185175.00
99%	824	81544	20.60	2.58	$92587.50
99.5%	412	81956	10.30	1.29	$46350.00
99.9%	83	82285	2.08	0.26	$9337.50
4西格玛	58	82310	1.45	0.18	$6525.00
5西格玛	17	82351	0.43	0.05	$1912.50
6西格玛	1	82367	0.03	0.00	$112.50

高读取率为企业节省开支，提高效率

由以上数据显示，投资新一代高读取率的扫描设备，不仅能使企业短时间内便可回收投资成本，从长远利益来说，对企业利润也会产生积极的影响。未来几年中，为使企业自身立于更广阔的天地，配送中心致力于提高利润，增加吞吐量，而这都将有赖于新一代扫码器的鼎力相助。

想了解新一代基于图像的、矩阵模块式账号读取器将如何协助你的企业一步步走向辉煌，请阅读文章，题为《改变物流业的力量——基于图像的条形码阅读器》，或是登录网址 www.cognex.com/logistics.

[文章作者] 马修·德·恩格尔（Matthew D. Engle），毕业于新罕布什尔州立大学（the University of New Hampshire），获得电力工程学士学位，在巴布森学院（Babson College）获得 MBA 学位。2005 年进入康耐视公司（Cognex）担任产品市场经理，历任销售总监以及 ID 产品业务部的市场开发部经理。

[文章出处] www. cognex. com.

[译者简介] 张晶（1973）女，北京物资学院外国语言与文化学院教师，大学本科，研究方向：英语国际新闻，E-mail：zhangjing3@ bwu. edu. cn.

编写自动化商业论证：如何评估自动化投资

刘建华　译

（北京物资学院外国语言与文化学院　北京　101149）

自动化项目若想吸引投资，不仅需要经济利益驱动，还必须有其他的附加效益。

简　　介

大多数企业都不愿对配送中心建设项目予以投资授权，包括自动化项目在内。这其中的障碍可能是总体的经济形势，也可能是当前企业所面临的具体形势，如资本充裕程度、是否有其他同样继续资金的项目等。

在拒绝或延缓实质性升级配送业务时，公司往往有以下理由：

- 要优先投资能刺激顶线增长的项目，如增加产能、研发新产品、销售和营销等；
- 担心由于竞争压力或经济形势导致的销量减少和销售增长率下滑；
- 当前市场形势造成的资本短缺；
- 由于监管环境存在不利因素，不愿冒险投资。

这些都是投资审批过程中最常见的障碍，因此对于配送业务管理团队来说，一定要设计一个充分彻底的商业论证才有可能让项目顺利过关。本白皮书将归纳编写商业论证时必须考虑的关键因素，以期提高高级管理层投资授权的可能性。

如果仅仅从经济利益的角度来进行商业论证，那么面对众多的竞争项目和其他业务问题，项目获得审批的可能性很低。因此一定要论证经济利益之外的其他效益，如仓储和货物吞吐能力的提高、订单精确度的提升和更好的满足客户的交货日期要求等。

经济利益

大多数公司在考虑资本授权时，首要因素是投资的经济回报：项目会带来多少利润？在降低成本方面能做出怎样的贡献？如果能够在这些问题上让公司高级管理层/董事会满意，那么下面归纳的几个因素就不那么关键了，但它们也不可忽略。

在论证项目可能带来的经济利益时，首先一定要明确本公司在项目评审时采用的衡量标准。很多公司都以静态投资回收期作为衡量项目经济利益的首要标准：如果项目在一年半至两年时间段内达不到最低回报率，那么该项目在很多企业都不可能得到批准。对于物流搬运系统中软件和自动化的项目来说，单单预期劳动力成本降低一项，就很难满足这些硬性规定。因此，有必要对那些潜在的成本节减进行量化，以提高资金的预计回报率，从而增加项目获批的可能性。以下这些软件和物流搬运系统中的成本节减都经得起量化核实，但却经常在商业论证时被忽略。

- 由于订单精确度的提高，与客户有关的违约惩罚减少了。
- 降低露天仓储（仓库或仓储挂车）花费，减少装、卸、搬运和办事/管理人员成本。同时通过提高现有仓库的使用效率，可以恢复之前外包的业务。
- 通过控制（甚至降低）单位操作成本、销售百分比成本或其他相关指标，可以控制劳动力成本。（注：在分析时应计入投资时可预期的额外成本。）
- 遵守政府或监管部门关于产品召回和信息追溯计划的规定。违规惩罚不只影响公司盈利，甚至会影响到公司的日常业务。
- 降低库存和相关存置成本。随着物流过程效率的提高和存货更加透明，可以降低安全库存水平、提高库存周转率，同时降低现有存货量。
- 处理过期产品以及即将超出保存期限的产品，降低库存成本。
- 通过提高装箱准确率和托盘运载功能来改善设备利用率，节省运输成本。
- 通过有计划地削减劳动力达到提高劳动力素质的目的，提高留存员工的集体平均生产率。

以上提到的这些潜在效益往往需要配送团队之外其他部门管理者和员工的支持。当这些非专业人士的付出也被计入利润时，他们自然也会认同您的商业论证。特别是那些财务/会计部门的员工，他们的认同将会带来很多机会。

除了静态资本回收期之外，还有另一种资本预算方法——贴现现金流法。这种方法可以更好地展现项目给业务链下游带来的经济利益。贴现现金流方法可分为净现值法❶和内部报酬率法❷两种。尽管静态资本回收期法较之更容易掌握，但如果把它与贴现现金流方法连用的话，将极大地影响项目的通过率。

在下面的例子中（如表 1 和表 2），净现值法与静态资本回收期法的结论完全不同。对静态资本回收期而言，两个项目的结果并没有因资金成本的不同而发生改变。但是这种变化却对净现值法有巨大的影响，因此，净现值法可以通过计算资金成本，描绘更诱人的资本回报率。

在资金成本 13% 的情况下，项目 A 和 B 的静态资本回收期为 5 年，根据大多数企业的规定，这些项目是得不到资金支持的。根据净现值法，项目 A 的净现值 150 万美元和项目 B 的净现值 160 万美元与 13% 的资金成本相比也所剩无几，所以其结果并没有比静态资本回收期有更多的吸引力。

如表 3 和表 4 所示，在资金成本 5% 的情况下，项目 A 和 B 的静态资本回收期也是 5 年，在大多数企业同样得不到资金支持。然而，根据净现值法，项目 A 的净现值 390 万美元和项目 B 的净现值 370 万美元，这样资本回报率大为改观，会得到更大可能获得资金支持。

---

❶ 净现值是指投资方案所产生的现金净流量以资金成本为贴现率折现之后与原始投资额现值的差额。

❷ 内部报酬率指使得项目流入资金的现值总额与流出资金的现值总额相等的利率。

表 1

	2012 第 0 年	2013 第 1 年	2014 第 2 年	2015 第 3 年	2016 第 4 年	2017 第 5 年	2018 第 6 年	2019 第 7 年	2020 第 8 年	2021 第 9 年	2022 第 10 年
资金成本 13%	以千记										
A 投资	（$2850）										
节省的库存成本和总全职员工	$0	$60	$230	$280	$300	$400	$430	$460	$570	$620	$670
运营效率	$0	$400	$420	$440	$450	$540	$540	$560	$590	$650	$720
总计	（$2,850）	$460	$650	$720	$750	$940	$970	$1,020	$1,160	$1,270	$1,390
10 年净现值法	$1,507		$1,110	$1,830	$2,580	$3,520	$4,490	$5,510	$6,670	$7,940	$9,330
净利润		（$2,390）	（$1,740）	（$1,020）	（$270）	$670	$1,640	$2,660	$3,820	$5,090	$6,480

表 2

B 投资	（$2,200）										
节省的库存成本和总全职员工	$0	$60	$230	$280	$300	$400	$430	$460	$570	$620	$670
运营效率	$0	$290	$330	$340	$350	$430	$440	$470	$480	$520	$600
总计	（$2,200）	$350	$560	$620	$650	$830	$870	$930	$1,050	$1,140	$1,270
10 年净现值法	$1,583		$910	$1,530	$2,180	$3,010	$3,880	$4,810	$5,860	$7,000	$8,270
净利润		（$1,850）	（$1,290）	（$670）	（$20）	$810	$1,680	$2,610	$3,660	$4,800	$6,070

表 3

资金成本 5%	以千记									
A 投资	($2,850)									
节省的库存成本和总全职员工	$0	$60	$230	$280	$300	$400	$430	$460	$570	$620	$670
运营效率	$0	$400	$420	$440	$450	$540	$540	$560	$590	$650	$720
总计	($2850)	$460	$650	$720	$750	$940	$970	$1020	$1160	$1270	$1390
10 年净现值法	$3866		$1110	$1830	$2580	$3520	$4490	$5510	$6670	$7940	$9330
净利润		($2390)	($1740)	($1020)	($270)	$670	$1640	$2660	$3820	$5090	$6480

表 4

B 投资	($2,200)									
节省的库存成本和总全职员工	$0	$60	$230	$280	$300	$400	$430	$460	$570	$620	$670
运营效率	$0	$290	$330	$340	$350	$430	$440	$470	$480	$520	$600
总计	($2,200)	$350	$560	$620	$650	$830	$870	$930	$1050	$1140	$1270
10 年净现值法	$3712		$910	$1530	$2180	$3010	$3880	$4810	$5860	$7000	$8270
净利润		($1850)	($1290)	($670)	($20)	$810	$1680	$2610	$3660	$4800	$6070

增加产能

保证产能能够满足客户需求，对于所有企业特别是那些快速成长的企业来说是至关重要的，在某种程度上也是可预测的业务变量。相反，产能不足将会对快速成长的企业造成巨大伤害。具有额外订单处理能力和更高服务水准的库存策略能够支持企业扩大产能，其中包括开展新的营销计划和需要多渠道协调努力的业务扩张。动态的配送操作和网络可以快速反应和应对公司的业务形势变化，这种能力会在公司陷入危机时更加明显。

在进行产能规划时，人们往往会关注某一瓶颈因素，既可能是配送中心也可能是配送中心的某一特定功能，殊不知这正是产能规划时最常见的错误。事实上，在决策过程中应预先彻底地评估所有货储场地、职能区域和工作区域的产能情况。应制订一个全面的方案来保证配送中心的每一项现有或预期职能都能满足未来的产能要求。如果方案不够全面，那么有可能出现消灭一个瓶颈却出现其他瓶颈的危险。例如，如果没有事先考虑货物包装、载运和其他下游流程的潜在瓶颈，那么即使在提高货物搬运吞吐自动化方面做出了投资，也不能保证配送中心的整体产能得到提高。

如果在项目论证时考虑把产能提高作为贡献点，那么一定要明确配送网络和配送中心的整体产能要与整个公司的增长预期相适应。否则不仅商业论证无法获得通过，甚至所做投资也无法达到高级管理层的预期。

完善客户体验

2012 年 7 月，“供应链解决方案：软件提供商们的商机”网络研讨会举行，高德纳咨询公司的分析师在会议中指出，当代公司最首要的商业考虑就是提高客户服务和客户体验。显然，如今的高级管理人员一致认为客户体验与顶线增长密切相关。

由此我们可以进一步得出结论，配送中心网络或配送中心项目都必须能够提供更加有意义的客户体验。对于那些资金回报率很低的项目来说，针对提升客户服务满意度的论证将会决定项目是否能获得通过。下面是一些可供商业论证的客户利益。

• 通过更精确、更连续和更及时地完成任务来提高客户保留度，并促进相同客户增长；

• 完善的配送操作、升级的客户体验，以此作为在市场竞争中脱颖而出的着眼点。

针对配送能力的项目投资可以从以下几方面改善客户体验：

• 更精确的订单准确率：在正确的时间，把正确数量的产品运送到正确的地址；

• 客户专用标签或其他增值服务；

• 更好地沟通相关信息，例如纸箱/托盘水平的细节、许可牌照数据、传输目录和预先出货通知等；

• 保持包装、减震、贴标和纸箱封装服务的稳定性，以确保货物安全并且外观完好地送至客户手中；

• 缩短订货间隔期。通过提高效率和配送能力，货物可以比同行更快地送达客户。

优先考虑客户满意度和增长计划的商业因素

	2008 年研究	2009 年研究	2010 年研究	2011 年研究
改善客户服务	3	3	3	1
使供应链成为业绩增长点	5	4	6	2
创新	*	*	*	3
提高效率及生产率	2	1	1	4
降低成本	1	2	2	5
改进业务流程	*	*	*	6
支持企业或供应链可持续发展	*	*	10	7
优化供应链吞吐能力和现金周转期	*	*	9	8
提高资本运用效率和资本回报率	*	*	8	8
提高业务连续性，风险+安全	*	*	7	10

注：①*新回应类别

②以排名前三的优先项目的总和百分比排序

来源：高德纳供应链解决方案：软件提供商们的商机，查德·艾斯廷格、德怀特·克莱皮克。

员工安全、工效学、环境

配送业务引入科技和自动化设备的一个关键利好就是可以大量削减重体力劳动或重复性较强的劳动。自动化改造可以大量减少易造成身体伤害的工作。此外，像语音识别这一类的技术还可以替代补货报告、领料单等书写工作，使员工全神贯注于货物装卸和搬运。

显然，提高工作安全性、使员工们更加乐意从事手头的工作，将会增加商业论证得到审批的可能性。

自动化和新技术可以简化产品运送流程，员工的工作效率也会相应提高，这种工作环境的改善也是审批过程的加分因素。同时，这种花更少力气就可以在公司各部门之间运送产品的能力往往具有积极效应，可以在员工中形成一种“赢者”思维，非常有利于吸引和留住那些优秀员工。

下面是一些自动化技术和投资用来改善工作环境的事例。

带有分拣功能的自动装卸设备可以：

• 减少员工的走路时间，降低他们对电动减料车和电动托盘搬运车的依赖；

• 降低或消除搬运操作中起重机的作用，不再需要在危险的高处拣货；

• 减少在拣货过程中由于伸手够重型货架和向货架堆货所引起的不舒服工作姿势；

• 将步行拣货同靠起重机的收货和补货区分开。

货到人拣选技术可以：

• 减少拣货过程中的步行和起重机操作；

• 确保拣货过程中员工可以站在工作台上在恰当的高度和躯体范围内工作，而不需要像以前那样弯腰或抻着身体来够取低或高处货架上的货物。

自动拣货系统/技术可以：

• 减少某些货物的手动分拣，如：

——金字塔形/V 形包装货物；

——自动化立体库的托盘包装货物；

——微装载/穿梭系统的整箱货物。

• 自动化数据撷取技术可以：

- 通过远红外遥感终端和条形码扫描技术、语音识别技术和/或自动标签打印和贴标系统技术来减少书写文件工作；
- 通过语音技术，减少手动书写信息和传递文件的过程，使双手完全用于货物运输。

自动托盘搭建技术可以：

- 减少在托盘搭建过程中由于装卸和堆积货箱或货袋引起的体力消耗。

结　论

在目前的商业环境中，大多数需要大规模投资的配送中心项目都面临着极其严格的审查。在您的项目与销售、营销、生产和信息科技的项目竞争时，一定要确保您的商业论证有足够的说服力，否则很难得到资金支持。因此除了全方位介绍项目所能带来的经济效益，还一定要加上它能产生的附加效益，这样的商业论证才能真正起效。

在编写商业论证过程中，如果能与公司其他职能部门如财务部和销售部合作，将会增加相关管理人员的认同感，激发他们的主人翁精神，从而为项目带来更多的支持。这种综合性项目提案，因为有公司中其他部门同事的支持，所以更加有可能通过审查，得到资金支持并且最终成功实施。

案例

我们这里将要讲到的事例来自于一家女性服装和饰品零售商。在配送业务的战略规划和设计过程中，该公司考虑到了多阶段产能扩张的所有因素，他们请强势公司（FORTE）设计了一个 20 万平方英尺的配送中心，以及一个物料搬运高度自动化的综合仓库管理系统。

该项目由强势公司和客户共同开发设计，其中包括一个弹性的可衡量方案来解决未来若干年的产能扩张问题。这种远见事后证明非常必要：由于销量持续增长、单品管理需求不断提高以及电子商务的迅猛发展，该公司最近不得不扩建了配送中心。

该项目于 2012 年完工，其 19 万平方英尺的扩建改造为多余货物的仓储、自动化拣货和装运能力的提高提供了空间。这其中专门为电子商务设计的播种式订单分拣、包装区极大地提高了包装效率和生产率。此外，扩建工程还为流动装货及包装设计了分拣道，为零担运输装备了中级分拣机，在分拣机周围预留了托盘搭建区域，同时还为电子商务配备了专门的分拣机。该项目为电子商务设计的一个夹层结构，以方便货箱和货袋的智能运输，这已经成为增值服务的新增长点。

为了方便预测系统性能，该项目部署了一套先进的工具用于模拟自动货舱的"真实"情形，包括整个货舱中的每一项要素的模拟数据——从运送系统到系统数据传输再到仓库控制系统集成设计。

扩建后的配送设施及自动化设备如期运行，各种数据成绩喜人。

拣货准确率从89%上升到99.5%，而且任意单件商品的订单状态都可供查询；

劳动生产率提高了25%，季度性的培训时间大大减少；

订单完成时间从原来的两天缩短为最快一个小时；

——处理的订单峰值从1500个增加到3000个；

——在订单高峰期，最多一天曾发送14万件货物。

为什么选择强势公司（FORTE）——

责任

无论是制订战略计划，还是设计和建造配送设施，或是利用绩效指标和性能分析来优化配送流程，强势公司（FORTE）都将为您配备专门人员持续跟踪配送建设项目的整个过程。其中绝不会出现推卸责任和互相推诿的情形。在提供技术支持时也将为您配备专门人员。我们将尽全力帮您达成您的绩效指标。

客观

我们不生产设备，也不开发仓库管理软件。我们没有与任何供应商签定有关业务量的商业合同。我们唯一感兴趣的就是用最低的成本为您寻找最高效的配送方案。以客户为中心的公司理念决定了我们必须对客户忠诚。所以每一次合作我们都会选择最恰当的技术组合来建立最高效的操作体系。

专业

我们的团队由多年从事配送中心设计和仓库自动化业务的专业人士构成。强势公司的工程师和技术人员不仅是当今供应链和配送中心建设领域中的佼佼者，同时也担负着研发新一代技术的重任。显然，我们有能力为您提供业务建议、任务驱动型分析和技术辅助系统的最佳组合。在强势公司，您会体会到：

- 比咨询公司更强的责任感；
- 比系统集成商更强的专业性；
- 比生产厂家更强的客观性。

这就是为什么世界范围内成长最快的公司选择强势公司为他们制订配送方案。

［文章作者］Mason. Ohio.

［文章出处］www. FORTE – industries. com.

［译者简介］刘建华（1978，3），女，北京物资学院外国语言与文化学院讲师，硕士，研究方向：翻译理论与实践，系统功能语言学。E-mail：liujianhua@ bwu. edu. cn.

企业基础设施建设十大攻略

柯希璐　译

（北京物资学院外国语言与文化学院　北京　101149）

近些年来，由于经济形势的上下波动，许多消费者和公司企业选择了保守观望的态度。企业财政支出始终以“节俭”和“必要”为原则。要在投入有限的前提下，保证并完善企业基础设施建设，很重要的一点就是经营管理好物料搬运设备，而这一点经常被忽略。在本文中，耶鲁物料搬运公司耶鲁区总裁比尔·弗雷格（Bill Pfleger）先生介绍了完善企业基础设施建设的十个步骤，操作性强，且无论在经济低迷或过热时都适用。

一、完善设备维护方案

设备维护至关重要。请及时评估你当前的维护工作：为确保收益可持续，也许需要调整你的维护方案。一个务实、周全的维护方案能够确保叉车等物料搬运设备的稳定性并节约资金。行之有效的方案是，基于设备实际使用情况来确定维护成本，也就是说，维护的投入应该基于叉车实际使用的全部时间，而非理论上的使用寿命。咨询你的服务顾问，让他为你做出最佳选择。

二、探索旗舰优化策略

许多企业都制定了旗舰计划，这有助于集中使用资金，节约设备维护费用，使企业运转更高效。旗舰计划的核心是精简设备规模，淘汰使用率低的装置，从而实现更合理的资源配置，减少管理成本。

三、遥控物料搬运资产

利用遥测数据，监控物料搬运资产状况，能够提高生产率并提升经营者的责任感。这种智能管理系统比人力资源更有效，它的好处在于能持续提供精确的即时信息，进而完善问责制，而问责能激发更强大的生产力。先进的监控系统提供了评价标准和效益指标，从而提高了经营效率，这些仅靠人力资源是无法实现的。

四、落实旗舰管理

以下是落实旗舰管理的步骤：

（1）确定旗舰经营的成本；

（2）确定零部件和劳动力成本；

（3）监控旗舰管理效能；

（4）开展旗舰标杆分析；

（5）比较各种维护方案。

一旦搜集了上述数据，你就能准确地判断出哪些环节可以减少投入，从而避免将来不必要的资产损耗及租赁费用的产生。

五、完善零部件配套方案

你是否制定了完善的零部件配套方案？停工往往是由零部件采购、配置和储存不当导致的。在这方面，大部分公司都还有提高的空间。例如对于轮胎，定期检查当然很重要，但何不在一开始就像对待你的私家车一样，选用最好的轮胎？既确保叉车高效工作，又减少更换零部件的费用。此外，可通过遥测计时做好定期维护，根据实际使用时间而非理论上的使用寿命来确认零部件当前的性能。尽可能使用诸如悬挂椅，水力蓄力器、子午线轮胎这样的设备，便于操作控制及减少损耗。

六、关注耗能状况，制订节能计划

节能无论从环保角度还是自身经济利益的角度而言，都是很重要的。因此需要提前计算设备运行过程的耗能情况，从而帮助你预估耗能成本，使能量消耗更合理、更优化。各级管理部门都可建立相关奖励机制，鼓励减少能量消耗。

七、牢牢抓住保险红利

对于低使用率设备的投保，许多保险公司都愿意打折。所以应适时完善投保计划，与你的保险公司沟通，看能够享受哪些折扣。这样做还有利于发现企业运行中违反安全规则的情况。享受这些折扣带来的是三方共赢——同时获益的是你的企业、保险公司，当然最重要的是你的员工。

八、“租”或“买”：探索适合的融资方式

对于贷款和租赁有多种选择。确定一种适合你短期和长期目标的融资方式。由于短期利率低廉，如今 80% 的公司租用物料搬运设备，按月支付费用。租用的好处在于你能在租期内最大限度地使用你的物料搬运设备；租期结束后归还，再租用最新技术的设备。选择租赁的最终目标是让你更高效地运营。

九、完善资产负债表

完善资产负债表的方法有多种，其中之一是通过租赁。许多财务主管通过表外融资来获得物料搬运设备。这种融资方式是通过经营性租赁达成的。“表外融资”，顾名思义，即不需列入资产负债表的融资方式，设备租赁即是如此。即使你的公司通过租赁物料搬运设备获利，这种经营性租赁产生的债务也不会体现在资产负债表上。这自然有助于提高公司的资产收益率。而资产收益率恰恰是投资者和金融机构用于分析公司财务可行性的重要指标。因此不妨通过租赁来完善你的资产负债表。

十、远期订货方案：为未来需求锁定价格

充分利用远期订货方案，为你的未来需求锁定价格。稳固签约服务供应商的数量，这样有助于统一发货清单以及达成令你满意的价格；同时也有助于减少你的管理费和差旅费。

作者简介

比尔·弗雷格（Bill Pfleger），耶鲁物料搬运公司（位于北卡罗莱纳州格林维尔市）耶鲁区总裁，于该公司及其母公司美国纳科（NACCO）物料搬运集团（NMHG）供职近二十年。曾任 NMHG 亚太总经理三年半，耶鲁物料搬运公司欧洲、中东及非洲区总经理两年，耶鲁经销商网络发展副总裁七年；还曾担任耶鲁公司密歇根独立经销商财务总监（CFO）和运营副总裁。弗雷格先后在密歇根州立大学取得工商管理学士、硕士学位，海外任职前曾是皮特格林维尔足联董事会成员，一度活跃于美国童子军运动。

关于耶鲁物料搬运公司

耶鲁物料搬运公司经营一系列物料搬运叉车产品，并提供相关配套服务。公司主营以电动、燃气、瓶装液化气、柴油为动力的叉车产品，种类包括窄巷道叉车、极窄巷道叉车和电动托盘搬运车等。公司服务范围广，包括旗舰管理、财务管理、培训服务及零部件配套服务等。公司曾为位于肯塔基州的伯利尔学院设计并提供制造设备，该项目荣膺 2011 年度“顶尖设备奖”（2011 Top Plant Award），此奖项被公认为设备工程业内最具分量的奖项之一。耶鲁叉车经国际质量管理体系标准 2008 版认证（ISO 9001：2008），有 2000 ~ 36000 磅不等的容量可供选择。

耶鲁物料搬运公司隶属于美国纳科物料搬运集团，该集团是海斯特 - 耶鲁物料搬运公司（纽约证交所代码：HY）旗下的全资子公司，总部设在俄亥俄州克里夫兰市。海斯特 - 耶鲁和它的子公司在全球约有 5300 名员工。耶鲁物料搬运公司享有其注册商标版权。

［文章作者］Bill Pfleger, Yale Materials Handling Corporation, USA.

［文章出处］www. yale. com.

［译者简介］柯希璐（出生年月：1979.1），女，北京物资学院外国语言与文化学院讲师，博士。研究方向：中国现当代文学。E-mail：kexilu@126. com.

交货方式从幕后走向台前

张晓雁　译

（广西交通职业技术学院基础教学部　广西南宁　530023）

顾客是善变的。他们对于自己所要采购的商品、采购的地点和采购的方式总是反复无常。但有一样是保持不变的：电子商务在全球范围内呈上升趋势。正如本刊记者罗布·柯斯顿（Rob Coston）在上期杂志的专题报道中所指出的那样，欧洲网络在线销售量2012年增长了16.1%。本刊记者海伦·西尔维斯特（Helen Silvester）通过调查发现，电子商务所创造的繁荣把供应链的发展引向了一个不同的方向，为了满足电商和顾客的需求，送货和快递行业已经从幕后走到了台前。

如果消费者通过网络购物，他们不会与他们所选定的电商之间进行第一手的沟通交流。实际上这种面对面的交流体验只在交付货物时才会发生，并通过货运或快递公司来完成。

一家主营实时移动工作者方案的企业黑湾公司（Blackbay）调查发现，23%有过交货不良体验的买家不会再去光顾之前的同一家网店，所以作为电商，你得去找一到几家值得信赖的快递公司来兑现你向你的顾客所做的承诺。

快递追求简单便利

快递业早在电子商务兴起前就已经存在了，但现在却必须得适应不断改变的世界形势。但是人们想要的是什么呢？皇家邮件公司（Royal Mail）认为简单才是关键。在由美特派克公司（Metapack）主办的快递业务会议上，皇家邮件公司的首席文化官迈克·纽恩汉姆（Mike Newnham）解释说："我们学会了三样东西。第一，要使交货变得简单。第二，要让顾客清楚交货的速度。第三，交货要包括多种特色服务，如通过手机短信通知顾客和保证退款等。”

面向消费者的快递专业企业赫耳墨斯公司（Hermes）则认为顾客需要各种不同的便利选择。该公司的首席执行官卡罗尔·伍德海德（Carole Woodhead）说：“既然消费者喜欢选择，我们就应该让他们选择。”

便利无疑是电子商务的核心所在，这一点也得到了快递服务业专业公司城市速递（CitySprint）的首席执行官帕特里克·格拉戈尔（Patrick Gallagher）的认同。他在为英国《每日电讯》（Daily Telegraph）商务记者增刊所作的一篇文章中写道：“了解不断变化的生活方式对于零售商与他们的客户之间建立更紧密的关系具有重要的作用。人们的生活已经发生了改变，他们的需求也随之发生了相应的改变，便利比以往任何时候显得更为重要。”为了适应这一形势，城市速递在去年（2012 年，译者注）10 月开发了一种新的交货解决方案，称为“悉听尊便（MyTime）”。这一做法使交货时间可以精确到一小时之内。货品可以根据顾客要求于次日或指定日投递到所在工作单位或家庭住处。在推出这项业务时，格拉戈尔说：“这种投递方式非常节约成本，主要是按照顾客的时间来交货，而不是按照快递公司的时间表来投递。”

但零售商不仅需要保证顾客能够从与自己合作的快递业务伙伴处获得良好的服务，而且他们自己也需要未雨绸缪。皇家邮件公司所做的近期调查显示，英国具有国外销售业务的网络零售商 2013 年正在瞄准国际市场，努力提高销售量。这就需要与能够服务多个市场的国际快递公司开展业务合作或者是寻求地区合作伙伴，才能实现这一目标。

快递丰富交货选择

那么，如果你是一名网络零售商，在进入到交货这一供应链的最后一环之前，你有很多问题需要考虑清楚。由于现在在传统的投递和交货方式以外，还有很多方式方法可以使货品送达顾客手中，因而对此所做的决策过程也变得更为复杂。

爱尔兰最大的独立包裹货运企业夜航公司（Nightline）2012 年推出了一项“包裹汽车旅馆”（parcel motel）的业务。这项业务包括遍布爱尔兰全国各地的自助式的服务终端，顾客可以从服务终端所提供的性能安全的储物柜中自行提取所购商品。该公司的首席执行官约翰·特鲁欧希（John Truohy）认为，这是一项简单低价的即点即取的解决方案（即点即取就是顾客在线网购，到店取货）。

夜航公司在顾客去接洽网络零售商前就直接联系顾客，这样，在网购成交时，他们的品牌快递业务就已经广受好评了。

另一家快递公司百宝仕（Bybox）也开办有相同的业务，该公司每年在英国的储物柜投递包裹量达到两千多万件。该公司于 2000 年就开始运作其储物柜系统网络，当时他们就认为顾客一般都不愿意收不到货，所以是不会计较多花几个钱到储物柜去自行提货的。

这是一种新型便利的雏形。但是如果百宝仕公司认为顾客愿意出钱来为快递业务买单，然后他们就去成立一家可以不依赖于货运公司的储物柜系统网络，那他们就是想错了。“其实我们大家都不愿意为快递业务买单。”百宝仕公司的首席执行官斯图亚特·米勒（Stuart Miller）说道。

但是如果有一种方法可以为顾客消除成本，那情况就不一样了。如果一家货运公司能够使用储物柜的方法作为一种交货的方式，那么就有很多优势使其变得成本低廉和便利。第一，交货可以在夜间进行，可以避免交通拥堵。第二，你可以拼装货物，集中发送。第三，你可以防止交货失误的情况。还有一点就是顾客可以自行决定在其方便的时候去取货。

现在百宝仕公司和其他提供相同业务的公司一样，已经调整了自己的业务模式，这样一来，储物柜这种模式看来是旱涝保收了，虽然没有了面对面的交流沟通，但还是有其他的创新理念来向顾客促销产品并与他们进行交流互动。

另一家公司英普世（InPost）已经开始在英国全境推出他们的储物柜网络，并将在今后几个月内持续开设服务网点。

英普世公司英国分公司具有 25 年从业经验的执行董事西蒙·克罗夫特（Simon Croft）说道：“我认为人们从此以后再也不会像从前那样等货上门了。”

英普世公司已经在全球各国成功开展了自己的业务，销售了多个服务终端，一般销售对象是当地的邮政运营商，因为他们可以按照自己的要求来运作服务网络。

这种模式与英国的不同，在英国模式中，英普世公司拥有储物柜的所有权和经营权，出让销售储物柜的使用权。“在英国，我们不提供自己的物流服务，物流服务主要由第三方提供，通过与主要货运公司与我们签订合同来购买我们的储物柜使用权，或者是我们自己提供零售或端对端的服务。”克罗夫特证实说道。

我问克罗夫特，为什么现在是在英国建立储物柜网络的大好时机。“我们认为现在有足够的市场容量来促成这项业务。但同时零售商也在投递交货过程中变得更加积极主动。”

英普世公司正集中精力为消费者提供便利，设定了三天取货的时间限制。储物柜将安放在超市等地点以便顾客不必专程提货。

快递让旺季难以捉摸

如果货运和快递公司已经在不断变化的市场中感觉到了挑战的存在，而对于旺季的判断则显得更加复杂。皇家邮件公司的首席文化官迈克·纽恩汉姆指出，除了在圣诞节的采购礼物的花费不断攀升之外，顾客也正不惜在自己身上增加开销。

有超过64%的人去年在圣诞节期间在网上购物消费达100～500英镑，但主要是用于个人消费而非用于礼物采购。

为旺季制订计划是一个复杂的问题，且容易产生误会。去年赫耳墨斯公司就遭遇了旺季的问题。伍德海德解释说：“我们在（2012年）11月末的销售量比我们的预期低了7%。然后有些时候单日的销售量又比零售商所报给我们的预期增加了25%。旺季是我们这个行业所遇到的一个大问题，也是需要零售商和物流企业共同解决的问题。”格拉戈尔（来自城市速递公司）坚信每一家零售企业都应该与配送企业进行合作，因为没有一个单独的配送企业能够提供所有的解决方案。有多家货运企业参与也会对旺季的问题解决有所帮助。

也许电子商务看起来是一个令人沮丧的问题。有人真正知道将来会怎么样吗？网络零售商会不会是在葬送实体零售企业的前程？传统的购物方式是否永远都有市场？顾客是不是都想在家里购物，然后到储物柜去自行提货？还是虽然传统的交货方式可能会有失误，但他们还是情有独钟？

从好的方面来看，网络零售商还是有比较大的优势。网店可以看到顾客浏览和购物的全过程。对于消费模式、个人喜好，甚至是哪些商品已经放入了网络购物车但在付款前终被舍弃，都可以了如指掌。这些信息，如果使用得当，可以有助于商品促销、预测需求、特价定制，和全面提高销售量。

伴随电子商务增长而来的，是对快递产业的需求在以前所未有的方式增长。对于调整应变并清楚顾客需要的企业来说，这是个好消息。但这也会不可避免地带来业务模式的改变。

英邮公司（UK Mail）在 2012 年最后一个季度包裹投递业务中取得了 20% 的增长，而其托盘业务的收入却在下滑。该公司的首席执行官盖伊·布斯维尔（Guy Buswell）说："我感到特别高兴的是，我们的包裹业务表现出色，而且业务量持续走高。"

"我们相信英国经济形势在 2013 年仍然不容乐观，而定价环境仍然具有竞争力。我们的产业也会持续发展，会带来很多机遇和挑战。我们的业务模式不逊于任何对手，注重成本控制，收支平衡，所以我们有信心取得更大的进步。"

对于零售商来说，如何实施供应链中的最后一环，各种资源配置竞争不断，而可供选择的范围也在增加。

对于快递企业来说，它们必须提升产业技术含量来适应市场需求，并创造出良好的效益，使自己在快速发展的市场中占有一席之地。

[文章作者] Helen Silvester，英国，《物流业务》杂志记者。

[文章出处] Logistics Business Magazine，May 2013，P 28 – 32 或 http：//www. logisticsbusiness. com/eMagazines/May2013/（2013 – 5）.

[译者简介] 张晓雁（1970，11），男，广西交通职业技术学院基础教学部教师，副译审/讲师，硕士，研究方向：英汉翻译和高职英语教学。E-mail：leiying598@ sina. com.